FUNDAMENTOS GRÁFICOS PARA UM
DESIGN
CONSCIENTE

FUNDAMENTOS GRÁFICOS PARA UM
DESIGN
CONSCIENTE

RAQUEL MATSUSHITA
prefácio de CARLITO CARVALHOSA

MUSA
EDITORA

© Raquel Matsushita, 2011, 2017, 2021, 2022 e 2023.

Biblioteca aula | Musa Design | Volume 1

SANDRA BRAZIL | edição de texto e preparação
EDGAR COSTA SILVA | revisão
MARINA MATTOS e RAQUEL MATSUSHITA | capa e projeto gráfico
CAMILA ARAÚJO (ENTRELINHA DESIGN) | diagramação
CAMILA ARAÚJO, JULIANA FREITAS e MARCEL URSINI | assistentes de pesquisa

DADOS INTERNACIONAIS DE CATALOGAÇÃO NA PUBLICAÇÃO (CIP)
(Câmara Brasileira do Livro, SP, Brasil)

Matsushita, Raquel
Fundamentos gráficos para um design consciente /
Raquel Matsushita; prefácio de Carlito Carvalhosa. – São Paulo:
Musa Editora, 4ª ed. 2023 – (Biblioteca Aula Musa Design; v. 1)

ISBN 978-85-7871-006-4

1. Artes gráficas 2. Design 3. Design – Estudo e ensino 4. Designers
I. Carvalhosa, Carlito. II. Título. III. Série.

10-06994　　　　　　　　　　　　　　　　　　　CDD-745.4

Índices para catálogo sistemático:
1. Design gráfico: Artes 745.4

Edição conforme o Novo Acordo Ortográfico da Língua Portuguesa.
As imagens utilizadas neste livro são reproduções e servem como
citações ilustrativas.

Todos os direitos reservados.
Impresso no Brasil
1ª edição, 2011 | 1ª reimpressão, 2017 | 2ª edição, 2021 | 3ª edição, 2022
4ª edição, 2023.

Musa Editora Ltda.
Telefones: (11) 3862-6435 (35) 99892-6114
musaeditora@uol.com.br | musacomercial@uol.com.br
www.twitter.com/MusaEditora
www.facebook.com/MusaEditora
Instagram @MusaEditora

Dedico carinhosamente este trabalho aos meus amores, Lia e Nino.
Aos meus pais e meu irmão, que tanto valorizam o estudo e o conhecimento.

Agradecimentos: Ana Cândida, Carlito Carvalhosa, Joana Canêdo, Lourdes Salerno, Luiz Henrique Fruet, Marcelo Alencar, Ronaldo Lomonaco Jr., Sandra Brazil, Sérgio Rizzo, Sylvia Monteiro.

AFINAL, LIVROS ERAM VENDIDOS SEM CAPA

O convite para escrever este prefácio me surpreendeu, pois sou um artista plástico que gosta (muito) de desenhar livros e de exposições de arte, portanto, um designer meio atípico. Pensando bem, talvez seja por isso mesmo que a Raquel me pediu um prefácio, já que este é um livro que aborda não só conceitos básicos de design, mas muitas outras coisas em torno dele. Para mim, essas "outras" coisas são a parte mais interessante do design de um objeto: seus limites, o ponto de contato entre ele e o que está em volta.

Assim, os capítulos sobre cor, tipografia, produção gráfica e prática profissional são completos e instrumentais, mas há mais. Começamos pelo processo de trabalho – *briefing*, concepção e desenvolvimento de uma ideia – e subitamente nos deparamos com Neville Brody e Herb Lubalin, composição, Erik Spiekermann, noções de história, *Arts and Crafts*, entrelinha etc. Esse arranjo parece ir para vários lados, mas é fiel ao que acontece quando se vê algo: tudo é visto ao mesmo tempo.

Já que tudo tem uma forma, há sempre uma decisão tomada sobre qual forma será escolhida para tudo o que é feito. Ou qual forma não será rejeitada. Acredito que o trabalho do design é uma mistura dessas duas decisões. Imagina-se uma solução, ao longo do trabalho ela vai sendo adaptada, surgem coisas inesperadas, outras se mostram sem força e precisam ser mudadas, às vezes se começa tudo novamente, e por aí afora. É um processo de aprendizado e criação. Ele se diferencia, por exemplo, da pintura porque é um projeto: uma vez pronto, o produto será produzido industrialmente em outra etapa, enquanto o fazer é constitutivo da pintura.

Este livro trata do design gráfico de impressos, geralmente bidimensionais, mas essa fronteira está cada vez mais fluida, pois curiosamente o mundo está se tornando bidimensional. Hoje, o espaço real é tão intensamente representado em duas dimensões que expressões como "o espaço do livro" passam a fazer sentido, e a relação entre conteúdo, texto e imagens vai além da página impressa. Ficou difícil diferenciar o espaço físico do espaço bidimensional, pois vivemos no meio de filmes, telas de TV, computadores, redes sociais virtuais, livros, revistas, telas e plotagens gigantescas em todo lugar. Edifícios e cidades se parecem cada vez mais com simulações tridimensionais feitas em computador, com sua luz plana e superfícies sem alma. O *PowerPoint* ainda irá nos cercar de degradês e quadros sombreados, cores pastel, setas e fluxogramas com molduras em linhas duplas, triplas ou pontilhadas. Ou já nos cercou e não percebemos.

Como consequência, no caso dos livros, mesmo a busca de uma boa legibilidade do texto, uma necessidade evidente, não é, ou não é sempre, objetivo do design. Este livro mostra alguns exemplos de designers que se importam pouco com isso, ou, ao contrário, buscam deliberadamente dificultar a leitura (o que me leva a pensar que o texto em questão não deve ser grande coisa). A leitura é, nesse caso, apenas parte da experiência.

    Se o design é aquilo que não é o texto, então ele sempre estará no caminho deste. O bom design exige aspereza nessa relação. Não se trata de buscar a pureza de uma forma ideal, mas de usar o design para dar forma à matéria, para informá-la, como diz Vilém Flusser. Uma grande qualidade dessa noção é que ela define uma função para o design, e não uma missão.

CARLITO CARVALHOSA
maio de 2010

A ESSÊNCIA DO CONHECIMENTO
CONSISTE EM, UMA VEZ POSSUÍDO, APLICÁ-LO.

CONFÚCIO (551 a.C.-479 a.C.)

INTRODUÇÃO

O objetivo deste trabalho é apresentar os conceitos básicos de design gráfico. Ao longo do livro foram abordados tanto os fundamentos práticos – composição, produção gráfica e práticas profissionais – quanto os fundamentos teóricos – estudo das cores, história do design e da tipografia.

Os conceitos assimilados servem como suporte do pensamento criativo. É preciso conhecer o processo para construir uma base sólida dos conteúdos, dos materiais e das técnicas, que são os instrumentos do designer.

O conjunto de regras compõe uma bagagem inicial, e uma vez assimilado, é possível ir além. Transgredir um preceito, quando há um propósito, significa abrir possibilidades para um trabalho maduro e consciente.

Além dos conceitos técnicos, o conhecimento da origem das coisas é ingrediente fundamental para a criação visual. Como toda a história da humanidade, o design gráfico está em constante transformação. Nas palavras do tipógrafo e designer holandês Wim Crouwel (1928-2019), somos "filhos do nosso tempo". Agimos de acordo com o que acontece ao nosso redor. Discutimos, criamos e reinventamos conceitos. É nesse terreno fértil que surgem as divergências: o novo não agrada a todos. Assim, a constante reavaliação de ideias é o combustível para reflexão em todas as áreas do conhecimento.

O grande marco da conceituada escola Bauhaus foi exatamente a profunda reavaliação e transformação do design que se aplicava na época. A escola surgiu na Alemanha na década de 1920 diante da necessidade de organizar e simplificar o design de então, abarrotado de adornos e de letras cursivas. Eis o início de uma era cujo conceito *less is more* (menos é mais) foi amplamente difundido e abraçado por profissionais e estudantes de design. Criou-se então a sistematização e a divulgação de um estilo internacional.

O movimento modernista, seguindo os preceitos da Bauhaus, ampliou os princípios racionalistas aplicados ao design. A letra sem serifa em composições estruturadas em linhas geométricas tornou-se febre mundial. Um exemplo marcante foi o uso extensivo, em todos os campos da comunicação visual, da tipografia Helvética, desenhada pelo tipógrafo suíço Max Miedinger.

Na década de 1960, em oposição ao racionalismo modernista, nasceu o movimento pós-moderno representando a necessidade de experimentação. Adeptos do novo conceito *less is bore* (menos é entediante), a cultura do pós-modernismo entrou em choque com a geometrização e os *grids* (linhas de composição) por representarem, para a nova geração, sinônimo de repressão e banalização. O foco dos chamados pós-modernistas foi a desestabilização da ordem em favor da anarquia, do caos, da emoção. A mescla de elementos de todos os tipos e de todas as épocas é incentivada. A legibilidade dos tipos foi posta em questão. Novos desenhos tipográficos, em oposição ao geometrismo das tipografias racionalistas, surgiram para atender a essa necessidade de "ser diferente".

Os amantes da Helvética, símbolo do modernismo, entraram em discordância com os pós-modernistas, que aboliam essa tipografia. O tema tornou-se tão controverso que, em 2007, o diretor independente Gary Hustwit lançou *Helvetica* (Plexifilm), um documentário que vai além da história e do uso dessa tipografia e revela o pensamento e as divergências de profissionais atuantes no mercado até hoje. Nomes como Erik Spiekermann, Massimo Vignelli, Hermann Zapf, Neville Brody, David Carson, Paula Scher, Wim Crouwel, entre outros, figuram no premiado filme.

A tendência do design contemporâneo é a integração de formas geométricas com formas orgânicas, dos *grids* de composição com a emoção, enfim, o híbrido torna-se terreno fértil e instiga a experimentação. A concepção de duas ou mais coisas acontecendo simultaneamente é recorrente no design atual.

Adquirir e difundir conhecimento para agir (ou reagir) com consciência em todas as etapas do trabalho de criação visual é o primeiro passo para alcançar níveis mais profundos de reflexão e desenvolver ideias conscientes, consistentes e criativas.

RAQUEL MATSUSHITA

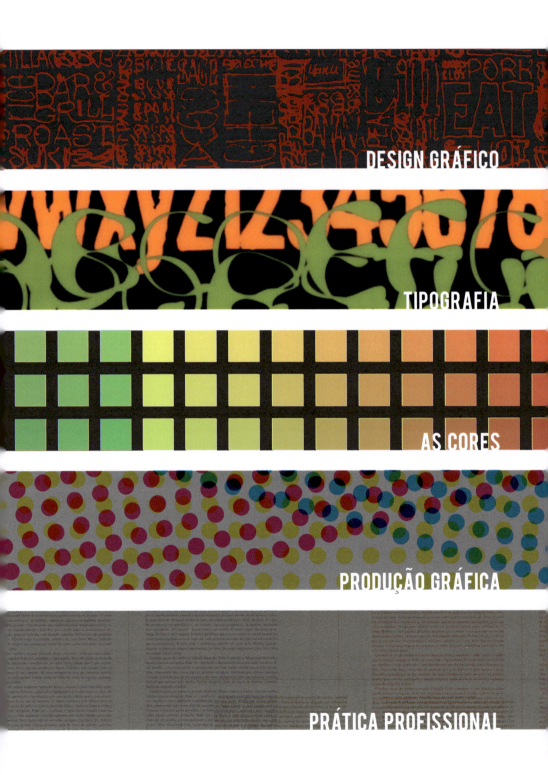

1
- 22 Primeiro passo
- 24 Concepção de uma ideia
- 47 Composição
- 76 História dos movimentos artísticos

2
- 125 Nomenclatura tipográfica
- 132 Classificação dos tipos
- 140 Variação do desenho tipográfico
- 144 Origem da escrita
- 151 Primeiras impressões
- 154 Medidas tipográficas
- 156 Evolução do desenho tipográfico
- 165 Era digital

3
- 174 Dimensões
- 176 Classificação
- 187 Combinação
- 192 Relatividade
- 200 Escala de cores
- 209 Sensação e simbologia
- 216 História da cor

4
- 225 Formato
- 240 Papel
- 251 Retícula e lineatura
- 256 Pré-impressão
- 272 Tipos de reprodução
- 285 Acabamento

5
- 298 Orçamento: como e quanto cobrar
- 303 Tabela de preços
- 310 Contrato de trabalho
- 315 Código de ética

- 321 Glossário
- 349 Referências bibliográficas

DESIGN GRÁFICO

TODAS AS PESSOAS TÊM DISPOSIÇÃO PARA
TRABALHAR CRIATIVAMENTE. O QUE ACONTECE É QUE
A MAIORIA JAMAIS SE DÁ CONTA DISSO.

TRUMAN CAPOTE (1924-1984)

1

O termo design gráfico, que define o trabalho de criação e o desenvolvimento do projeto gráfico, é relativamente novo, mas o papel do designer gráfico – de comunicar visualmente uma ideia ou um conceito – é muito antigo. Desde a Pré-História, o homem utiliza sinais gráficos para se comunicar. Essas primeiras representações visuais, que antecedem a escrita, vão além do seu significado óbvio: elas carregam uma simbologia. A partir dessa simbologia de sinais, o homem é capaz de comunicar rápida e eficazmente uma mensagem.

Assim, desde sempre, a principal função do design gráfico é informar, transmitir uma ideia ou um conceito de forma eficiente. Mas isso não é tudo. Além da eficiência da transmissão de uma informação, o designer tem a missão de apresentá-la de maneira apropriada. Surge, então, a preocupação de como a mensagem será transmitida esteticamente atraente. A forma pela qual um conceito é apresentado pode ser elaborada de inúmeras maneiras.

Portanto, não basta somente ter uma boa ideia. É preciso saber como representá-la. Uma boa ideia representada de maneira banal é capaz de perder sua força e tornar-se inexpressiva. Segundo o designer espanhol Oriol Bohigas (1925): "Um projeto gráfico de qualidade haverá de contrapor-se ao costume assimilado apenas superficialmente e transmitir, com propriedade e eficácia, algum conteúdo".

DE.SIGN SM
(INGL)

DICIONÁRIO AURÉLIO
DA LÍNGUA PORTUGUESA

1 CONCEPÇÃO DE UM PROJETO OU MODELO; PLANEJAMENTO.
2 O PRODUTO DESTE PLANEJAMENTO.

ETIMOLOGIA
ing. *design* (1588) 'intenção, propósito, arranjo de elementos ou detalhes num dado padrão artístico', do lat. *designáre* 'marcar, indicar', através do fr. *désigner* 'designar, desenhar'

DICIONÁRIO HOUAISS
DA LÍNGUA PORTUGUESA

ACEPÇÕES
substantivo masculino
Rubrica: desenho industrial.

1 A concepção de um produto (máquina, utensílio, mobiliário, embalagem, publicação etc.), esp. no que se refere à sua forma física e funcionalidade
2 Derivação: por metonímia. o produto desta concepção
3 Derivação: por extensão de sentido (da acp. 1). m.q. desenho industrial
4 Derivação: por extensão de sentido. m.q. desenho de produto
5 Derivação: por extensão de sentido. m.q. programação visual
6 Derivação: por extensão de sentido. m.q. desenho ('forma do ponto de vista estético e utilitário' e 'representação de objetos executada para fins científicos, técnicos, industriais, ornamentais')

LOCUÇÕES

design gráfico
Rubrica: desenho industrial, artes gráficas. Conjunto de técnicas e de concepções estéticas aplicadas à representação visual de uma ideia ou mensagem, criação de logotipos, ícones, sistemas de identidade visual, vinhetas para televisão, projeto gráfico de publicações impressas etc.

projeto gráfico
Rubrica: desenho industrial, artes gráficas. Planejamento das características gráfico--visuais de uma publicação, que inclui, entre outras coisas, diagramação, a escolha do tipo, do sistema de composição em que serão gravados os caracteres, do papel a ser utilizado na impressão, do formato, do sistema de impressão e da forma de acabamento

programação visual
Rubrica: comunicação, desenho industrial. Ramo do desenho industrial que busca, a partir de critérios funcionais e estéticos, a eficácia na aplicação dos elementos gráfico-visuais em produtos editoriais de mídias impressa e/ou eletrônica, sistemas de identidade visual e de sinalização, peças publicitárias, design de embalagens, estandes de exposições etc.; comunicação visual, design
Obs.: cf. design gráfico e projeto gráfico
Obs.: cf. design gráfico e programação visual

DICIONÁRIO HOUAISS
DA LÍNGUA PORTUGUESA

Primeiro passo

Buscar apenas uma solução única para cada trabalho não é tarefa fácil, embora muitas pessoas tenham a ilusão de que possuir um computador é o suficiente para criar uma boa peça gráfica. O computador é, sim, ótima ferramenta para o designer, mas não é capaz de criar boas ideias. Essa tarefa é exclusiva da criatividade do indivíduo.

A primeira etapa da criação de uma peça gráfica constitui conceber uma ideia que transmita o conceito desejado. Esse conceito deve estar bem esclarecido na mente do criador, para que ele possa transmiti-lo adequadamente. Para que isso aconteça, é necessário que o designer tenha em mãos o máximo de informações sobre o produto, o chamado *briefing*.

Peça fundamental para o desenvolvimento de qualquer trabalho de criação, o *briefing* é o conjunto de informações sobre um produto e, sobretudo, a quem este se destina: o público-alvo. Por meio dele, o cliente define o objetivo do seu produto, quais sensações e conceitos quer transmitir e até quanto pretende gastar (custo orçamentário). Informações sobre o público-alvo, como faixa etária e condições econômicas/intelectuais, devem ser claramente definidas. Quanto mais completo o *briefing*, mais clareza terá o designer para pensar soluções adequadas.

Há situações em que o *briefing* não apresenta informações suficientes para o desenvolvimento de uma criação. Cabe ao designer avançar nas investigações com o cliente e pesquisar sobre o assunto até ter em mãos o material que julga suficiente para dar início ao trabalho de criação. A boa comunicação entre o designer e o cliente é essencial não somente no início do trabalho, mas durante todo o processo.

As especificações técnicas do trabalho – como o tipo de papel e a gramatura, o formato, a impressão e o acabamento de um livro – não são obrigatórias em um *briefing*. Elas fazem parte do processo de criação. Entretanto, há situações em que essas especificações são predeterminadas; por exemplo, uma coleção de livros já existente. Nesse caso, o designer deve criar levando em conta as limitações preexistentes.

Sendo assim, a primeira etapa que o designer deve ter em mente é ouvir o cliente e entender sua real necessidade. Embora pareça fácil, a arte de ouvir deve ser aprimorada, uma vez que constitui característica fundamental de um bom profissional.

Com o máximo de informação em mãos, o designer está apto a iniciar a criação do projeto gráfico. Ao apresentar uma proposta para o cliente, o designer deve estar preparado para eventuais ajustes no projeto gráfico e até mesmo para refazê-lo. Se necessário, o profissional deve colher mais informações para completar ainda mais o *briefing*.

Aprovada a proposta pelo cliente, é o momento de partir para a produção, a materialização do produto. É muito importante que o designer acompanhe o trabalho de produção até a última etapa do processo. Esse acompanhamento de perto, por quem criou o trabalho, é a segurança de que o resultado final será fiel à concepção inicial da ideia.

Concepção de uma ideia

Com o *briefing* em mãos, chega o momento da criação. Diferentemente das artes plásticas, em que a mensagem não precisa ser obrigatoriamente entendida pelo público por ser uma expressão livre do artista, nas artes gráficas, a linguagem clara e a boa comunicação são preocupações básicas do criador. Ainda assim, o artista gráfico deve respeitar a sua própria identidade ao buscar uma maneira criativa para transmitir uma mensagem. O designer deve considerar, portanto, sua maneira de ver e representar, por meio de formas estéticas.

Há várias formas de se transmitir uma mesma mensagem. Muitas vezes, o impacto de uma peça gráfica dá-se pela apresentação de um ponto de vista inusitado, algo que esteja latente diante de nós, mas de que não nos damos conta. Surpreender o leitor é garantia de que a sua criação será lembrada. Subestimar o público-alvo deve ser evitado, pois quanto mais óbvio for o conceito de um projeto, menos marcante ele será. Portanto, buscar um novo olhar e fugir daquilo que é o lugar-comum e dos clichês já é um bom começo.

Fugir dos modismos também é recomendável, eles representam o óbito da criatividade. Como em todas as áreas, os modismos também existem em artes gráficas: tipografias, adornos, estilos entram e saem de moda. Se a moda de determinado tipo de letra se instalou, isso não impede o designer de usá-lo. Muitas vezes, a escolha do tipo é menos importante do que a maneira como ele será utilizado no projeto. Isso vale também para os elementos gráficos, como vinhetas ou adornos. Eles devem ter uma razão de existir e não figurarem à toa.

PROCESSO CRIATIVO

Ao contrário do que muitos pensam, a criação não é uma coisa de gênio, mas um processo. É preciso desmitificar a ilusão de que as boas criações nascem como num passe de mágica. Para qualquer processo criativo, seja o desenvolvimento de um texto ou de um logotipo, as ideias – boas ou ruins – devem fluir naturalmente, sem bloqueios. Para que isso ocorra, uma dica é pensar que uma boa ideia pode surgir exatamente das ideias ruins, ou seja, não as descarte logo de cara, pois ela tem a chance de se desenvolver e transformar-se em algo interessante. Portanto, não reprimir ideias no momento da criação, seja em um trabalho individual ou em equipe, é essencial para o processo criativo.

O que é concebido inicialmente no processo de criação, muitas vezes, precisa ser amadurecido, desenvolvido. Pode sofrer grandes alterações, ou simplesmente pequenos ajustes. E há, naturalmente, aquilo que não evolui e deve realmente ser descartado. Assim, o importante é ter em mente que aquilo surgido num primeiro momento da criação pode não ser o produto final.

Há situações em que a ideia pode ser boa, mas, visualmente, não funciona. Neste caso, o melhor a fazer é abandoná-la e convencer--se de que valeu a tentativa.

O processo de criação em dupla ou em equipe pode tornar-se muito prazeroso e enriquecedor. Uma ideia pode ser interpretada de maneiras diferentes, de acordo com cada indivíduo. Várias cabeças pensando no mesmo assunto com diferentes pontos de vista dão margem ao aprimoramento e ao enriquecimento da ideia.

O logotipo *Mother and child* (mãe e criança), do artista gráfico norte-americano Herb Lubalin, é um bom exemplo do desenvolvimento de uma ideia. Primeiramente, as palavras "*and child*" foram colocadas abaixo da letra "O", de *Mother*, na tentativa de enxergá--las como se fossem um útero materno. O logotipo foi aprimorado quando as palavras "*and child*" foram inseridas dentro desse útero. Finalmente, o logo tornou-se perfeitamente inteligível quando o *and* foi transformado no desenho de um bebê em posição fetal. Este desenho foi criado a partir do tipo itálico do E comercial (*&*) (ver página 26).

A criatividade individual exerce papel fundamental nessa etapa do processo de criação. A criatividade é algo que se pode e se

MOTHER
AND CHILD

MOTHER
AND
CHILD

MOTHER
CHILD

LOGOTIPO *MOTHER AND CHILD*, DE HERB LUBALIN: UM BOM EXEMPLO DE DESENVOLVIMENTO DE UMA IDEIA

deve exercitar. Enxergar a tipografia como desenho, e não somente como letras, por exemplo, é uma grande lição de criatividade. Os tipos, quando utilizados de maneira inusitada, podem gerar muitos desenhos interessantes. A junção de algumas letras ou parte delas formam novos elementos gráficos.

Um exemplo divertido e despretensioso de se "brincar" com as letras é o site BembosZoo, no qual os animais são formados a partir das letras que formam seu nome com a tipografia Bembo (www.bemboszoo.com/Bembo.swf).

BEMBOSZOO: CADA ANIMAL POSSUI UMA ANIMAÇÃO QUE MOSTRA A FORMAÇÃO DO DESENHO A PARTIR DE LETRAS DA FAMÍLIA TIPOGRÁFICA BEMBO

DESIGN GRÁFICO 27

O desenho do fundo da letra, ou seja, o espaço negativo que ela forma, também é material para grandes experiências. Um exemplo disso é o do artista gráfico Neville Brody (1957), que se tornou referência no design gráfico atual. A partir da intersecção das letras e dos fundos que elas formam, o designer é capaz de criar novos elementos gráficos.

▶ NEVILLE BRODY

Nascido em 1957 na Inglaterra, Neville Brody é um dos designers mais conhecidos e influentes da geração de 1980. Formado em design gráfico pela London College of Printing, em 1979, seus primeiros trabalhos foram projetos para capa de discos para editoras independentes, como Stiff Records e a Fetish. Uma de suas criações mais marcantes na época foi o trabalho para o grupo indie Cabaret Voltaire, que aproximava filme e vídeo à música experimental. A partir de então, Brody faz da tipografia uma vasta área de experimentação.

Em 1981, Brody torna-se o diretor de arte da Fetish, onde continuou com sua sede de experimentação. Desenvolveu a criação gráfica para bandas e músicos como Defunkt, Level 42, Depeche Mode e James Brown.

Nos anos 1980, trabalhando na *Lifestyle Magazine*, Brody revoluciona o design editorial com *layouts* surpreendentes, agressivos, e tipografias criadas especialmente para a revista. Com tamanha notoriedade, Brody torna-se referência no design gráfico, e seu estilo passa a ser copiado por designers do mundo todo.

No período de 1987 a 1990, Brody torna-se diretor artístico da revista *Arena*. Numa linha oposta ao seu estilo, experimentou uma linguagem mais racionalista e neutra.

Também em 1987, Brody funda The Studio, em Londres, onde dá continuidade a seu estilo expressivo.

CARTAZ DE NEVILLE BRODY PARA A EXPOSIÇÃO
FUSE, FONTSHOP INTERNATIONAL 1994

Seu trabalho foi reconhecido em várias revistas pelas quais passou; sua atuação na revista *The Face* foi marcante. Inovadores *layouts* de páginas tornam-se um mostruário dos recursos criativos de Brody. Exclusivamente para a revista *The Face*, Brody criou a família de tipos Typeface e, a partir de então, com a ajuda da tecnologia digital, tornou-se também um renomado type designer. Entre suas muitas criações estão as famílias Blur, Industria, World e FF Dirt.

Seu espírito pioneiro ganha força na publicação *Fuse*, revista criada pelo artista

THE STYLE COUNSEL
NA REVISTA
THE FACE, EDIÇÃO
N. 36, ABRIL 1983

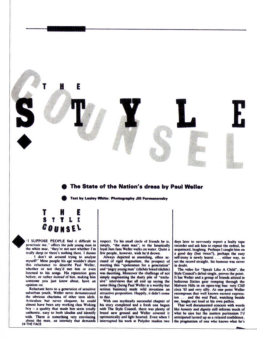

e que enfoca a tipografia digital. Nela, Brody abusa da experimentação de novos tipos e de sua aplicação em design gráfico.
Em parceria com o também designer Erik Spiekermann, Brody funda a distribuidora de fontes FontShop (www.fontshop.com). A venda de fontes digitais *on-line* torna-se um excelente negócio. No site, as tipografias encontram-se divididas por categoria (serifadas, sem serifa, *script* etc.), fundição tipográfica (ITC, Linotype etc.) ou designers, entre eles, obviamente, está Neville Brody.

ANÚNCIO DA NIKE
PARA REVISTA, 1988

DESIGN GRÁFICO

CABARET VOLTAIRE: GRUPO *INDIE* QUE APROXIMAVA FILME E VÍDEO À MÚSICA EXPERIMENTAL

THE FACE: MADONNA E ANDY WARHOL NA EDIÇÃO N. 58, FEVEREIRO 1985

CABARET VOLTAIRE
THE CRACKDOWN

ALBUM AND CHROME CASSETTE CV1.
LIMITED EDITION CONTAINS FOUR
TRACK 12 EP FROM THE DOUBLEVISION VIDEO
SOME BIZZARE

Dirty Six
Dirty Four
Dirty Seven
Dirty Three
Bitmap
Dirty One
Dirty Five
Dirty One Bold
Dirty Seven

FAMÍLIA TIPOGRÁFICA
FF DIRT 1-7:
EXPERIMENTAÇÃO NO
TRATAMENTO DAS FONTES
COMO IMAGENS, 1994

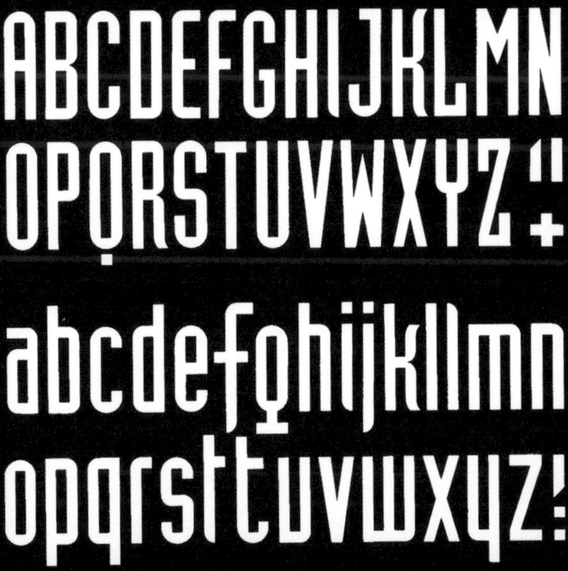

ABCDEFGHIJKLMN
OPQRSTUVWXYZ":
abcdefghijkllmn
opqrsttuvwxyz!

DESENHO
TIPOGRÁFICO:
INDÚSTRIA

Outra referência de grande explorador do desenho das letras é o norte-americano Herb Lubalin (1918-1981). Ele era capaz de transmitir conceitos de forma clara, eficiente e criativa, explorando ao máximo a tipografia.

▶ **HERB LUBALIN**

Artista gráfico, diretor de arte e tipógrafo, Herb Lubalin nasceu em 1918, em Nova York, em uma família de músicos. Seu interesse precoce por arte sempre foi incentivado, apesar de ser daltônico.

Em 1935, Herb passou no exame da prestigiada Cooper Union, na qual fez o curso de arte por quatro anos. Na primeira metade do curso era considerado o pior aluno da escola, mas, nos dois anos seguintes, se tornaria um dos melhores. A virada aconteceu no curso de tipografia, no qual, por ser canhoto, ele desenvolveu também, por conta da angulação da caneta e a pedido do professor, a habilidade de desenhar com a mão direita. Quatro anos mais tarde, ele se casaria com Sylvia Kushner, ex-aluna do Cooper Union e premiada aquarelista, com quem viveu por 32 anos e teve três filhos.

Em 1945, Lubalin torna-se diretor de arte do Sudler & Hennessey, um estúdio de arte especializado em anúncios farmacêuticos e promoções. Apesar de introspectivo, incentivou o trabalho em equipe e esteve sempre aberto a novas ideias, fato raro na época. Assim, fez o estúdio prosperar; desenvolveu uma ótima atmosfera de trabalho, contratou os melhores artistas e escritores para compor o seu departamento de arte. Enfim, o estúdio Sudler &

CAPA DA *FACT*, 1964: REVISTA DE BAIXO ORÇAMENTO, A CAPA ERA IMPRESSA EM UMA OU DUAS CORES

JANUARY-FEBRUARY 1964   VOLUME ONE, ISSUE ON[E]

[Ber]trand Russell considers *Time* magazine to be "scurrilous an[d] [utt]erly shameless in its willingness to distort." **Ralph Ingersoll:** "I[n] [eth]ics, integrity, and responsibility, *Time* is a monumental failure[.]" [Ir]win Shaw: *Time* is "nastier than any other magazine of the day[.]" [Col]in Wilson: "Any enemy of *Time* is a friend of mine." **Igo[r] [Str]avinsky:** "Every music column I have read in *Time* has bee[n] [dist]orted and inaccurate." **Tallulah Bankhead:** "Dirt is too clea[n a] [w]ord for *Time*." **Mary McCarthy:** "*Time*'s falsifications are nu[me]rous." **Dwight Macdonald:** "The degree of credence one give[s] *Time* is inverse to one's degree of knowledge of the situatio[n be]ing reported on." **David Merrick:** "There is not a single wor[d of] [t]ruth in *Time*." **P.G. Wodehouse:** "*Time* is about the most in[acc]urate magazine in existence." **Rockwell Kent:** *Time* "is incline[d to] [v]alue smartness above truth." **Eugene Burdick:** *Time* employ[s di]shonest tactics." **Conrad Aiken:** "*Time* slants its news." **Howar[d Fas]t:** *Time* provides "distortions and inaccuracies by the bushe[l." Ja]mes Gould Cozzens: "My knowledge of inaccuracies in *Time* i[s firs]t-hand." **Walter Winchell:** "*Time*'s inaccuracies are a staple o[f my] column." **John Osborne:** "*Time* is a vicious, dehumanizin[g ins]titution." **Eric Bentley:** "More pervasive than *Time*'s outrigh[t err]ors is its misuse of truth." **Vincent Price:** "Fortunately, mos[t peo]ple read *Time* for laughs and not for facts." **H. Allen Smith[:** *Tim*]*e*'s inaccuracies are as numerous as the sands of the Sahara[." Tay]lor Caldwell: "I could write a whole book about *Time* inac[cur]acies." **Sen. John McClellan:** "*Time* is prejudiced and unfai[r."

Hennessey torna-se a agência de publicidade Sudler, Hennessey & Lubalin, onde ele assume o comando da direção de criação.

Lubalin não pensava somente no design de suas peças, mas, principalmente, no texto das chamadas, no conteúdo a ser explorado. Para ele, perdia-se mais tempo para criar a ideia do que para desenhar a peça. Por respeito a seus princípios, sempre rejeitou produtos ou candidatos políticos que não considerasse éticos.

Em 1964, ele deixaria a agência em que trabalhava e fundaria seu próprio estúdio: Herbert Lubalin, Inc.

Tendo inovado o modo-padrão de Gutenberg de se compor os textos, para ele, as palavras são lidas, não os caracteres. Do seu ponto de vista, diminuir os espaços entre as palavras ou entre as linhas não prejudica a legibilidade. Cortar, sobrepor, redesenhar as letras, tudo isso era um incentivo ao designer, que participou de publicações como *Eros, Avant Garde, Fact* e desenhou as fontes Avant Garde Gothic, Lubalin Graph e Serif Gothic.

Tornou-se editor e designer do *U&lc* (abreviação de *Upper and lower case* – caixa-alta e baixa), jornal de seu amigo Aaron Burns, destinado à indústria tipográfica.

Em 1969, Lubalin e Burns fundam em Nova York a ITC (International Typeface Corporation), agência de licenciamento e distribuição de tipos. Na década de 1980, a ITC passou a licenciar fontes digitais, mas somente em 1994 começaria a produzir e comercializar suas fontes. Em 1986, a empresa foi comprada pela Esselte Letraset. Seu catálogo possui obras de grandes tipógrafos, como Ronald Arnholm, Matthew Carter, Erik Spiekermann, Hermann Zapf.

Lubalin faleceu em 1981.

CARTAZ *THE NEXT WAR WILL DETERMINE NOT WHAT IS RIGHT BUT WHAT IS LEFT* (A PRÓXIMA GUERRA DETERMINARÁ NÃO O QUE É CERTO, MAS O QUE RESTA) PARA O *AMERICAN INSTITUTE OF GRAPHIC ARTS EXHIBITION*

THE NEXT WAR WILL DETERMINE NOT WHAT IS RIGHT BUT WHAT IS LEFT.

CAPA DA REVISTA
AVANT GARDE: USO
DA TIPOGRAFIA DE
MESMO NOME

PÁGINAS
INTERNAS –
SIMPLES E DUPLA
– DA REVISTA
AVANT GARDE

DESIGN GRÁFICO

CAPA E PÁGINA DA *U&lc*: REFERÊNCIA À CAIXA-ALTA E BAIXA, O JORNAL EXPERIMENTAVA NOVOS CAMINHOS PARA O USO DA TIPOGRAFIA

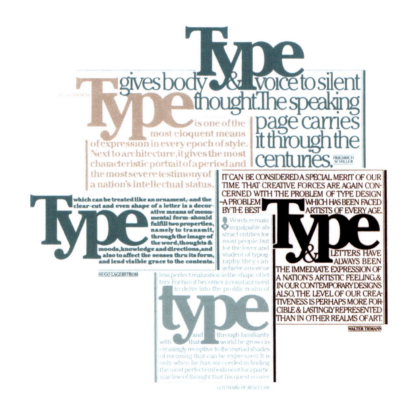

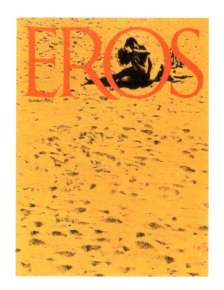

CAPA E PÁGINA
DUPLA DA REVISTA
EROS: LUBALIN
FIRMA-SE
COMO DESIGNER
EDITORIAL

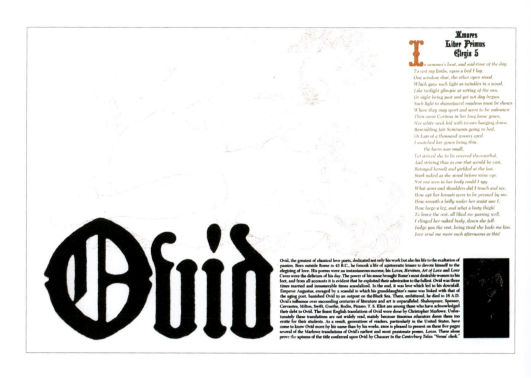

DESIGN GRÁFICO 43

LUBALIN GRAPH

A
BCD
ETC.

AVANT GARDE GOTHIC

DESENHOS
TIPOGRÁFICOS:
LUBALIN GRAPH
E AVANT GARDE
GOTHIC

A
BCD
ETC.

Pesquisar os artistas que influenciaram gerações, os movimentos artísticos representativos, enfim, estudar toda a história da arte é peça fundamental na formação do designer. Ter a referência de artistas consagrados, no entanto, não significa copiá-los. Além de isso transgredir a ética profissional, o que pode dar certo para determinado trabalho, pode não funcionar para outro. Cada trabalho, para ter personalidade, deve ter projeto único, uma solução pensada exclusivamente para aquela situação.

O conhecimento amplia a bagagem cultural e torna-se referência para inovações, além de permitir a liberdade de criação, pois somente um olhar treinado é capaz de reconhecer e transmitir ideias. Conhecer o básico traz também segurança ao designer para se desprender do conhecimento formal e pensar no problema de uma maneira nova.

Há momentos em que as ideias não fluem, ou surgem de maneira tão óbvia que não vale a pena prosseguir. Quando os pensamentos se esgotam, em vez de trabalhar sob pressão, o melhor é fazer uma pausa, deixar o problema de lado. Esse período de descanso não significa que o cérebro não esteja trabalhando. Mesmo ao dormir, o cérebro continua digerindo o tema e fazendo várias conexões. Por esse motivo, muitos *insights* se dão em momentos não esperados, como no meio da madrugada, do banho ou de uma caminhada.

Composição

Com a ideia em mente, chega o momento de dar forma a ela. As escolhas do designer darão corpo ao conteúdo.

A harmonia da composição é fator determinante para chamar o olhar e a atenção. Quando bem compostas, as páginas são capazes de atrair e prender o olhar do leitor. A proporção entre os elementos que compõem uma página impressa, por exemplo, é o segredo da harmonia da composição. Essa hierarquia dos objetos é capaz de orientar o nosso olhar.

A composição deve organizar e distribuir todos os elementos que farão parte do projeto. Para tanto, é necessária a criação de um esquema estrutural, com definições de margens, colunas e mancha de texto, o que seria o "esqueleto" da obra. Essa estrutura é a base para a boa comunicação, pois define as proporções e o equilíbrio entre os elementos que compõem o projeto, além de orientar as linhas de força.

RAZÃO ÁUREA

Uma das proporções consideradas mais harmônicas e agradáveis que existem é a chamada regra de ouro (ou razão áurea). Ela tem como módulo a proporção matemática Phi (pronuncia-se fi; não confundir com o número Pi ou π, no alfabeto grego). A proporção Phi, cujo valor é 1,618033989, é considerada o número de ouro. O nome Phi homenageia o arquiteto grego Phidias (490-430 a.C.), construtor do Partenon, o templo da deusa grega Atena, do século V a.C. As medidas do Partenon apresentam diversas proporções da razão áurea.

O número de ouro é extraído da série de Fibonacci, criada pelo grande matemático italiano da Idade Média Leonardo Pisano (1170-1250), também conhecido por Fibonacci. Essa série consiste em uma sequência de números, tais que, definindo os dois primeiros números como sendo zero e 1, os números seguintes são

O PARTENON, CONSTRUÍDO PELO GREGO PHIDIAS, É UM EXEMPLO NA ARQUITETURA DE COMPOSIÇÃO HARMÔNICA

obtidos por meio da soma dos seus dois antecessores: 0:1:1:2:3:5:8:13:21:34:55:89:144:233...

Para encontrar o ponto de ouro numa reta AB (veja figura na página ao lado), divide-se a reta ao meio, em duas partes iguais, determinando o ponto C. Transporta-se a reta CB perpendicularmente sobre o ponto B, criando-se o ponto D. Com o centro em D e raio DB, obtém-se um círculo. Com o centro em B e raio DB, obtém-se outro círculo. O encontro desses círculos forma o ponto E. Por último, com centro em A e raio AE obtém-se outro círculo. Respeitando a circunferência do círculo com centro em A, transporta-se o ponto E para a reta AB. Este é o ponto de ouro da reta AB.

A partir do ponto de ouro, determina-se a seção de ouro na reta AB, que serve de base para a estrutura do retângulo áureo, também chamado retângulo dourado ou retângulo de ouro. Considerado o retângulo perfeito, no qual a proporção entre o comprimento e a largura é aproximadamente o número Phi, ou seja, 1,618, foi – e ainda é – amplamente utilizado em várias áreas, como as artes plásticas e gráficas, a arquitetura e a matemática.

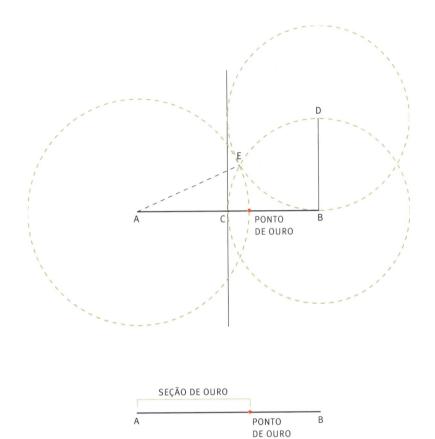

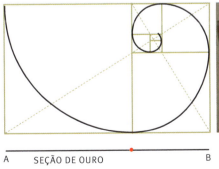

LEI ÁUREA: PRESENTE EM TODA A NATUREZA

DESIGN GRÁFICO

A proporção áurea sempre foi muito apreciada por artistas, arquitetos, projetistas e músicos. A fascinação por essa regra matemática se dá pelo fato de ela estar presente em toda a natureza, no corpo humano e no Universo. Podemos enxergá-la na folhas das árvores, no crescimento das plantas, nas conchas, nas escamas dos peixes, além das proporções do corpo humano: por exemplo, a relação da altura do corpo humano com a medida do umbigo até o chão. Essas proporções anatômicas foram bem representadas por Leonardo Da Vinci em sua obra *Homem Vitruviano*.

Engenheiro e arquiteto romano, Vitrúvio, que viveu no século I a.C., desenvolveu um tratado sobre arquitetura no período greco-romano, considerado, desde a época do Renascimento, fonte de inspiração e de informação para os padrões de proporções, levando em conta a utilidade, a beleza e a solidez.

Segundo Vitrúvio, "para que um todo, dividido em partes desiguais, pareça harmonioso, é preciso que exista, entre a parte pequena e a maior, a mesma relação que entre a grande e o todo".

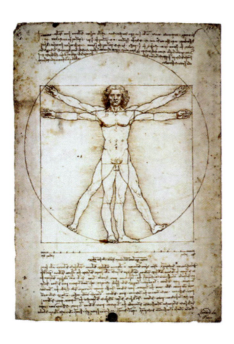

A OBRA *HOMEM VITRUVIANO*, DE LEONARDO DA VINCI, REPRESENTA AS PROPORÇÕES ANATÔMICAS

▶ **APLICAÇÃO DA LEI ÁUREA**

EM *O NASCIMENTO DE VÊNUS*, DE BOTTICELLI, AFRODITE É A REPRESENTAÇÃO DA PERFEIÇÃO DA BELEZA

A aplicação da lei áurea é extensa. Só para citar alguns exemplos, na história da arte renascentista, mestres como os italianos Sandro Botticelli (1445-1510) e Giotto (1266-1337), entre outros, aplicavam em suas obras a proporção da relação áurea para compor com extrema harmonia e perfeição. Um exemplo é a pintura *O nascimento de Vênus*, datada de 1483, de Botticelli, na qual Afrodite é a representação da perfeição da beleza.

No poema *Ilíada*, de Homero – poeta grego do século VIII a.C. –, o texto, que narra os acontecimentos dos últimos dias da Guerra de Troia, respeita uma proporção entre as estrofes maiores e menores. Essa proporção é um número próximo ao número de ouro: 1,618.

Na arquitetura, a proporção áurea é muito utilizada, desde a Antiguidade. As pirâmides do Egito são exemplos disso: cada bloco da pirâmide era 1,618 vezes maior do que o bloco do nível acima. No interior das pirâmides, o comprimento das salas era 1,618 vezes maior do que a largura.

Também em obras musicais, é possível encontrar o número de ouro. Exemplo disso são as 5ª e 9ª sinfonias de Beethoven.

DIREÇÃO DO OLHAR

Visto que a proporção entre os elementos de uma obra direciona o olhar do leitor, torna-se primordial reconhecermos os pontos fortes, as chamadas áreas nobres, de uma composição.

O ponto de atenção de uma página não é determinado pelo cruzamento de linhas geométricas, mas sim pelo centro ótico. Esse centro varia em relação à largura e à altura do formato e localiza-se acima do centro geométrico da página.

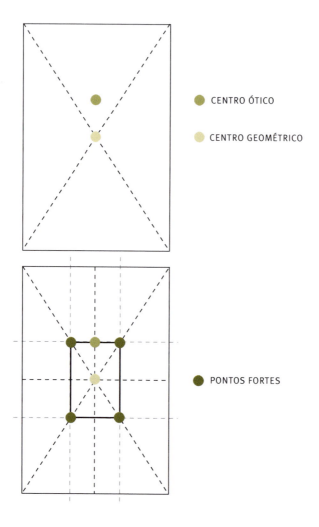

A partir dos centros geométrico e ótico, são definidos os pontos fortes da composição. Os elementos situados nos pontos fortes ou no centro ótico da composição terão maior destaque e visibilidade.

Um exemplo de composição dinâmica e harmoniosa é o traçado com proporções áureas. Para se chegar a ela, determine a seção áurea em uma das laterais do retângulo. No caso ilustrado a seguir, a mesma altura do retângulo (x) servirá de medida para definir a base do quadrado, que se forma com um traçado perpendicular à base do retângulo. Com o traçado de uma diagonal, determina-se o ponto por onde deve passar outra reta em posição perpendicular à primeira diagonal.

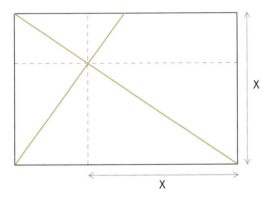

Temos, assim, uma estrutura simples para a composição harmoniosa, ritmada e agradável ao nosso olhar. Esse olhar diagonal, do topo à esquerda ao rodapé à direita, é facilmente assimilado. Por esse motivo, esse esquema é amplamente utilizado nas composições. Veja, por exemplo, o caso de muitos anúncios e de *outdoors*, nos quais a leitura se inicia do topo à direita e segue em direção ao rodapé, onde se encontra a assinatura da marca ou o logotipo da empresa.

Esse é um esquema de estrutura eficiente, o que não significa que seja o único. O ritmo de leitura tem que estar de acordo com o objetivo do designer e da mensagem que se quer transmitir. Em páginas de revistas, por exemplo, o olhar do leitor é orientado para que haja interesse pelo assunto e que se leia a matéria toda. Por essa razão, existem "ganchos", como o título, o olho e a retranca. Organizados em uma estrutura eficiente, eles encaminham o leitor para o texto principal.

Os contrastes de tamanho, espaço, cor e peso são ferramentas ideais para estabelecer a hierarquia entre os elementos, independentemente do ponto ótico ou geométrico. Dessa forma, podemos criar numerosas estruturas, simétricas ou assimétricas, para transmitir o conteúdo da obra.

Contraste de tamanho: os elementos maiores destacam-se de imediato, independentemente do lugar em que se apresentam na página. Nem sempre o que se lê primeiro está no topo alinhado à esquerda, embora esse seja um lugar privilegiado. O tamanho das letras em destaque é o que chamará a atenção do leitor.

WALKING MAGAZINE

Contraste de espaço: o posicionamento dos elementos em lugares estratégicos os destaca. Se vários elementos da página estão próximos uns dos outros, pode-se isolar o que se quer destacar com uma área vazia ao seu redor.

GQ MAGAZINE

Contraste de cor: as propriedades de tom, valor e saturação das cores atraem o olhar. Cores quentes chamam mais atenção e parecem estar mais próximas do que as frias. Se a página apresenta elementos de cores frias, pode-se usar um elemento em amarelo para destacá-lo.

ID / SONY STYLE

Contraste de peso tipográfico: um desenho de letra pesado, mais negro, é mais forte e marcante do que o mesmo desenho na versão regular. O máximo de contraste é atingido com o uso do *extrabold* e *extralight*.

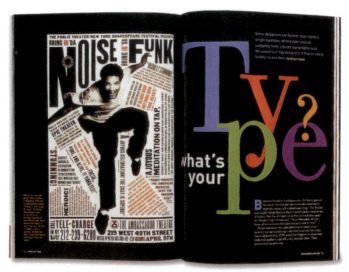

HOW MAGAZINE

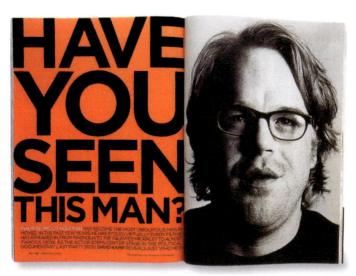

GQ MAGAZINE

O uso de uma imagem (foto ou ilustração), quando bem explorado, é extremamente enriquecedor. A imagem pode ser um complemento do texto ou até mesmo um elemento oposto àquilo que se diz. Ela pode se expressar de maneira harmônica com o texto ou ser invasiva e rebelde. Tudo depende do objetivo da mensagem.

GQ MAGAZINE

SURFACE

DESIGN GRÁFICO 57

MARGENS, COLUNAS E MANCHA DE TEXTO

O esquema estrutural de um projeto não pode ser encarado como uma camisa de força ou um obstáculo para a criatividade. Ele deve servir de guia para a criação, tendo em vista a primeira função do design gráfico: comunicar. Depois da definição do projeto gráfico, a diagramação deve respeitar sua estrutura e ser coerente com ele. Um livro ou uma revista, por exemplo, devem ser elaborados como um todo e não apresentarem soluções individuais a cada página.

A definição das medidas da margem de uma obra deve levar em conta, primeiro, o tipo de acabamento a ser utilizado. Lombada quadrada, por exemplo, exige que a margem interna da página seja mais generosa, enquanto a lombada canoa ou grampo permite margem interna menor. Isso porque a lombada quadrada "come" um pouco da área interna, uma vez que a abertura do livro brochura é limitada.

Definidas as margens laterais, tem-se a mancha, área na qual se encontra o conteúdo principal da página. A mancha deve ser respeitada no decorrer da obra, ainda que haja a possibilidade de elementos ultrapassarem e transgredirem a mancha estabelecida, desde que de acordo com o projeto gráfico. Geralmente, o bloco de texto respeita os limites da mancha, com entrelinha fixa.

A mancha pode ser dividida em colunas. O número de colunas depende do tamanho da largura da mancha. O cuidado com esse tipo de estrutura é importante, já que uma boa colunagem é determinante para o conforto na leitura.

O número de colunas e, portanto, a medida de sua largura estão diretamente ligados ao corpo de texto. Para uma composição de apenas uma coluna (o que significa a largura da mancha), uma boa média de caracteres para o texto principal (entre corpo 10 e 12) é de 45 a 75, considerando-se os espaços. Linhas que contêm mais do que 75 caracteres dificultam a continuidade da leitura, mesmo que a entrelinha seja generosa. A linha com 66 caracteres é considerada ideal e muito confortável.

Essa contagem não se aplica a textos descontínuos de tamanho menor, por exemplo, bibliografias ou notas de rodapé. Nesse tipo de texto, de entrelinha generosa, a linha é capaz de conter até 90 caracteres.

Já para páginas compostas com mais de uma coluna de texto de corpo entre 10 e 12 pontos, a média para uma leitura confortável é entre 40 a 50 caracteres. Para colunas com textos justificados, a indicação mínima é de aproximadamente 40 caracteres com espaços. Linhas justificadas e demasiadamente curtas, com menos de 40 caracteres, apresentam dificuldade para se diagramar, pois geram problemas como grandes espaços em branco entre as palavras ou número exagerado de hifens nas quebras. Se a linha for curta, é preferível que seja alinhada à esquerda.

Para a composição de textos curtos, como legendas ou notas diferenciadas, a linha mínima pode chegar a 12 ou 15 caracteres.

Essas médias de caracteres por linha são reconhecidas como satisfatórias, contudo, não devem "engessar" o projeto, mas sim oferecer liberdade para a criação nos limites confortáveis de leitura.

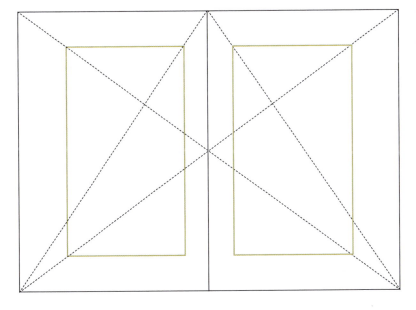

EXEMPLO DE UM DESENHO DE MANCHA

ESPAÇO HORIZONTAL: ENTRELETRA

O bom espacejamento entre as letras é fundamental para o ritmo da leitura. Apesar de estar predefinido como zero (*tracking* zero) nos programas de editoração, pode ser alterado manualmente em qualquer composição. Esse recurso, amplamente utilizado na era pós-moderna, principalmente com tipos estreitos e sem serifa, requer bastante cuidado. O espaço exagerado entre letras prejudica a legibilidade do texto. Letras minúsculas são mais suscetíveis a esse prejuízo do que as maiúsculas.

Para o texto principal com alinhamento justificado, o ideal é manter o padrão do *tracking* ao longo da publicação. Contudo, durante a diagramação, é necessário o ajuste manual em principalmente duas situações: quando o espaço entre as letras torna-se muito grande ou quando nos deparamos com uma "viúva" (palavra que se encontra sozinha numa linha ou uma linha solta no início de uma página).

Assim, um ajuste manual torna-se necessário de acordo com a situação, tanto para alargar a linha (aumentar o espaço entre as letras) quanto para apertá-la (diminuir o espaço). O *tracking* positivo ou negativo em uma linha de texto deve ser imperceptível ao olhar, sem prejudicar a leitura. Se as letras de uma palavra começarem a grudar umas nas outras, é sinal de que o *tracking* negativo passou dos limites aceitáveis.

Aplicação do tracking positivo

APLICAÇÃO DO TRACKING POSITIVO

O MESMO VALOR DE *TRACKING* POSITIVO APLICADO NA CAIXA-BAIXA E ALTA: NA VERSÃO EM CAIXA-BAIXA, O *TRACKING* POSITIVO FICA MAIS PERCEPTÍVEL

Aplicação do tracking negativo

APLICAÇÃO DO TRACKING NEGATIVO

O MESMO VALOR DE *TRACKING* NEGATIVO APLICADO NA CAIXA-BAIXA E ALTA:
O EXAGERO NEGATIVO PREJUDICOU A LEGIBILIDADE

    Em títulos compostos por letras de tamanho grande, o cuidado com o *kerning*, a alteração do espaço entre determinados pares de letras, deve ser redobrado. Algumas letras, utilizadas lado a lado, não se acomodam perfeitamente e precisam de uma compensação. Nesses casos, é aconselhável fazer o ajuste manual do *kerning* para proporcionar o equilíbrio visual perfeito de espaço entre as letras. Sequências como o LA, AV, AW necessitam de ajuste manual de espaço em comparação às sequências NM, HI, MI, embora ambas possuam o mesmo espaço entre as letras. Por exemplo:

LAVAWNMHIMI

KERNING AUTOMÁTICO, SEM AJUSTE DE ESPAÇO ENTRE AS LETRAS

LAVAWNMHIMI

AJUSTE MANUAL DE ESPAÇO ENTRE AS LETRAS

ESPAÇO VERTICAL: ENTRELINHA

O espaço entre as linhas, uma vez definido em uma composição de texto principal, deve ser respeitado. O desenho da tipografia e a largura da mancha de texto são fatores determinantes na escolha da entrelinha.

Para designar a relação entre corpo do texto e entrelinha, utilizamos a notação 10/12 (dez sobre doze), por exemplo. Ou seja, o tamanho da fonte do texto é de corpo 10 com a entrelinha de 12 pontos. Para uma leitura confortável, recomenda-se a relação mínina de 2 pontos a mais para a entrelinha em relação ao corpo do texto.

Chamamos entrelinha de corpo situações em que tanto o corpo quanto a entrelinha têm o mesmo valor, por exemplo, 11/11.

Geralmente, usa-se a entrelinha maior do que o corpo do texto, mas há situações em que ela pode ser negativa: por exemplo, 14/12. Desse modo, as hastes ascendentes e descendentes das letras tocam-se ou intercalam-se ao longo das linhas. Esse recurso pode ser interessante para um ou outro elemento da página, mas torna-se extremamente desagradável se concebido num texto de leitura corrida, o chamado texto principal.

Quidi conseni aniatem elitiae nem re pa sam que parum aliquatio tam que poritam veniend eliqui dolupta tusaero to omnia quas ipsum volupta spommolorerum ician debitia consed mi, ommolorerum fuga et re prem idendisimparumet atur mi, uncore voluptatquam quibus et, si nest, omnient hitate con nonserio. Omni si quas autparum atempor aut endae doloratius tusaero idendisimet poritam ommolorerum quibus.

ENTRELINHA NEGATIVA (10,5/8)

Quidi conseni aniatem elitiae nem re pa sam que parum aliquatio tam que poritam veniend eliqui dolupta tusaero to omnia quas ipsum volupta spommolorerum ician debitia consed mi, ommolorerum fuga et re prem idendisimparumet atur mi, uncore voluptatquam quibus et, si nest, omnient hitate con nonserio. Omni si quas autparum atempor aut endae doloratius tusaero idendisimet poritam ommolorerum quibus.

ENTRELINHA DE CORPO (10,5/10,5)

Quidi conseni aniatem elitiae nem re pa sam que parum aliquatio
tam que poritam veniend eliqui dolupta tusaero to omnia
quas ipsum volupta spommolorerum ician debitia consed mi,
ommolorerum fuga et re prem idendisimparumet atur mi, uncore
voluptatquam quibus et, si nest, omnient hitate con nonserio.
Omni si quas autparum atempor aut endae doloratius tusaero
idendisimet poritam ommolorerum quibus.

ENTRELINHA ABERTA (10,5/12,5)

Quidi conseni aniatem elitiae nem re pa sam que parum aliquatio

tam que poritam veniend eliqui dolupta tusaero to omnia

quas ipsum volupta spommolorerum ician debitia consed mi,

ommolorerum fuga et re prem idendisimparumet atur mi, uncore

voluptatquam quibus et, si nest, omnient hitate con nonserio.

Omni si quas autparum atempor aut endae doloratius tusaero

idendisimet poritam ommolorerum quibus.

ENTRELINHA MUITO ABERTA (10,5/20)

ALINHAMENTO

Uma boa composição pode – ou não – misturar vários alinhamentos: à esquerda, à direita, justificados ou centralizados. Se o designer optar por diferentes alinhamentos, é importante dosar a utilização desse atributo para que os elementos não se percam na diagramação. Em trabalhos que apresentam várias páginas ou aplicações, deve-se manter o padrão de alinhamento para o bom funcionamento e o entendimento da leitura da obra.

O alinhamento irregular pode ser feito à esquerda, à direita ou centralizado. Nesses tipos de alinhamento, geralmente, evita-se a separação silábica e o espaço entre as palavras é idêntico.

Alinhadas à esquerda, as linhas do texto variam no comprimento. Esse tipo de alinhamento é usado para texto em colunas ou texto curto, assim como em legendas.

Quidi conseni aniatem elitiae nem re pa sam que parum aliquatio tam que poritam veniend eliqui dolupta tusaero to omnia quas ipsum volupta spommolorerum ician debitia consed mi, ommolorerum fuga et re prem idendisimparumet atur mi, uncore voluptatquam quibus et, si nest, omnient hitate con nonserio.

O alinhamento à direita segue o mesmo princípio do alinhamento à esquerda, sendo que as linhas estão alinhadas à direita. Esse recurso é utilizado em legendas para acompanhar a imagem correspondente ou em texto curto. Não é indicado para texto longo por não ser habitual a leitura nesse alinhamento.

Quidi conseni aniatem elitiae nem re pa sam que parum aliquatio tam que poritam veniend eliqui dolupta tusaero to omnia quas ipsum volupta spommolorerum ician debitia consed mi, ommolorerum fuga et re prem idendisimparumet atur mi, uncore voluptatquam quibus et, si nest, omnient hitate con nonserio.

Em textos com alinhamento irregular (à esquerda ou à direita), as quebras de linha são feitas automaticamente pelo computador. É importante que o diagramador dê atenção às quebras, pois, muitas vezes, devem ser melhoradas manualmente. Um exemplo de quebra ruim é a formação de "escadas" ou "degraus":

Quidi conseni aniatem elitiae nem re pa sam
que parum aliquatio tam que poritam inveniend
eliqui dolupta tusaero to omnia quas ipsum volupta
spommolorerum ician debitia consed mi, ommolorerum
fuga et re prem idendisimparumet atur mi, uncore voluptatquam
quibus et, si nest, omnient hitate con nonserio.

Textos alinhados à esquerda ou à direita são usados em colunas estreitas. Nesse caso, a atenção às quebras deve ser redobrada. Deve-se evitar, por exemplo, letras soltas no final das linhas. Se isso acontecer, o ajuste deve ser feito manualmente. Veja a seguir as diferenças entre o primeiro parágrafo, cujas quebras são automáticas, e o segundo, com ajustes manuais:

Quidi conseni aniatem elitiae nem re pa sam que parum aliquatio tam que poritam veniend eliqui dolupta tusaeroto omniaquasipsum volupta spommolorerum ician debitia consed miommolorerum fuga et re prem idendisimparumet.

Quidi conseni aniatem elitiae nem re pa sam que parum aliquatio tam que poritam veniend eliqui dolupta tusaeroto omniaquasipsum volupta spommolorerum ician debitia consed miommolorerum fuga et re prem idendisimparumet.

Os textos centralizados, irregulares tanto na margem esquerda quanto na direita, exigem cuidado ainda maior. A irregularidade desse tipo de alinhamento prejudica o ritmo de leitura, por isso, não é apropriado para textos extensos. Já para textos pequenos, olho de matéria ou legenda, esse recurso é uma opção viável. O alinhamento centralizado pode ser simétrico, crescente ou decrescente. A simetria entre as linhas pode acontecer de maneiras diversas:

Quidi conseni aniatem elite nem pa sam que parum
aliquatio tam que poritam veniend eliqui dolupta tusaero to
omnia quas ipsum volupta spomerum ician debitia consed
miommolorerum fuga re prem idendisimparumet.

Quidi conseni aniatem elitiae nem pa sam que parum aliquatio
tam que poritam venend qui dolumta tusaero to omnia
quas ipsum volupta spo lorerum ician debitia consed
miommolorerum fuga et resu spomoprem idendisimparumet.

Quidi conseni aniatem elitiae nem re pa sam que
parum aliquatio tam que porim veniend eliqui dolupta tusaero
to omnia quas ipsum volupta spommolorerum ician
debitia consed miloreru fuga et re prem idendisimparumet
sam que parum aliqio tam que pam veniend.

No texto centralizado crescente e decrescente, o alinhamento acontece das seguintes maneiras, respectivamente:

Quidi conseni aniatem elite nem pa
sam que parum aliqio tam que pam veniend
eliqui dolupta tusaero to quas ipsum volurum ician
omnia quas ipsum volupta spomm ician debitia consed
debitia consed miommo sulorerum fuga re prem idendisirumet.

Quidi conseni aniatem elite nem par sam que parum aliqio tam
que poritam veniend eliias dolupta tusaero toips omnia
quas ipsum voum ician debitia ommo omnia quas
ipsum volupta spomer ician debitia consed
sulorerum fugarem idendisirumet.

O alinhamento de textos blocados ou justificados é amplamente utilizado nas composições de grande volume de texto. Nele, as linhas têm o mesmo comprimento. Para acomodar os caracteres numa mesma medida de largura da coluna, o espaço entre as palavras varia. Por esse motivo, nesse tipo de alinhamento, o uso da separação silábica é recomendado para evitar grandes buracos brancos entre as palavras. Os vários buracos existentes num bloco de texto sem hifenação dão a impressão de que existem "rios" brancos navegando entre o texto e prejudicam não só a leitura, mas a beleza da composição. Veja a diferença entre os dois blocos de texto abaixo: o primeiro, sem hifenação, apresenta "rios" e o segundo, com separação silábica, é mais harmonioso e confortável para a leitura.

Aximinum eos ut labo. Utnim aboreperum quid maio volorum nulpaeatur anosantia de vid miliciai ma sam orro id quisinciditas quodicaerum, omnim reperios volorup tation repersp erciliciat eaquo omodi temposan utpel mo blaboreptatmaximpe repratis volupiat altavemto dolorerum quam si sequia comniteosantor ratquae ipiomarit optibus, natur aut mi, idaeaquam utet pratur rerum nia vent, aut quatemse sequati busdam, suntiorest dolut derum apluptas eum ilicillum at idolupta voleniae. Geniendis aut ut qui sinum volorrum, que cusratquae ipsommodi tempoam ipsantium quiatem volorio.

Aximinum eos ut labo. Utas dolenim aboreperum quid maio volorum nulpa eatur a nosantia des vidasge miliciai ma sam laborro id quisinciditas quodicaerum, omnimus reperios volorupes tation repersp erciliciat eaquo ommodi temposanit utastet pel mo blaboreptatimaximpe repratis voluptat abotitus. Ita dolorerum quam si sequia comnit eosantor ratquae ipsam ipsapedio optibus, natur autmi, idaeaquam utet pratur rerum nia vent, simostis aut quatem se sequati busdam, suntiorest dolut derum apid moluptas eum ilicillum ati dolupta voleniae. Geniendis aut ut qui sinu antium quiatem volorio.

As especificações de separação das sílabas ao final de cada linha são feitas automaticamente pelo programa de editoração, mas podem – e devem – ser redefinidas de acordo com as exigências do projeto gráfico e das regras de edição de cada editora. Essas especificações devem ser estipuladas no início do trabalho para que a diagramação não sofra retrabalho.

Seguem algumas dicas para uma boa hifenização:

- evite hifenizar mais de três linhas consecutivas;
- para nomes próprios, usar a hifenização em casos de real necessidade e de acordo com as convenções da língua de origem;
- palavras hifenizadas devem manter ao menos duas letras na linha de leitura e três letras na linha seguinte.

DESIGN GRÁFICO 67

O recuo no início dos parágrafos de textos justificados é indicado para sinalizar o início de um novo parágrafo e, assim, facilitar a leitura. Entretanto, se exagerados, os recuos promovem o efeito contrário. Os valores-padrão para o recuo de parágrafo são de um eme (M) ou uma entrelinha. Se o corpo do texto for 11 sobre entrelinha 13 – 11/13 pontos –, o recuo mais comum seria de um eme (11 pt) ou uma entrelinha (13 pt). A metade de um eme seria o recuo mínimo praticável. O recuo até dois emes é recomendado somente para linhas longas, em uma composição de margens generosas. No exemplo abaixo, o recuo do parágrafo tem o mesmo valor da entrelinha do texto.

Aximinum eos ut labo. Utas dolenim abus emi aboreperum quid maio volorum nulpa eatur a nosantia des vidasge miliciai ma sam laborro id quis inciditas quodicaerum, omnimus reperios volorupes tation repersp erciliciat eaquo ommodi temposanit utastet volorum pel moeatur a nosantia des blaboreptat.
O maximpe repratis voluptat abotitus. Ita dolorerum quam si sequia comnit eosantor ratquae ipsam ipsapedio volorumoptibus, natur aut mi, id eaquam temposanit utet pratur rerum nia vent, simostis aut quatem se sequati busdam, suntiorest dolut derum apid moluptas eum ilicillum ati dolupta voleniae. Geniendis aut ut qui sinu antium quiatem volorio.

Independentemente da escolha do alinhamento, em todos os casos, deve-se tomar cuidado com as "viúvas", nome dado às palavras que estão sozinhas numa linha:

Aximinum eos ut labo. Utas dolenim abus emi aboreperum quid maio volorum nulpa eatur a nosantia des vidasge miliciai ma sam laborro id quis inciditas quodicaerum, omnimus reperios volorupes tation repersp erciliciat eaquo ommodi temposanit utastet volorum pel moeatur a nosantia des blaboreptat quidi astin conseni aniatem elitiaenem.

A primeira linha de um parágrafo impressa sozinha na base de uma coluna ou da mancha de texto, deixando o restante do parágrafo no topo da página seguinte, é também chamada de viúva.

LINHA VIÚVA

Além delas, é importante evitar também as chamadas linhas "órfãs". Trata-se da última linha de um parágrafo impressa no topo da página seguinte.

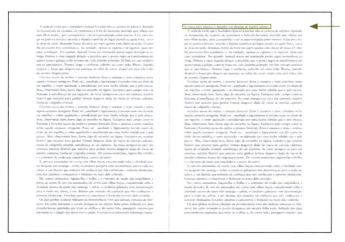

LINHA ÓRFÃ

Em todos esses casos, é necessário ajustar manualmente o parágrafo para que as linhas ou as palavras não fiquem sozinhas para não prejudicarem o ritmo de leitura. Essas correções são feitas por meio do ajuste aceitável do espaço entre as letras (*tracking*), sem encavalar ou espacejar demais uma letra ou palavra da outra.

A ESCOLHA DO TIPO

A tipografia (tema do Capítulo 2 deste livro) tem papel importantíssimo na composição de uma página. Ela define o clima da mensagem: romântica, clássica, contemporânea. Quando bem escolhida, é também um convite à leitura.

A mescla de letras, com e sem serifa, é uma forma eficiente de diferenciar títulos, subtítulos e texto principal. Entretanto, essa mistura deve ser harmônica e cuidadosa para não transformar a composição em um catálogo de fontes. O uso de uma só fonte e suas variações de negrito, itálico e maiúsculas pode deixar o trabalho elegante. No entanto, exige o cuidado de não torná-lo monótono.

▸ TIPOGRAFIA META

A Meta, tipografia desenvolvida por Erik Spiekermann, foi utilizada na composição do texto principal deste livro. Esse tipo apresenta ótima legibilidade e tem um desenho elegante. É também econômico, por ser mais estreito do que a maioria das letras dessa categoria.

A Meta é a evolução de um tipo originalmente desenvolvido pelo próprio Spiekermann para o correio federal alemão. Lançada em 1991, na versão sem serifa, outras versões foram desenvolvidas até 2007, tornando-se uma das famílias tipográficas mais completas da atualidade. Apresenta muitas variações, da mais delicada (*hairline*) à mais grossa (*black*), além das versões serifadas e condensadas.

ERIK SPIEKERMANN

Erik Spiekermann nasceu em Hanover, na Alemanha, em 1947. Conceituado tipógrafo e designer gráfico, é autor de livros e artigos sobre tipografia. O livro *Stop Stealing Sheep & Find out How Type Works* (Berkeley, Adobe Press, 1993), escrito em parceria com E.M. Ginger, vendeu cerca de 150 mil exemplares e encontra-se na segunda edição.

Em Berlim, Spiekermann trabalhou como compositor tipográfico para financiar seus estudos. Já em Londres, trabalhou como designer gráfico em vários escritórios de design e lecionou na London College of Printing.

Em 1979, fundou a MetaDesign, em Berlim, que se tornou uma das maiores empresas alemãs de design, com filiais em Londres e em San Francisco.

Dez anos depois, junto com Joan Spiekermann e Neville Brody, fundou a FontShop (www.fontshop.com), empresa de produção e distribuição de fontes digitais de vários designers, além de suas próprias criações. Nesse período, ele se desligou da MetaDesign e fundou a UDN (United Designers Network). Muitos designers da MetaDesign seguiram junto com Spiekermann para compor a nova equipe. No final de 2006, a UDN tornou-se a SpiekermannPartners (www.spiekermannpartners.com) e Erik contou com

OFFICINA: A SUPERFAMÍLIA TIPOGRÁFICA CRIADA EM 1990

a parceria de vários designers em sua equipe.

Além do trabalho como designer, Erik é professor na Academy of Arts, de Bremen, na Alemanha, membro da Administração de AtypI, vice-presidente do German Design Council, presidente da ISTD (International Society of Typographic Designers) e presidente do International Institute of Information Design.

Dentre suas criações tipográficas estão Officina, Meta, Info, Unit, LoType.

A tipografia Meta é uma das suas criações que mais se destacaram no cenário contemporâneo das artes gráficas. Declaradamente avesso aos traços geométricos das tipografias modernas que surgiram depois da Segunda Guerra Mundial – a Helvética, por exemplo – por considerá--las monótonas e tediosas, Spiekermann tem como característica um desenho de letra elegante, legível e com agradáveis proporções.

A escolha do tipo deve levar em consideração a qualidade do papel – e sua gramatura – e o tipo de impressão que será utilizada. A porosidade do papel, o quanto ele é capaz de absorver a tinta, delimita se determinado desenho de tipo será fino ou grosso demais para o trabalho. Por exemplo, se um tipo delicado, cujas hastes são finas, for impresso vazado em um fundo colorido, o papel não pode ser muito poroso. Caso contrário, a absorção da tinta será tanta que poderá "entupir" os pequenos pontos que deveriam ser brancos, resultando letras falhadas, que prejudicam tanto a legibilidade, quanto a beleza do projeto.

Ter o conhecimento da história da arte tipográfica, dos designers de tipos e de suas criações, entender suas influências, é uma boa maneira de se chegar a uma escolha acertada da tipografia. Levar em conta a legibilidade do tipo é condição primordial. Essa questão foi amplamente estudada, desde as primeiras criações tipográficas, pois um tipo de má qualidade afugenta o leitor.

A atenção aos detalhes de uma composição, em qualquer trabalho de criação, é sinal de cuidado. Em um livro, por exemplo, a preocupação que se tem na escolha dos títulos, dos subtítulos e do texto principal – tidos como mais importantes no projeto – deve ser igualmente direcionada aos elementos menores, como créditos, número de página, rodapés ou colofão (última página de um livro).

CORES NA COMPOSIÇÃO

A escolha das cores (que também ganha um capítulo à parte neste livro) é outra ferramenta essencial na composição e na criação do projeto. A elaboração da palheta de cor deve corresponder ao conceito que se quer transmitir, já que a combinação de cores está diretamente ligada às sensações humanas. Cor pastel, cor quente, fria ou a combinação de todas são algo poderoso nas mãos do designer. No entanto, é preciso dominar essa técnica, caso contrário o efeito pode ser desastroso.

Aproveite o papel, mesmo que seja branco, para trabalhá-lo também como cor. Por exemplo, se seu documento será impresso em papel com duas cores (laranja e preto), use o fundo do papel como se fosse outra cor. Dessa maneira, haverá a possibilidade de combinar, no mínimo, três cores diferentes (cor do papel, laranja e preto).

PROVAS DE EMENDAS

A etapa editorial que antecede a diagramação de um texto é chamada de preparação. Nela, o preparador – profissional de texto responsável pela correção ortográfica, gramatical e a padronização editorial do texto – faz, no arquivo original, todas as alterações que julgar necessárias, geralmente com a aprovação do autor.

Depois de preparado, o texto segue para a fase de diagramação. Uma vez diagramado, são feitas as chamadas provas de emendas. Trata-se de uma prova, impressa ou digital, na qual o revisor de texto marca todas as correções a serem feitas na obra. São as cha-

Principais marcas de revisão

símbolo	significado	símbolo	significado
✗	suprimir, eliminar	⤶	colocar o conteúdo no ponto indicado
◡	tirar espaço, unir	⊓	ilegível
#	adicionar espaço	⊢⊣ /	barras de atenção
⊐⊏	quebrar linha	∧	inserir / acrescentar
⊓⊔	inverter	----	desfazer emenda, manter como estava
⌐	transpor período ou linha	(VO)	ver original
∽	recorrer	(?)	dúvida
[ ]	centralizar	(OK)	correção indevida
⌐	alinhar à direita	(FONTE)	alterar fonte
⌐	alinhar à esquerda	(CORPO)	alterar corpo
⌐	abrir novo parágrafo	(IT)	itálico
⊐	suprimir parágrafo	(RED)	redondo, regular
⊔	passar para a página anterior	(NEG)	negrito, *bold*
⊓	passar para a página seguinte	(CL)	claro, tirar o negrito
⊓	evitar que duas linhas seguidas comecem ou terminem com as mesmas palavras	(C.A.)	caixa-alta
		(C.B.)	caixa-baixa
		(C.A.B.)	caixa-alta e baixa

madas marcas de revisão, que abrangem as questões gramaticais, gráficas e padronização de estilos. O revisor aponta eventuais falhas de composição como viúvas, rios, espaçamento desconfortável entre letras ou palavras etc.

O preparador e o revisor contam com as diretrizes da ABNT (Associação Brasileira de Normas Técnicas) como parâmetro de normatização em revisão, além das regras do Novo Acordo Ortográfico da Língua Portuguesa e também dos usos próprios de cada editora, com seus manuais de redação e estilo.

As marcas de revisão são feitas por meio de uma linguagem de sinais. É esperado que o diagramador esteja familiarizado com essa linguagem, mas se tiver alguma dúvida em relação a alguma marcação, ele também deve anotar na prova de emenda a sua questão. Na página anterior, segue uma amostra das principais marcas de revisão e seus significados.

Depois das emendas corrigidas, é feita uma segunda prova de emendas. Ambas as provas (primeira e segunda) são enviadas ao revisor para que ele possa, conforme o jargão da área, "bater" as emendas, ou seja, conferir se todas as emendas foram feitas corretamente e, caso exista alguma emenda não compreendida, ele dará ao diagramador a explicação do que deve ser feito.

A segunda prova de emendas com as novas marcações volta para o diagramador, e o processo se repete até que a prova esteja "limpa", sem correções a serem feitas. São recomendadas, no mínimo, três provas de emendas para eliminar todos os possíveis erros, mas isso não é regra e pode variar de acordo com cada publicação.

História dos movimentos artísticos

O design gráfico é uma atividade que tem as suas origens na Pré--História com as primeiras representações visuais, carregadas de simbologia. No entanto, ainda hoje, existe muita discussão sobre os limites das atividades do profissional de design gráfico.

O historiador e designer Philip Meggs escreveu em seu livro *A History of Graphic Design* (Nova York, John Wiley & Sons, Inc., 1998) uma clara introdução para a história dessa profissão:

> Desde a Pré-História, as pessoas têm procurado maneiras de representar visualmente ideias e conceitos, guardar conhecimento graficamente e dar ordem e clareza à informação. Ao longo dos anos essas necessidades têm sido supridas por escribas, impressores e artistas. No ano de 1922, quando o célebre designer de livros William Addison Dwiggins cunhou o termo – designer gráfico – para descrever as atividades de um indivíduo que traz ordem estrutural e forma à comunicação impressa, essa profissão emergente recebeu um nome apropriado. No entanto, o designer gráfico contemporâneo é herdeiro de uma ancestralidade célebre.

O design pré-histórico, anterior à escrita, é um importante momento no desenvolvimento da comunicação visual. As pinturas rupestres, feitas nas paredes das cavernas, constituem as primeiras representações visuais, cujas formas poderiam ser muito simples, como a figura de um animal, ou mais complexas, como cenas de caçadas. As representações simbólicas serviram de base para o desenvolvimento da escrita nas antigas civilizações.

A impressão da Bíblia de Gutenberg, em 1455, foi o grande marco na história do design gráfico, pois trata-se do início da produção em massa de livros no Ocidente. Mas, somente a partir do século XIX, com a Revolução Industrial e o desenvolvimento da produção em série, nasce o chamado design moderno. O que distingue a produção industrial da artesanal é, sobretudo, o seu caráter de repetição. Enquanto no modo de produção artesanal as peças não são exatamente iguais umas às outras – o que as torna um artefato único – na produção industrial qualquer diferença na série é considerada um defeito e o valor do produto final é reduzido.

Nesse período, em função do desenvolvimento das novas tecnologias industriais, faz-se uma divisão entre o designer, o artista plástico e o artesão. Apesar dessa divisão de funções, os movimentos artísticos de toda a história da humanidade evidenciam as influências mútuas entre as artes plásticas e as artes gráficas.

ARTS AND CRAFTS

A Revolução Industrial estimulou a sociedade de consumo, pois, com a introdução da linha de montagem na produção em massa, houve grande aumento na oferta de produtos.

Se, por um lado, a Revolução Industrial trouxe grande e significativo avanço tecnológico, por outro, foi uma época em que não se criaram novos conceitos estéticos. Por essa razão, houve grande mistura arbitrária de estilos históricos, com ornamentação excessiva. Os produtos industriais tentavam copiar os produtos feitos de maneira artesanal, dando início a uma política de imitação, base da cultura *kitsch*.

Para combater esses sinais de massificação da produção industrial, o britânico William Morris (1834-1896), considerado pioneiro do design moderno, fundou o movimento *Arts and Crafts*, na segunda metade do século XIX, com o qual promovia a realização artesanal dos produtos, dando preferência às formas simples e orgânicas.

GOLDEN LILY, PAPEL DE PAREDE DE JOHN HENRY DEARLE PARA WILLIAM MORRIS &CO., 1900

Daí nasce a noção moderna de design, tido como instrumento de melhoria da qualidade de vida, tanto por sua função prática quanto por sua função estética. Esse foi o ponto de partida de Morris contra o design industrial, fundado basicamente em interesses econômicos.

O movimento *Arts and Crafts* não perdurou muito tempo, mas influenciou movimentos que se seguiram, como a *Art Nouveau* e a escola Bauhaus.

ART NOUVEAU

As formas orgânicas e naturais, conceito básico do movimento *Arts and Crafts*, foram preservadas e tiveram continuidade no design e na arquitetura do estilo *Art Nouveau*. O nome desse movimento foi inspirado em uma loja parisiense muito conhecida na época, chamada *Chez l'Art Nouveau*, que vendia artigos desse estilo.

Os artistas da *Art Nouveau*, assim como os do movimento *Arts and Crafts*, opunham-se ao processo industrial, o que fazia com que os produtos artesanalmente elaborados fossem caros e inacessíveis para a maioria das pessoas.

O movimento *Art Nouveau* foi amplo e influenciou diferentes áreas do design, como a editorial e a de marcas comerciais, além da tipografia. O design de moda, de mobiliário e de objetos de decoração também foi altamente influenciado por esse movimento.

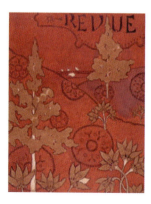

ESTUDO DE ELISEU VISCONTI PARA A CAPA DO PRIMEIRO NÚMERO DA REVISTA *REVUE DU BRESIL*, 1895

Nas artes gráficas, a litografia colorida, que utiliza a pedra como matriz, tornou-se técnica muito utilizada, principalmente em cartazes publicitários, que anunciavam diferentes tipos de produto. Disponível no final do século XIX, a litografia possibilitou aos designers da época trabalhar diretamente na pedra, sem as restrições da impressão tipográfica. Assim, os desenhos e as letras tornaram-se mais livres, atraindo também vários artistas das artes plásticas.

No Brasil, o Liceu de Artes e Ofício de São Paulo teve participação significativa para a divulgação da *Art Nouveau*. Um dos artistas de maior importância desse estilo foi Eliseu Visconti (1866-1944), considerado pioneiro do design no país.

ALFABETO *ART NOUVEAU* COMPILADO POR A. R. VAN DER BURG, C. 1900

▶ O CARTAZ

Os primeiros cartazes, desde a Idade Média até meados do século XIX, eram compostos por texto corrido, sem nenhuma técnica gráfica elaborada. A partir da segunda metade do século XIX, com a Revolução Industrial e o desenvolvimento tecnológico, as possibilidades de novas técnicas de impressão garantiram a participação de artistas renomados, como os franceses Jules Chéret (1836-1931) e Henri de Toulouse-Lautrec (1864-1901) e o tcheco Alphonse Maria Mucha (1860-1939) na criação de cartazes publicitários. O estilo *Art Nouveau* era amplamente utilizado em cartazes de peças de teatro, óperas, produtos alimentícios, cigarros, revistas, lojas de departamentos.

Toulouse-Lautrec, boêmio incurável, desenhava cartazes cujo tema principal era a vida noturna parisiense. Uma de suas composições mais famosas nessa época foi o cartaz para o célebre cabaré Moulin Rouge, do qual era também frequentador.

CARTAZ DE ANÚNCIO DE CIGARRO, CRIAÇÃO DE ALPHONSE MARIA MUCHA, 1898 (PÁGINA AO LADO)
CARTAZ DE ANÚNCIO DE BEBIDA, DE JULES CHERÉT, 1895 (PÁGINA 82)
CARTAZ DO CABARÉ MOULIN ROUGE, DE TOULOUSE-LAUTREC, 1891 (PÁGINA 83)

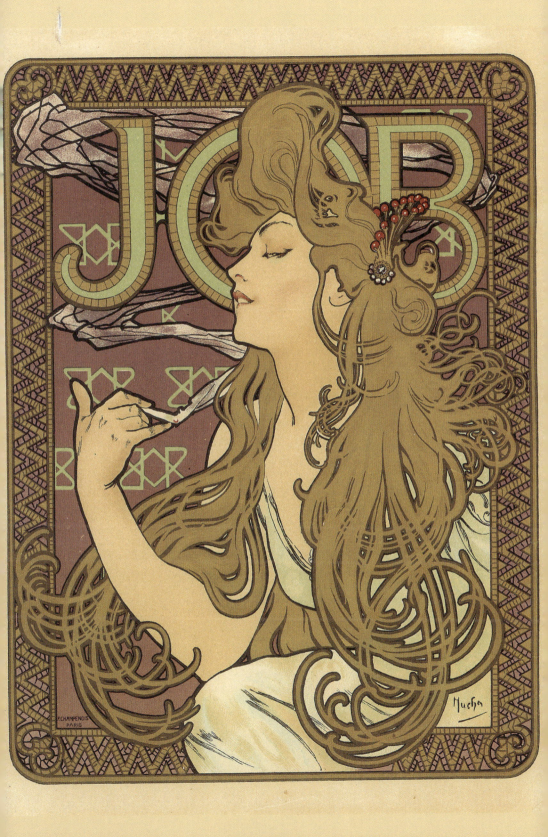

AS ARTES PLÁSTICAS

O desenvolvimento tecnológico da era industrial deu às máquinas um poder impressionante. Artistas de vanguarda, como Marcel Duchamp, Edward Munch, Henri Matisse, entre outros, viam nesse contexto a grande possibilidade de transformação estética. A importância de uma nova arte e de uma nova visão do design tornava-se clara.

As mudanças foram visíveis em várias áreas artísticas, que se influenciaram mutuamente. Nas artes plásticas, o francês Claude Monet (1840-1926) rompeu com o academicismo ao pintar o quadro *Impression: Soleil Levant* (Impressão: nascer do sol), em 1872. A partir daí, surge o termo "impressionista".

No início do século XX, o fauvismo, movimento artístico de origem francesa (1905-1907), buscava a simplificação das formas e a autonomia na utilização da cor, com o objetivo máximo da expressão das emoções. Os temas eram leves, sem intenção crítica. A cor, que não necessariamente era fiel à realidade, adquiria outra função: delimitar planos, criar perspectiva e volume. Henri Matisse (1869-1954) foi um grande representante desse grupo.

O TERMO *IMPRESSIONISTA* NASCE A PARTIR DA OBRA *IMPRESSION: SOLEIL LEVANT*, 1872, DE CLAUDE MONET

Em 1907, o espanhol Pablo Picasso (1881-1973) pintou a célebre obra *Les Demoiselles d'Avignon* (Senhoritas de Avignon), com a qual transgrediu as tradições e as convenções visuais naturalistas ocidentais ao retratar, de forma geométrica, as personagens da pintura.

Essa pintura é considerada uma obra-prima e marca o nascimento do movimento cubista, iniciado em 1907 e que duraria até 1914. No cubismo, as formas eram retratadas por meio de figuras geométricas, que não tinham nenhum compromisso com a aparência real das coisas.

Em 20 de fevereiro de 1909, o escritor e poeta italiano Filippo Marinetti (1876-1944) publicava no jornal parisiense *Le Figaro* o *Manifesto Futurista*. Nele, proclamava uma estética da era da máquina, na qual a expressão da violência e da velocidade da vida moderna eram os temas preferidos.

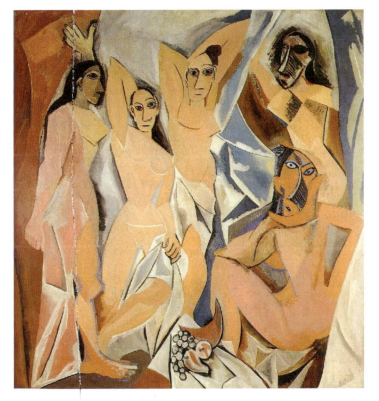

LES DEMOISELLES D'AVIGNON, 1907, DE PABLO PICASSO, REPRESENTA O NASCIMENTO DO CUBISMO

DESENHO DO EDIFÍCIO LA CITTÀ NUOVA (CIDADE NOVA), 1912, DE ANTONIO SANT'ELIA

Logo se associaram ao futurismo os pintores Umberto Boccioni (1882-1916), Gino Severini (1883-1966) e o arquiteto Antonio Sant'Elia (1888-1916), cujos desenhos de cidades futuristas foram o prenúncio da arquitetura no estilo *Art Déco* (principalmente os arranha-céus), da década de 1920.

Em 1916, o movimento praticamente se extinguiu com a morte de Boccioni e de Sant'Elia. No entanto, sua contribuição foi marcante e influenciaria movimentos que surgiram posteriormente, como o *De Stijl* e a Bauhaus.

No mesmo ano, artistas e escritores da chamada "vanguarda moderna" iniciaram, em Zurique, o movimento dadaísta, que marcou o *nonsense*, a falta de sentido nas artes: a antiarte. Em poucos anos, o movimento, um tanto anarquista, cresceu e chegou a Barcelona, Berlim, Colônia, Hanover, Nova York e Paris.

PAROLE IN LIBERTA (PALAVRAS EM LIBERDADE), OBRA FUTURISTA DE FILIPPO MARINETTI: USO LIVRE DA TIPOGRAFIA PARA EXPRESSAR A LIBERDADE

KLEINE DADA SOIREÉ, 1922: LITOGRAFIA DE THEO VAN DOESBURG E KURT SCHWITTERS

Tristan Tzara (1896-1963), poeta de origem romena que vivia na França, participou da fundação do movimento dadaísta e, posteriormente, influenciou o poeta francês André Breton (1896-1966) na elaboração do *Manifesto do Surrealismo*, de 1924. Muitos artistas representantes do movimento dadaísta interessaram-se pelas teorias do surrealismo e passaram a fazer parte desse novo movimento. Entre seus representantes, nomes como Max Ernst, René Magritte, Salvador Dalí, Man Ray se destacaram.

As teorias surrealistas, fortemente influenciadas pela obra *A interpretação dos sonhos*, de Sigmund Freud (1856-1939), enfatizam o papel do inconsciente na atividade criativa. O uso da técnica de livre associação das ideias para revelar o inconsciente das pessoas, em que se encontram os desejos reprimidos, foi condição básica desse movimento.

A INFLUÊNCIA ALEMÃ

No ano de 1907, um grupo de arquitetos, designers e empresários alemães fundou a *Deutsche Werkbund* (Fundação Alemã do Trabalho). Seus associados – muitos deles ligados ao *Jugendstil* (a chamada Arte Nova Alemã, cuja produção era artesanal) – viam a indústria como ferramenta que possibilitava a melhoria da qualidade de produtos. Artista e artesão, juntos, tinham essa missão.

A *Werkbund* contribuiu para o reconhecimento internacional da arte e da técnica alemãs, divulgando a ideia de que era possível aliar o design inteligente à produção industrial de qualidade, gerando produtos em massa de nível elevado. Entre seus principais expoentes encontra-se Hermann Muthesius (1861-1927), que teve papel decisivo em sua formação, Peter Behrens, Walter Gropius e Mies Van der Rohe.

O belga Henry van de Velde (1863-1957), arquiteto, designer e pintor ligado ao movimento *Arts and Crafts* e, posteriormente, ao movimento *Art Nouveau*, entrou em discordância com o alemão Muthesius, defendendo as características conceituais da produção artesanal da Arte Nova. Van de Velde, que era muito respeitado entre seus colegas, lecionava na cidade de Weimar, na Escola de Artes e Ofícios.

Apesar da predominância das ideias de Muthesius, Van de Velde deu continuidade aos princípios de William Morris ao procurar a funcionalidade e a simplicidade dos objetos, aliados à sua função decorativa. Assim, a decoração e a construção fazem parte de um todo.

Embora Van de Velde reconhecesse a importância da união da arte e da indústria, suas criações eram impossíveis de ser produzidas industrialmente. Segundo sua teoria, o artista deveria ter liberdade e espontaneidade nas suas criações e não ceder às exigências de uma produção em série. Suas ideias serviram de base para que a geração seguinte encontrasse o equilíbrio entre criatividade, estética e produção em série.

Ao deixar a Alemanha por causa da Primeira Guerra Mundial, Van de Velde indicou o alemão Walter Gropius (1883-1969), também membro da *Werkbund*, como seu sucessor na direção da escola de artes, onde se instalaria posteriormente a Bauhaus.

CONSTRUTIVISMO RUSSO

Em oposição à ideia de que a arte seria apenas um elemento da criação humana desvinculado da realidade revolucionária da época, o movimento do construtivismo russo, iniciado em 1919, estabeleceu um novo papel para a arte, que se tornou instrumento de transformação social, ligada às questões políticas e aberta às novas tecnologias industriais na construção de um mundo socialista, com base nos conceitos marxistas.

Entre os artistas de vanguarda da Revolução Russa incluíam-se, entre outros, Marc Chagall, Wassily Kandinsky, que posteriormente foi professor da Bauhaus, e El Lissitzky, que trabalhou tanto na Rússia como na Europa.

Sob forte influência do suprematismo – movimento artístico iniciado em 1915, na Rússia –, cujo mentor foi Kasimir Malevich

EL LISSITZKY CRIOU O CARTAZ *REVOLUCIONÁRIO CONSTRUTIVISTA*, 1920, QUE SIMBOLIZA A VITÓRIA DO EXÉRCITO VERMELHO SOBRE AS FORÇAS BRANCAS DOS REACIONÁRIOS

USO DE FOTOMONTAGEM E TIPOGRAFIA SEM SERIFA EM CARTAZ DE ALEXANDER RODCHENKO

(1878-1935), o construtivismo caracterizou-se pela utilização de elementos geométricos, cores primárias, fotomontagem e tipografia sem serifa.

Uma das marcas do construtivismo foi combinar palavras e imagens, atuando em conjunto, tanto em páginas impressas quanto nos filmes.

Esse tratamento visual revolucionário das imagens com as palavras foi o princípio do fotojornalismo. Um dos fundadores desse movimento foi o russo Alexander Rodchenko (1891-1956). Extremamente versátil – trabalhava como artista plástico, escultor, fotógrafo e designer gráfico –, utilizou amplamente a fotografia (fotografava em ângulos inusitados) para criar fotomontagens de caráter jornalístico.

O construtivismo trouxe grandes mudanças nas artes plásticas e no design moderno, influenciando fortemente movimentos como o *De Stijl* e a Bauhaus, que surgiriam em seguida.

DE STIJL

Sob influência do construtivismo russo, surgiu, com o lançamento da revista *De Stijl*, em 1917, o movimento holandês de mesmo nome, que literalmente significa "o estilo".

Theo Van Doesburg (1883-1931), editor da revista, contava com a importante participação do pintor Piet Mondrian (1872-1944) e do arquiteto Bart van der Leck (1876-1958), entre outros, para divulgar e defender os ideais do neoplasticismo, base do movimento *De Stijl*.

O neoplasticismo está diretamente relacionado à arte abstrata. Os artistas experimentavam uma abstração pura da arte, em busca da máxima simplicidade. Eles acreditavam que a arte deveria

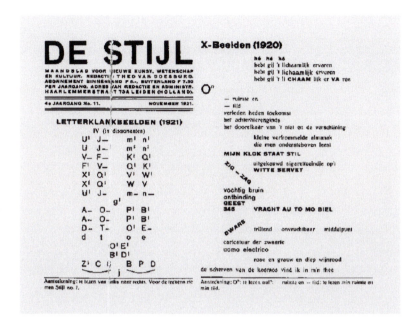

PÁGINA DA REVISTA *DE STIJL*, *LETTERKLANKBEELDEN*, PROJETO GRÁFICO DE THEO VAN DOESBURG

conciliar as grandes polaridades da vida: princípios masculinos e femininos, o negativo e o positivo, o estático e o dinâmico, a linha horizontal e a vertical. O uso de cores primárias em seu estado menos saturado e formas básicas compostas por ângulos retos foram o grande marco visual desse movimento.

O auge do *De Stijl* ocorreu entre os anos de 1921 e 1925, quando Theo Van Doesburg divulgou na Europa as ideias modernistas do movimento. Sua atuação intensificou a tendência idealista dos membros da Bauhaus, onde, posteriormente, Van Doesburg começaria a lecionar.

PIET MONDRIAN, *COMPOSITION A*, 1923: LINHAS HORIZONTAIS E VERTICAIS REPRESENTAM AS POLARIDADES E OS CONTRAPONTOS DA VIDA

Em 1925, com a saída de Mondrian, o *Stijl* perde sua força. Mondrian se opôs a Van Doesburg quando este passou a utilizar linhas diagonais nas suas criações. Para Mondrian, o ângulo reto era um dos pilares fundamentais da teoria neoplástica, e o uso de diagonais geraria um conflito de ideias.

Três anos depois, a revista *De Stijl* finalmente deixou de circular. Os estudiosos apontaram essa data como o fim do neoplasticismo. Todavia, devido à militância persistente de Van Doesburg, alguns especialistas afirmam que a dissolução somente ocorreria, de fato, em 1931, ano da morte do pintor e editor da revista.

Claramente um movimento de arte de pesquisa, os experimentos neoplásticos foram essenciais para a arquitetura e o design modernos. O movimento aconteceu paralelamente à Bauhaus. Embora separados por divergências pontuais, ambos fazem parte de um mesmo universo cultural.

BAUHAUS

CONVITE DESENHADO POR KARL-PETER RÖHL EM LITOGRAFIA PARA A CERIMÔNIA DE INAUGURAÇÃO DA BAUHAUS, EM MARÇO DE 1919

Diante da disputa entre a tendência industrial de Hermann Muthesius e a artesanal de Henry van de Velde, o alemão Walter Gropius conciliou o melhor dessas duas linhas de pensamento e criou o *Manifesto da Bauhaus*. Durante o período de sua existência (1919-1933), a escola dedicou-se a testar novas con-

LITOGRAFIA COLORIDA DE WASSILY KANDINSKY, *MEISTERMAPPE* (COLEÇÃO MESTRES) DA BAUHAUS, 1923

cepções artísticas em várias áreas – arquitetura, artes plásticas, escultura e design –, tornando-se assim um grande centro de estudos do modernismo e do funcionalismo. A ideia funcional de que "a forma segue a função" consolidou a corrente que marcaria a imagem do design do século XX.

Sob a influência de ideias socialistas do construtivismo russo e dos movimentos futurista e dadaísta, a escola estimulava a livre criação entre professores e alunos, na sua maioria ligados aos movimentos abstrato e cubista – daí o estilo marcante de formas geométricas e o uso de grafismos.

A primeira sede da Bauhaus foi ainda em Weimar, na Alemanha. Essa primeira fase da escola foi chamada expressionista, pois a atenção era dada ao desenvolvimento do indivíduo e à sua integração

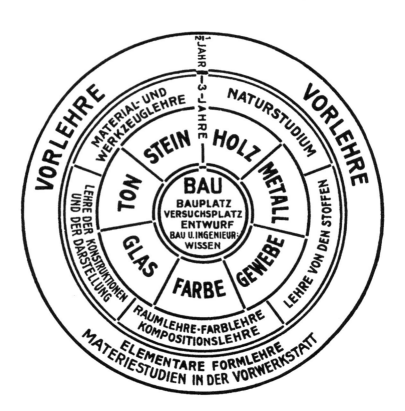

DIAGRAMA PUBLICADO NO ESTATUTO DA BAUHAUS DE 1922: A FORMAÇÃO COMEÇAVA PELO CURSO PRELIMINAR *VORLEHRE*, DE DURAÇÃO DE SEIS MESES. OS DOIS CÍRCULOS CENTRAIS REPRESENTAVAM O PERÍODO DE TRÊS ANOS DE FORMAÇÃO. NO CENTRO DO DIAGRAMA ESTAVA A FASE FINAL *BAU* (A CONSTRUÇÃO)

cósmica. Os alunos eram ensinados por um mestre da Forma (como as ideias e os conceitos se apresentam visualmente) e um mestre Artesão, assim, acreditava-se que a barreira entre artistas e artesãos finalmente se extinguiria.

No primeiro ano de sua existência, a Bauhaus contava com mestres expressionistas como os pintores Johannes Itten (1888-1967), que exerceu grande influência na construção do curso preliminar da escola, Lyonel Feininger (1871-1956) e Georg Muche (1895-1986), como também o escultor Gerhard Marcks (1889-1981). Groupius teve a importante tarefa de reunir um grupo de artistas de vanguarda, extremamente talentosos e comprometidos com os conceitos da escola.

Nos anos seguintes, outros seriam nomeados para lecionar na escola, entre eles, os pintores Paul Klee (1879-1940), Oskar Schlemmer (1888-1943) e Wassily Kandinsky (1866-1944).

AS MULHERES NA BAUHAUS

Antes da Primeira Guerra Mundial (1914-1918), o ingresso das mulheres nas academias de ensino era limitado. Com a Constituição de Weimar, que consagrava a liberdade de aprendizagem às mulheres, os institutos de ensino não podiam mais negar seu ingresso.

Nos primeiros dois anos de existência da Bauhaus, o Conselho de Mestres da escola aprovou alguns regulamentos que beneficiavam as mulheres que pretendiam candidatar-se como estudantes.

No seu primeiro discurso aos estudantes da Bauhaus, Gropius assegurou que as mulheres teriam exatamente o mesmo tratamento dado aos homens, tanto nos seus direitos quanto nos seus deveres. Deixou claro que, no trabalho, todos seriam artesãos.

No entanto, sob sugestão do próprio Gropius, os mestres do conselho instruíam as mulheres para que fossem encaminhadas, após o curso preliminar, para o ateliê de tecelagem. O ateliê de cerâmica e de encadernação eram também alternativas. Nenhuma mulher foi admitida para o curso de arquitetura, pois o trabalho feminino representava, para o universo masculino, uma tendência muito decorativa e feminina. Por esse motivo, muitos trabalhos artísticos das mulheres foram rejeitados na Bauhaus.

ELAS ERAM ENCAMINHADAS AO ATELIÊ DE TECELAGEM, CERÂMICA OU ENCADERNAÇÃO

No ano de 1923, Johannes Itten, por divergências de ideias, deixou a Bauhaus e foi substituído pelo húngaro László Moholy-Nagy (1895-1946), que tinha como colaborador o alemão Josef Albers (1888-1976). Contrário à posição de Gropius, que aceitava pedidos de encomendas para a escola, Itten acreditava que o principal objetivo da educação da Bauhaus era o desenvolvimento do indivíduo criativo em harmonia com o mundo. No entanto, a possibilidade de encomendas ao ateliê particular da Bauhaus já era uma ideia central de Gropius antes mesmo da fundação da escola.

Por ser uma instituição estatal, a Bauhaus era dependente financeira e politicamente do governo. Desde o seu surgimento, havia discordância entre os que a apoiavam e os conservadores, contrários ao expressionismo. A imprensa local era majoritariamente conservadora, tornando árdua a tarefa de Gropius de tentar manter a escola fora de qualquer controvérsia política.

Além da esfera política, Gropius sonhava também com a independência econômica da Bauhaus. A partir de 1922, criou-se a possibilidade da implementação de uma sociedade por cotas, com o objetivo de comercializar os produtos que a escola produzia. Moholy-Nagy apoiava incondicionalmente essa nova tendência comercial e tornou-se o colaborador mais importante de Gropius.

Com a saída de Itten, o caminho estava aberto para uma nova filosofia de ensino centrada na criação de produtos para atender às exigências industriais. Moholy-Nagy – o novo diretor do *Vorlehre* – e Albers mantiveram os princípios básicos do curso preliminar de Itten, mas deram menos atenção aos elementos relativos à formação da personalidade individual, que Itten tanto promovia. O curso preliminar passa a ter a duração de um ano em vez de seis meses. Era o indício do fim da era expressionista da Bauhaus.

O movimento *De Stijl*, representado por Theo van Doesburg e Piet Mondrian, foi considerado também uma contribuição ao fim da era expressionista da Bauhaus.

Em 1922, o governo fez um empréstimo financeiro à Bauhaus, na condição de que a escola fizesse uma exposição de todo o tra-

VISTA DA ALA DOS ATELIÊS DO EDIFÍCIO DA BAUHAUS, EM DESSAU, PROJETADO POR GROPIUS

balho realizado no ano seguinte. A exposição tornou-se prova de credibilidade para Gropius, que mobilizou toda a equipe para esse fim. No ano seguinte, a exposição, que abordou todas as áreas da Bauhaus, não foi um sucesso financeiro, mas teve grande importância para a divulgação mundial de seus produtos.

Com a vitória dos partidos conservadores nas eleições de 1924, o destino da Bauhaus foi enfim alterado. Os conservadores, que ansiavam pelo encerramento da Bauhaus desde sua criação, adotaram uma série de medidas prejudiciais ao funcionamento da escola. Entre elas, a demissão de Gropius e o corte drástico no orçamento.

Após diversas tentativas malsucedidas de manter a escola em funcionamento, a Bauhaus e os mestres de Weimar, que haviam rescindido os seus contratos com o Estado, mudam-se finalmente para Dessau em 1925. A Bauhaus torna-se então uma instituição municipal. Nessa época, suas atividades intensificaram-se com o lançamento de publicações e exposições.

A nova sede da Bauhaus, um edifício construído por Gropius, assim como as novas casas dos Mestres, foram um exemplo para a moderna arquitetura alemã.

Ainda nesse ano, Gropius consegue finalmente implantar uma sociedade por cotas, tornando então a Bauhaus uma unidade de produção rentável. Ainda assim, os lucros não eram suficientes para as autoridades. Nessa época, a Bauhaus ganha o título de Instituto Superior da Forma, se equiparando à categoria das academias de artes convencionais, institutos superiores técnicos e escolas de artes e ofícios.

Uma grande contribuição na história da tipografia deve-se à Bauhaus, por ter transformado essa disciplina em um curso graduado. Durante o período de Weimar, a tipografia foi dirigida por Lyonel Feininger – mestre artístico – e Carl Zaubitzer – mestre artesão. Nos anos seguintes, por conta da insistência de Gropius na necessidade de encomendas para garantir a sobrevivência da escola, mudou-se a postura da oficina tipográfica, menos experimental

DESENHADO POR HERBERT BAYER, EM 1926, UM ESBOÇO PARA UM ALFABETO UNIVERSAL, QUE REJEITAVA AS FORMAS HISTÓRICAS EM BUSCA DE UM TIPO LEGÍVEL E DE FORMAS SIMPLES

e mais produtiva, aceitando encomendas para todo tipo de impressão.

Desenvolveu-se nessa época, sob direção de Herbert Bayer, novos tipos sem serifa, de desenhos simples e geométricos, que posteriormente inspirariam a criação da famosa Helvética.

O ateliê de arquitetura ganha papel central no programa da instituição com a inauguração do departamento de arquitetura, em 1927, sob a direção do suíço e militante socialista Hannes Meyer.

Em 1928, Moholy deixa a direção do curso preliminar e Josef Albers torna-se seu sucessor. No mesmo ano, diante das dificuldades financeiras da escola, Gropius passou o cargo de diretor a Hannes Meyer, que deu ainda mais a atenção à arquitetura e conseguiu aumentar a produtividade dos ateliês. Durante o período em que atuou como diretor, Meyer fez uma reforma profunda na estrutura interna da escola, tendo como base três pontos principais: 1) maior rentabilidade possível; 2) autoadministração de cada célula; e 3) princípios de ensino produtivos.

O grande objetivo de Meyer era tornar os produtos da Bauhaus adaptáveis às necessidades das pessoas, tornando-os mais acessíveis a um número cada vez maior de compradores.

Com as mudanças propostas por Meyer, obteve-se o aumento considerável da motivação de trabalho dos estudantes da escola.

FRONTISPÍCIO DA REVISTA *BAUHAUS*, EDIÇÃO DE 1928, ARTE CRIADA POR HERBERT BAYER

DESIGN GRÁFICO

bauhaus
dessau

im gewerbemuseum basel

mo.	14-19 uhr
di.	14-19 uhr
mi.	14-19 uhr
do.	14-19 uhr
fr.	14-19 uhr
sa.	14-19 uhr
so.	10-12, 14-19 uhr

eintritt frei

21. IV. – 20. V. 1929

A visão cooperativista do novo método de ensino foi amplamente assimilada pelos estudantes comunistas, fortalecendo o grupo político na Bauhaus.

CARTAZ PARA EXPOSIÇÃO ITINERANTE DA BAUHAUS, EM 1929

Esse viés político, apoiado pelos estudantes marxistas, causou um contramovimento formado por alunos que não queriam se envolver com política, mas, sim, estudar as disciplinas. Kandinsky e Albers não participavam das ações comunistas e lutavam contra as mudanças de reestruturação do curso preliminar de artes da Bauhaus. Em oposição ao grupo comunista estavam também as autoridades e a imprensa, pois temiam as atividades dos estudantes marxistas.

Após dois anos na direção da escola, Meyer foi despedido pelas autoridades municipais por suas tendências políticas, e seu sucessor seria o arquiteto alemão Mies van der Rohe. A postura adotada por Mies van der Rohe para refrear o descontentamento de muitos estudantes que eram contra a demissão de Meyer foi extremamente autoritária. Por meio de novos estatutos, a autoridade ficou a cargo exclusivo do diretor da instituição, sem a necessidade da opinião dos alunos, antes representados pelo Conselho de Mestres.

O novo objetivo da Bauhaus era a "formação artesanal, técnica e artística", e a atenção à arquitetura foi ainda mais fortalecida do que no período de Meyer. As atividades políticas foram proibidas e coibidas com várias expulsões de alunos marxistas que insistiam em manter o movimento.

A despeito do esforço do novo diretor para despolitizar a Bauhaus, as pressões políticas se mantiveram e afetaram também sua situação financeira. Na tentativa de depender cada vez menos dos fundos políticos e se autossustentar, a instituição sofreu cortes drásticos no orçamento. Apesar da tentativa de Mies, o contexto político da época era tão intenso que o esforço tornou-se inútil. A esquerda se fortaleceu na Bauhaus, enquanto os nazistas conquistavam, por meio de eleições, mais espaço na sociedade.

Finalmente, em 22 de agosto de 1932, com a ascensão dos nazistas ao poder, decretou-se o encerramento da Bauhaus de Dessau.

O GOLPE CONTRA
A BAUHAUS,
COLAGEM DE IWAO
YAMAWAKI, 1932

Após o fechamento, Mies decidiu continuar na direção da instituição, na cidade de Berlim, como uma escola particular, e assim seu programa foi novamente alterado.

Sob o poder dos chamados nacional-socialistas, o gabinete do Ministério Público de Dessau organizou uma comissão de investigação para juntar provas e incriminar a Bauhaus de Berlim como uma instituição bolchevique e, portanto, contra as ideias nazistas do poder.

O encerramento definitivo da Bauhaus aconteceria em 1933. Contudo, o seu ensino inovador já havia se difundido nos principais centros de arte do mundo. Atualmente, existem instituições que se baseiam no modelo da Bauhaus, como a Universidade de Harvard – onde Gropius passou a lecionar – e o Massachusetts Institute of Technology (MIT) – onde Moholy-Nagy incorporou a New Bauhaus. Em 1950, foi inaugurada em Ulm, na Alemanha, a Hochschule für Gestaltung (Escola Superior da Forma), dirigida por Max Bill, ex-aluno da Bauhaus de Dessau.

ART DÉCO

Art Déco não foi exatamente um movimento, mas um estilo que influenciou várias áreas, como a arquitetura, as artes plásticas, o design gráfico e o design industrial. Surgido na década de 1920 em Paris, ganhou força nos anos 1930 na Europa e nas Américas. Embora deva muito de sua formação ao *Art Nouveau*, cuja arte era mais rebuscada, com curvas livres e o uso de ornamentos, o estilo *Art Déco* procura um design mais simples e geométrico, ainda que requintado e luxuoso.

Considerado uma tentativa de modernizar o *Art Nouveau*, que produzia peças muito caras para o consumo em massa, o *Art Déco* utilizava-se da produção em série para baixar o custo das obras. Ao contrário da Bauhaus, que pregava um design funcionalista, a *Art Déco* enfatizava o valor decorativo dos objetos.

Nesse período, inúmeros desenhos de tipos foram criados com características da arte decorativa. O tipógrafo Jan Tschichold lançou em 1928 a revista *Die Neue Typographie*, que se tornou referência dessa arte. Foi um momento de grande experimentação tipográfica; a partir de letras sem serifa, surgiram tipos elegantes, com grande contraste entre as hastes e os diferentes pesos.

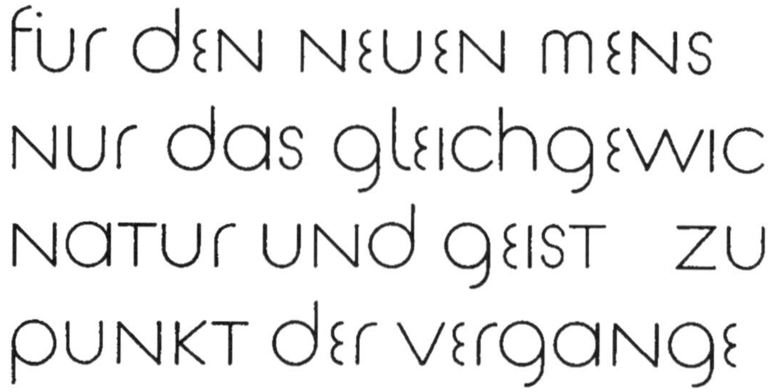

ALFABETO EXPERIMENTAL *ART DÉCO*, DE JAN TSCHICHOLD, 1929

für den neuen mens
nur das gleichgewic
natur und geist zu
punkt der vergange

ALFABETO SEM TÍTULO, DE ANDRÉ VLAANDEREN, 1928

ALFABETO
BIFUR, DE
A. M. CASSANDRE,
1929

PEIGNOT PEIGNOT

PEIGNOT, DE A. M. CASSANDRE, 1934/36

PARISIAN parisian

PARISIAN, DE BENTON, 1928

CAPA DA REVISTA *VOGUE*, DE GEORGES LEPAPE, 1927: DESENHOS GEOMÉTRICOS E SOFISTICADOS

As formas *déco* traduzem o modernismo cosmopolita da época, com ênfase na exaltação da monumentalidade. Essa atração pelo monumental traduzia uma época em que o poder industrial das máquinas e a expansão capitalista serviam uma sociedade ávida pelo consumo e pelo prazer. Era o novo-riquismo da Golden Age.

Na arquitetura, o fascínio pelo grande era marcado pelos arranha-céus, como o marcante Chrysler (1930) em Nova York, que combinavam elementos neogóticos com grandes linhas verticais.

O estilo *déco* era facilmente identificado em capas de revistas, cartazes e livros, com a utilização de desenhos geométricos e sofisticados simultaneamente.

NORD EXPRESS, CARTAZ DE A. M. CASSANDRE, 1927

O FASCÍNIO PELOS ARRANHA-CÉUS NA CAPA DA REVISTA *GRAPHIS*, DE JOSEPH BINDER, 1948

STYLING

Após a Segunda Guerra Mundial (1939-1945), os países denominados Forças do Eixo, cujos principais representantes eram a Alemanha, a Itália e o Japão, recuperavam-se da derrota, enquanto os vitoriosos – os chamados Aliados (entre os principais estavam os Estados Unidos, a França, a União Soviética, a China e o Reino Unido) – viviam o "milagre econômico", na reconstrução de suas dinâmicas industriais.

Nesse período, os movimentos artísticos ganhavam espaço representativo nos Estados Unidos e o chamado *american way of life* invadia o mundo todo, inclusive a dilacerada Europa.

Um dos conceitos a ganhar força foi o *Styling*, considerado um dos pilares do *american way of life*. Esse estilo, que vinha se desenvolvendo desde 1920, surgiu da necessidade de a indústria norte-americana recuperar as vendas e promover o consumo. Contrário aos princípios do funcionalismo europeu (*less is more* – menos é mais), representado pela Bauhaus, o *Styling* não se preocupava com questões sociais, mas sim com o valor simbólico dos produtos.

Um dos mais significativos designers desse estilo foi Raymond Loewy (1893-1986), que nasceu na França, mas viveu a maior parte de sua carreira nos Estados Unidos. Loewy participou de diferentes áreas do design: foi responsável pelo desenho de produtos industriais, como locomotivas, tratores, geladeiras e outros, além do redesign da garrafa da Coca-Cola, em 1955. Na área gráfica, criou, entre muitos outros trabalhos, o logotipo da Shell e dos cigarros Lucky Strike.

Também destaque do *Styling*, o norte-americano Henry Dreyfuss (1904-1972) participou ativamente do design de produtos do cotidiano, como a câmera Polaroid e os telefones AT&T, entre muitos outros. Foi responsável pela introdução dos princípios da antropometria (processos de mensuração do corpo humano) e ergonomia (estudos relacionados com a organização do trabalho e a relação

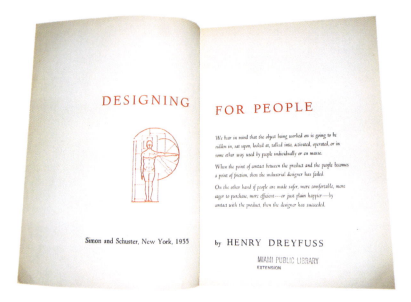

PÁGINA DO LIVRO *DESIGNING FOR PEOPLE*, DE HENRY DREYFUSS. AS MEDIDAS DO CORPO HUMANO TORNAM-SE FATOR IMPORTANTE PARA O DESIGN INDUSTRIAL

homem-máquina) na área de design, com o lançamento do livro *Designing for People*, em 1955.

Os princípios do funcionalismo foram cada vez mais deixados de lado para uma nova mentalidade: a experimentação. O conceito dos modernistas de que *less is more* perde adeptos para o novo *less is bore* (menos é entediante, monótono). Era o início da cultura pop, do pós-modernismo, em oposição ao racionalismo do design moderno, que havia se tornado mais do que uma linguagem, uma ideologia.

MODERNISMO E PÓS-MODERNISMO

Os adeptos da ideologia do design moderno acreditavam na superioridade universal de suas soluções gráficas. A composição gráfica racionalista vinculava-se ao chamado *grid system* (sistema de grades), no qual tudo era estruturado respeitando-se as várias linhas de construção. Qualquer tipo de linha cursiva era desprezada em prol das linhas retas e geométricas.

▶ O GRÁFICO AMADOR

No Brasil, foi criada em maio de 1954 uma gráfica particular chamada O Gráfico Amador, com sede em Recife. Seu principal objetivo era editar, sob cuidadosa forma gráfica, livros literários de pequenas tiragens.

Os trabalhos eram projetados e realizados pelos próprios fundadores: Aloísio Magalhães, José Laurenio de Melo, Gastão de Holanda e Orlando da Costa Ferreira. João Cabral de Melo Neto e Ariano Suassuna também participaram de edições.

Durante os quase oito anos de existência – teve suas atividades encerradas em 1961 –, O Gráfico Amador editou 27 livros, três volantes (folhetos culturais), dois boletins e um programa de teatro.

A gráfica pernambucana é o tema do livro *O Gráfico Amador – as origens da moderna tipografia brasileira* (Rio de Janeiro: Editora da UFRJ, 1997), de Guilherme Cunha Lima, no qual o autor aponta a importância das experiências do grupo para o desenvolvimento do moderno design gráfico no Brasil.

SÍMBOLO DE O GRÁFICO AMADOR, IDEALIZADO POR ALOÍSIO MAGALHÃES

IMPROVISAÇÃO GRÁFICA (EXPERIÊNCIAS TIPOGRÁFICAS), CRIAÇÃO DE ALOÍSIO MAGALHÃES, 1958: 70 EXEMPLARES NUMERADOS E ASSINADOS

Assim, as tipografias manuscritas e serifadas deram lugar aos tipos de máxima legibilidade e uniformidade de traço. Por esse motivo, as tipografias como Futura, Helvética e Univers foram intensamente utilizadas nesse período.

Sob a denominação de *International Style*, o design moderno foi adotado por várias empresas, desde aquelas de pequeno porte até as grandes multinacionais, em seus programas de identidade visual corporativa. O estilo moderno disseminou-se rapidamente em todas as áreas visuais, sobretudo na área corporativa, e tornou-se caminho fácil para qualquer pessoa desenvolver uma peça gráfica. A célebre frase "Se você não sabe o que usar, use Helvética" marca esse período.

Nascido em Milão, em 1931, o designer Massimo Vignelli é um dos artistas modernistas de grande destaque; em 1966, começou a trabalhar em Nova York. Nesse período, criou a marca da American Airlines e desenvolveu a comunicação visual do metrô de Nova York. Em 1971, fundou o escritório de design Vignelli Associates, onde trabalha até hoje.

O DESIGN MODERNO DENOMINADO *INTERNATIONAL STYLE*: PRESENTE NA COMUNICAÇÃO VISUAL DO METRÔ DE NOVA YORK, CRIAÇÃO DE MASSIMO VIGNELLI

POP ART

Nas artes plásticas, a explosão de uma cultura popular – a *pop art* – trouxe de volta a arte figurativa em oposição ao expressionismo abstrato, que dominava a cena estética desde o final da Segunda Guerra Mundial. A *pop art*, utilizando-se de objetos do cotidiano, representava uma paródia da sociedade de consumo, transformando em arte *kitsch* o que estava fora de moda. A televisão, a fotografia, os quadrinhos, o cinema e a publicidade dão origem à sua iconografia. Artistas como Andy Warhol e Roy Lichtenstein tornaram-se ícones da geração pop.

EMBALAGEM DA SOPA CAMPBELL, DE ANDY WARHOL (ACIMA). AO LADO, PINTURA DE ROY LICHTENSTEIN, *STUDY FOR VICKI*, 1964

Nesse mesmo período, entre 1960 e 1970 surge uma nova corrente de artistas gráficos para contestar e se opor à concepção do modernismo. A geometrização das formas e as *grids* de composição tornam-se, para esses artistas, um símbolo de repressão e banalização visual. O novo movimento ganhou o nome de pós-modernismo, cujo foco era a desestabilização da ordem em favor da anarquia, do caos, da emoção. A mistura de elementos de todos os tipos e épocas era permitida e incentivada.

Visto pelos modernistas racionais como um movimento caótico e superficial, sem objetivo claro e definido, o pós-modernismo não se preocupava com a legibilidade das peças, mas com a emoção que elas traziam. O objetivo era transmitir a mensagem pela emoção, nem que para tanto fosse necessário prejudicar a leitura. Os artistas pós-modernos criam, assim, uma linguagem mais descontraída, intuitiva, lúdica e improvisada.

O uso de novas tipografias tornou-se quase obrigatório para cada novo projeto iniciado. Isso explica o *boom* na criação de novas fontes tipográficas, que ganharam desenhos irregulares e instáveis, em oposição às formas modernistas.

A cena criativa da época possibilitou grande exploração na área de desenvolvimento tipográfico. As criações eram influenciadas por diferentes estilos históricos. As novas cursivas, serifadas ou tipos com grandes contrastes foram novamente introduzidos na cena do design gráfico mundial.

SERIF GOTHIC serif gothic

O TIPO SERIF GOTHIC, DESENHADO POR HERB LUBALIN E TONY DI SPIGNA: COMBINAÇÃO DA LETRA GÓTICA COM A ROMANA

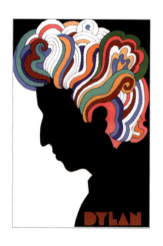

MISTURA DE ESTILOS NO CARTAZ DE BOB DYLAN, CRIAÇÃO DE MILTON GLASER, 1966

Forte representante desse movimento foi o designer norte-americano Milton Glaser (1929), que fundou em Nova York em de 1954 – junto com Seymour Chwast, Reynold Ruffins e Edward Sorel – o Push Pin Studio, que se tornaria referência para o design pós-moderno.

As atividades do Push Pin Studio misturavam livremente os estilos como *Art Nouveau, Art Déco*, ornamentos e o que mais fosse necessário para tornar a arte lúdica e única. Com um estilo psicodélico e influência *hippie* dos anos 1960 e da *op art* (arte óptica), projetaram-se produtos que marcaram época, como capas de disco, livros, cartazes, identidades visuais, tipografias e revistas.

Muito ousado e nem sempre visto com simpatia pelos mais convencionais, na década de 1990, destacou-se também o designer norte-americano David Carson (1956). Em sua visão, a função principal do designer é transmitir o conceito por meio da emoção. Só assim, a mensagem será realmente eficiente.

Vindo do mundo do surfe e do rock, Carson ignorava todas as "regras" do design moderno para se aventurar em uma linguagem anarquista, na qual tudo é permitido em nome da emoção. O funcionalismo e a neutralidade são substituídos pela espontaneidade e liberdade de criação.

Essa corrente do design pós-moderno é considerada mais artística e criativa por permitir que o designer demonstre sua visão, sua emoção, em detrimento até da legibilidade do texto. O importante não é ser "lido", mas compreendido.

Um bom exemplo dessa tendência é a revista norte-americana de rock alternativo *Ray Gun*, cujo logotipo era modificado a cada edição. Fundada em 1992 por David Carson, a revista durou até o ano 2000 e contou com 60 edições para explorar um design extremamente expressivo, com muitas experiências tipográficas em suas páginas, muitas vezes caóticas.

POR CONSIDERAR O ARTIGO DESINTERESSANTE, CARSON APLICOU NO TEXTO A TIPOGRAFIA ZAPT DINGBAT (CONSTITUÍDA POR SÍMBOLOS), QUE O TORNOU ILEGÍVEL. REVISTA *RAY GUN*, EDIÇÃO DE 1994.

A FOTO DE J. MASCIS, INTEGRANTE DO DINOSAUR JR., ESTÁ DE CABEÇA PARA BAIXO, REFERÊNCIA À REBELDIA DOS ARTISTAS DA BANDA (*RAY GUN*, EDIÇÃO DE 1993)

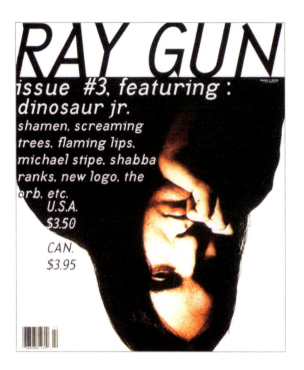

O TEXTO NA CAPA É A CONTINUAÇÃO DE UMA MATÉRIA DA REVISTA (*RAY GUN*, EDIÇÃO DE 1995)

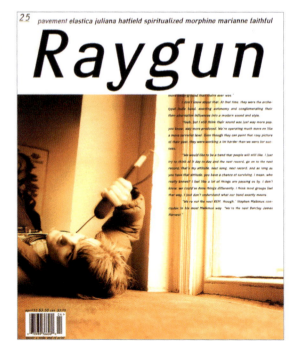

116   DESIGN CONSCIENTE

NESTA DUPLA, FRAGMENTOS DE TIPOS SÃO UTILIZADOS PARA EXPLORAR O ESPAÇO ENTRE OS CARACTERES, EM REFERÊNCIA AO SIGNIFICADO DO TÍTULO: *MIXED MESSAGES* (MENSAGENS MISTURADAS) (*RAY GUN*, EDIÇÃO DE 1993)

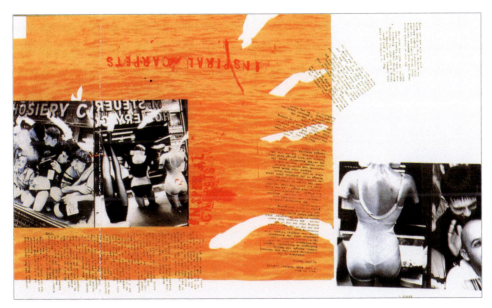

INSPIRAL CARPETS: COLAGENS, TEXTOS NÃO LINEARES E EXPERIÊNCIAS COM TIPOGRAFIA (*RAY GUN*, EDIÇÃO DE 1992)

DESIGN CONTEMPORÂNEO

Na década de 1980, o trabalho do designer inglês Neville Brody ganha destaque pela mistura de tendências tão opostas quanto o modernismo e o pós-modernismo. O que antes era totalmente abandonado (racionalismo modernista), agora era reinventado com um viés pós-moderno. As escolhas tipográficas passam a ter menos importância do que o modo como são utilizadas.

O novo desafio é inovar com o que já é conhecido. Na visão de Brody, tornou-se inviável a luta por um desenho tipográfico inédito a cada trabalho. Um exemplo dessa nova mentalidade é o design da revista *Arena*, criação de Brody. Para os títulos, o designer usou nada mais do que a Helvética, símbolo tipográfico do modernismo. No entanto, o que garantiu o sucesso de sua criação foi a maneira inovadora como ele trabalhou a tipografia, como a sobreposição, alinhamento e uso das cores nas letras.

USO INOVADOR PARA A HELVÉTICA NOS TÍTULOS DAS PÁGINAS DA REVISTA *ARENA*, EDIÇÃO DE 1989/1990, CRIAÇÃO DE NEVILLE BRODY

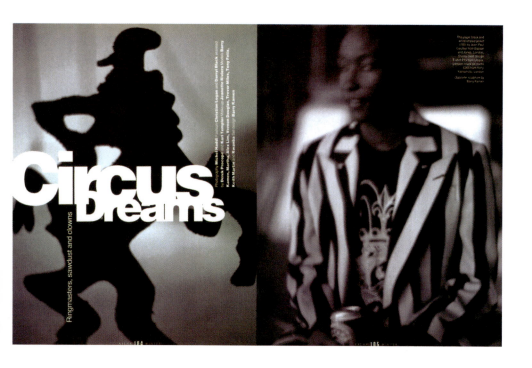

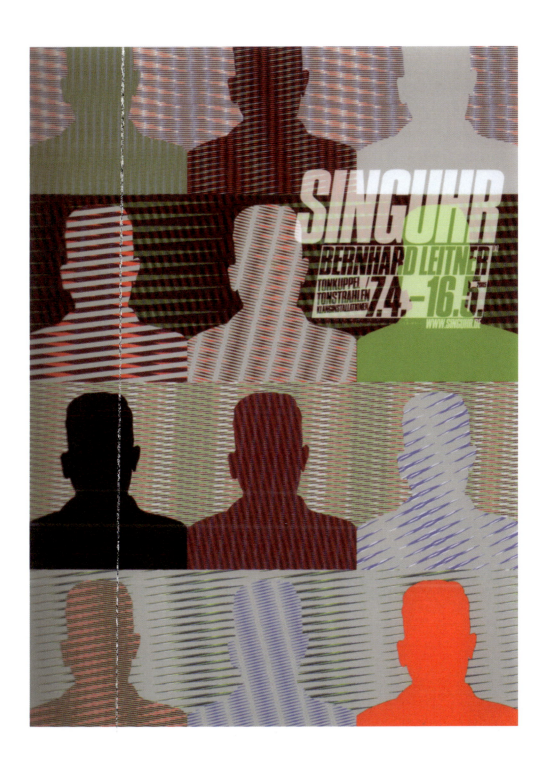

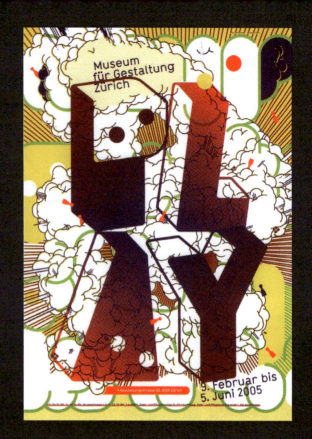

A tendência do design contemporâneo, em resposta ao caos pós-moderno, é a de estruturar a anarquia, sem perder a espontaneidade. É criar um novo olhar em relação ao que já existe, sem abandonar a liberdade de expressão individual. Para tanto, o híbrido – a integração de formas geométricas com formas orgânicas, da simplicidade com o caos – torna-se terreno fértil e instiga a experimentação. O uso dos *grids* de composição são valorizados e utilizados com mais flexibilidade. A ideia de duas ou mais coisas acontecendo ao mesmo tempo é recorrente no design atual, haja vista o uso de técnicas de sobreposições e transparências, por exemplo. A interferência gráfica em fotos também é uma tendência que resulta numa mistura da realidade com a ficção.

O avanço da tecnologia digital e a evolução dos programas de edição de imagens e editoração – cada dia mais interativos – favorecem essas tendências do design contemporâneo por proporcionarem acesso fácil à manipulação de imagens e texto a qualquer usuário. Porém, a tentação de utilizar o computador como ferramenta principal da criação impede níveis mais profundos de pesquisa e reflexão. Por isso, o aprendizado permanente é indispensável. Conhecer o passado, resgatar os fundamentos básicos da história do design e permanecer antenado com o presente são condições favoráveis a novas ideias conscientes e consistentes.

MISTURA E SOBREPOSIÇÃO DE TEXTURAS NOS PÔSTERES *SINGUHR* (PÁGINA 119), DOS ALEMÃES DETLEF FIEDLER E DANIELA HAUFE E *PLAY* (AO LADO, NO TOPO), DO SUÍÇO MARTIN WOOKTLI, AMBOS DE 2005. AO LADO, INTERFERÊNCIA GRÁFICA NA FOTO PARA A EXPOSIÇÃO *GRAPHICS IN FASHION 02*, CRIAÇÃO DO TRIO DINAMARQUÊS ANNE-METTE HOJLAND, JESPER VON WIEDING E PER MADSEN, 2006

TIPOGRAFIA

A BOA TIPOGRAFIA É COMO O PÃO:
PRONTO PARA SER ADMIRADO, LOUVADO E
REPARTIDO ANTES DE SER CONSUMIDO.
ROBERT BRINGHURST (1946)

2

No Brasil, usamos o termo "tipografia" para designar mais de uma coisa, o que gera dúvida e falta de objetividade quando se toca no assunto. Isso não ocorre em outras línguas, como o inglês, o francês e o alemão, por exemplo. Nesses idiomas, existem termos específicos para se referir a cada área da tipografia.

Na área de impressão gráfica, a tipografia é uma técnica de impressão chamada "tipográfica". Em inglês e no alemão, essa técnica é chamada de *letterpress*, e em francês, de *impression typographique*. Essa técnica será abordada no Capítulo 4 (Produção Gráfica).

Tratando-se do desenho de tipos, da criação de uma família tipográfica, em inglês utiliza-se o termo *type design*, em alemão, *soort design*, e em francês, *conception de type*. Em português, para esse trabalho, usamos *design de tipos*, expressão já englobada no conceito de tipografia.

Já para o uso, a aplicação das letras no design gráfico ou em outras áreas da comunicação, em português utiliza-se o mesmo termo: tipografia. Em inglês e no alemão usa-se *typography*, e em francês, *typographie*.

Esse último conceito será abordado neste capítulo: a história da tipografia e seu uso comercial e artístico na contemporaneidade. Os termos técnicos também serão apresentados, pois são essenciais para o entendimento da história tipográfica e servem como base para a escolha de uma fonte para aplicação em um trabalho de design gráfico, já que um bom resultado está intimamente ligado à escolha acertada da tipografia.

Além de estudar a origem do tipo e sua classificação, é interessante explorar o desenho da letra para enxergá-lo além da semântica, ou seja, ir além do seu significado, do sentido da palavra em uma língua.

É imprescindível também observar se as variações da família do tipo escolhido – como negrito, itálico etc. – atendem a todas as exigências do projeto gráfico em questão.

LOVE RISING: EXEMPLO DE EXPLORAÇÃO TIPOGRÁFICA EM ARTES PLÁSTICAS, DE ROBERT INDIANA, 1968

Nomenclatura tipográfica

As letras, os números e os sinais de pontuação são chamados "caracteres". Eles podem ser maiúsculos (versais ou caixa-alta) ou minúsculos (caixa-baixa). Um alfabeto completo de um só desenho, composto por caixas alta e baixa, por números e sinais de pontuação é chamado "fonte". As variações de tamanho (corpos) e de estilo (redondo, itálico, negrito etc.) reunidas originam uma "família" de tipos.

Abertura: é o espaço vazio aberto em letras como a, c, e, s. As fontes humanistas têm abertura grande, enquanto as realistas e as românticas apresentam abertura pequena.

Altura de versal: distância entre a linha de base e a linha do topo da versal (maiúscula) de um alfabeto. Por exemplo, a altura da letra H.

Altura-x: distância entre a linha de base e a linha mediana de um alfabeto. Corresponde, geralmente, à altura das letras minúsculas sem haste, como x, e ao torso das letras com bojo, como o b.

Bojo: parte mais larga e arredondada da letra.

Bold: variação do desenho da letra em negrito, constitui um traço mais grosso do que a versão regular.

Caixa-alta: variação do desenho da letra em maiúscula, também chamada "versal". A origem do nome caixa-alta, assim como caixa-baixa (minúsculas), vem da composição tipográfica manual, na qual os tipos eram guardados em gavetas. As maiúsculas ficavam em caixas na parte alta do armário de gavetas. Já as minúsculas, por serem mais utilizadas, localizavam-se na parte baixa do móvel, nas gavetas inferiores, de melhor acesso para o compositor.

Caixa-baixa: variação do desenho da letra em minúscula.

Caracteres: letras, números e sinais de pontuação.

Corpo: o tamanho dos caracteres tipográficos, geralmente expresso em pontos. Por exemplo, corpo 10, corpo 20.

Eixo: o eixo do traço de um desenho de uma letra revela o eixo da pena ou outro instrumento que a desenhou. A linha imaginária entre as partes mais finas do desenho da letra mostra se o eixo é vertical ou inclinado. A inclinação do eixo não significa que a letra esteja em itálico. O eixo humanista, por exemplo, é oblíquo em referência à inclinação natural da escrita manual. Já o eixo racionalista é totalmente vertical.

Entreletra: espaço entre as letras de uma palavra. Em alguns casos, os espaços entre as letras devem ser manipulados à mão até chegar ao equilíbrio visual, mesmo que matematicamente não estejam idênticos.

Entrelinha: espaço entre as linhas do texto. É a distância entre o *baseline* (linha de base) de uma linha ao *baseline* da linha seguinte. Para leitura confortável, recomenda-se a relação de dois pontos a mais para a entrelinha em relação ao corpo do texto. Por exemplo: para um texto composto com tipos de corpo 10, aplica-se uma entrelinha de 12 pontos, ou seja, 10/12.

Entrelinha negativa: o corpo do texto é maior do que a entrelinha, por exemplo, 14/12. Dessa forma, as hastes ascendentes e descendentes das letras tocam-se ou intercalam-se no decorrer das linhas.

Entrepalavras: espaço entre as palavras. Quando o texto é alinhado à esquerda ou à direita, a entrepalavra é fixa. Se o texto for justificado, a entrepalavra varia para a melhor acomodação das palavras numa linha.

Extensores: hastes ascendente e descendente das letras.

Família tipográfica: conjunto de fontes de determinado tipo, incluindo todas as variações de estilo, como itálico, negrito, versalete etc.

Fonte: conjunto de caracteres (letras, sinais e números) de determinado tipo. A denominação completa de uma fonte, com variação de tamanhos e estilos, corresponde a uma família tipográfica.

Haste: traço principal da letra que não faz parte do bojo. Por exemplo: a letra "o" não tem haste, enquanto a letra "l" é formada por uma haste.

Haste ascendente: traço que excede para cima da altura-x da letra em caixa-baixa. Por exemplo: t, h.

Haste descendente: traço que excede para baixo da altura-x da letra em caixa-baixa. Por exemplo: p, q.

Itálico: variação do desenho da letra com angulação para direita. Nessa variação, o desenho da letra é redesenhado considerando os espaços estruturais das letras e a inclinação desejada.

Linha de base (*baseline*): marca a base da letra, onde todas elas repousam. A base das letras sem formas arredondadas, como m, r, f, coincide com a linha de base. Já a base das letras com formas arredondadas, como c, b, o, ou formas pontudas, como v, w, adentram um pouco a linha de base. E, por último, a haste descendente de letras como p e q ultrapassa a linha de base. Visualmente, todas essas variações garantem um alinhamento perfeito.

Linha de fundo: marca o limite inferior da haste descendente de letras minúsculas como p, q.

Linha mediana: marca o topo das letras minúsculas, como a, c, x, e também o torso de letras minúsculas, como b, d, h.

Linha de topo: limite superior das hastes ascendentes de letras minúsculas, como b, d, l.

Linha de versal: marca o topo de letras maiúsculas. A linha de versal não coincide necessariamente com a linha de topo das hastes ascendentes.

Maiúscula: variação do desenho da letra em caixa-alta ou versal.

Minúscula: variação do desenho da letra em caixa-baixa.

Olho: principal forma redonda ou elíptica que define o desenho da letra. Por exemplo: C, G, O na caixa-alta e b, o, p na caixa-baixa. Também pode ser chamado de bojo ou barriga. Dizer que uma letra possui um olho grande é o mesmo que dizer que ela tem uma grande altura-x. Já um olho aberto significa uma grande abertura.

Orelha: pequena parte do desenho da letra que a equilibra e proporciona acabamento. Nem todas as letras possuem orelha – ou bandeira, como também pode ser chamada.

Peso: grau de escuridão, negrito de um tipo. Pode variar do *ultralight* ao *extrabold*. Desenhos de tipos com traços mais grossos imprimem peso maior ao texto, enquanto os traços mais finos permitem leveza.

Serifa: traço ou barra que remata cada haste de uma letra. As serifas variam de acordo com os desenhos das letras. Podem ser uni ou bilaterais, compridas ou curtas, grossas ou finas, abruptas (tangenciando a haste bruscamente, em ângulos) ou adnatas (fluem suavemente a partir da haste ou ao seu encontro), quadradas, triangulares etc.

Sans serif: são as letras-bastão, que não apresentam serifas, chamadas não serifadas.

Terminais: desenhos no final do braço, perna ou bojo das letras. Podem ser circulares, em gota ou pontiagudos.

Tipo: desenho de um caractere tipográfico. Em impressão tipográfica, é a matriz para um caractere de determinada fonte.

Tronco horizontal: traço horizontal principal da letra.

Tronco vertical: traço vertical principal da letra.

Versal: variação do desenho da letra em caixa-alta ou maiúscula.

Versalete: variação do desenho da letra em caixa-alta, com altura da caixa-baixa.

ALTURA DE VERSAL
LINHA DE TOPO

LINHA MEDIANA

Arte

LINHA DE BASE

LINHA DE FUNDO

TERMINAL

ALTURA-X

xale

ABERTURA

SERIFA

Boi

TRONCO HORIZONTAL

TRONCO VERTICAL

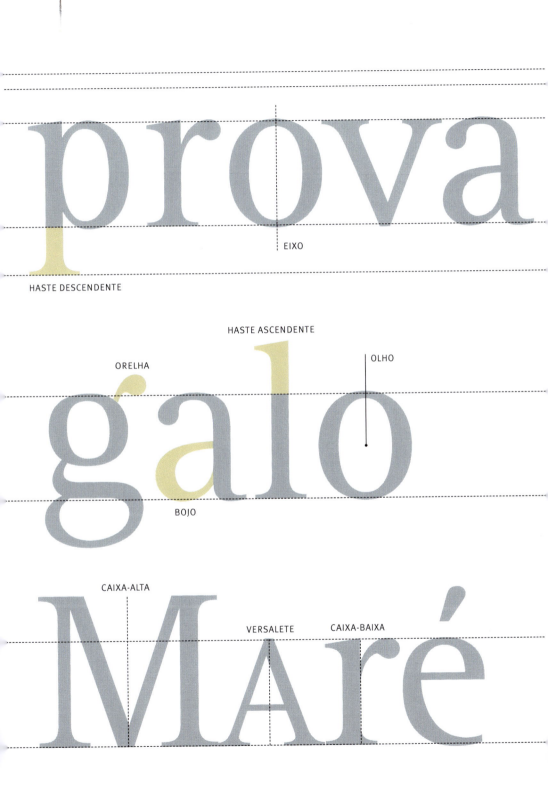

Classificação dos tipos

Existem diferentes classificações para os tipos de letra: as mais conhecidas são a europeia e a norte-americana. Ainda assim, há alguns tipos que não se encaixam em nenhuma categoria. Mesmo os tipos que se encaixam em alguma definição podem ser pontos de discórdia, já que não há unanimidade sobre o assunto.

CLASSIFICAÇÃO EUROPEIA CLÁSSICA

O importante é saber diferenciar os diferentes desenhos das letras e conhecer sua origem. De acordo com a classificação europeia clássica, feita pelo inglês Christopher Perfect em seu livro *The Complete Typographer* (1992), os tipos dividem-se em:

Humanistas
Originários dos primeiros alfabetos romanos, surgidos na Itália entre 1460-1470 e conhecidos também como tipos venezianos, são inspirados nas letras dos manuscritos humanistas que apresentavam minúsculas carolíngias, utilizadas por escribas ou copistas da dinastia de Carlos Magno, rei dos francos e imperador do Ocidente (742-814). A função dos escribas era reproduzir manuscritos.
Exemplos: Italian Old Style, Jenson, Stempel Schneider e Verona.

STEMPEL SCHNEIDER
Stempel schneider

Estilo antigo (*old style*)
O estilo antigo é uma variação dos tipos humanistas, com modificações nas minúsculas e nas maiúsculas. Esse alfabeto dominou a tipografia europeia entre os séculos XV e XVI, por cerca de 200

anos, e sofreu alterações nos diferentes países de acordo com seus aspectos culturais.

Na Itália, predominaram os tipos de Aldus Manutius, Francesco Griffo e Lodovico Arrighi. Na França, Claude Garamond se destacou nesse período, considerado a época de ouro da tipografia francesa. Nos Países Baixos, prevaleceram os holandeses Dirk Voskens e Cristoffel van Dijck, que criaram o alfabeto *Dutch Old Style*, que seria usado por muitos países. A Inglaterra, cuja atividade de fundição dos tipos era controlada pelo governo, importava as matrizes holandesas. Por isso, o *Old Sytle* inglês surgiria apenas no início do século XVIII, com base nos trabalhos de Willian Caslon e John Baskerville.

Exemplos: Garamond, Goudy Old Style, Palatino, Plantin, Sabon e Times New Roman.

TIMES NEW ROMAN
times new roman

▶ TIMES NEW ROMAN

O desenho original da Times New Roman foi criado em 1932, por Victor Lardent, sob a supervisão de Stanley Morison, para uso do jornal inglês *The Times of London*.

A fonte, uma releitura das antigas tipografias clássicas, passou por um longo período de aperfeiçoamento e revisão pela fundição tipográfica The Monotype Corporation, cujo consultor tipográfico era o próprio Stanley Morison.

Legível e econômico, hoje é considerado um dos tipos mais conhecidos e copiados no mundo.

Transicionais
São os alfabetos da fase de transição do estilo antigo para os tipos modernos. Em 1692, Philippe Grandjean desenvolve um alfabeto para a imprensa Real da França. "Pela primeira vez na história, o design de cada letra foi realizado tendo como base um quadrado preciso, e seu *outline*, calculado matematicamente para a obtenção de um corte preciso", escreve Christopher Perfect.
Exemplos: Baskerville, Bookman, Quadriga Antiqua, Stone Serif e Zapf International.

BOOKMAN bookman

Modernos
Os nomes de maior destaque da tipografia moderna são Giambattista Bodoni, tipógrafo italiano que escreveu o *Manuale tipografico*, e o francês Firmin Didot. Seus trabalhos foram diretamente influenciados pelos alfabetos do inglês John Baskerville.
Exemplos: Bell, Bodoni, Didot, Fenice e Walbaun.

DIDOT didot

Serifas retas (*slab serif*)
Tipos definidos pelas serifas quadradas.
Exemplos: Aachen, American Typewriter, Clarendon, Lubalin Graphs e Memphis.

MEMPHIS memphis

Sem serifa (*sans serif*)
O primeiro tipo sem serifa surgiu em 1816, produzido pela casa fundidora Caslon. Foi considerado avançado, em uma época dominada

pelos alfabetos de serifa quadrada. Não obteve sucesso comercial. Pouco tempo depois, Willian Thorowgood produziu o primeiro alfabeto sem serifa com minúsculas, conhecido como Grotesque, base dos alfabetos não serifados mais conhecidos.
Exemplos: Arial, Eurostile, Franklin, Gill Sans, Helvética, Kabel, Optima e Univers.

UNIVERS univers

Displays
Alfabetos sem origens antigas, não classificáveis nos grupos anteriores.
Exemplos: Cooperplate, Bauhaus, Belwe, Broadway, Novarese, Poster Bodoni e Zapf Chancery.

BAUHAUS bauhaus

CLASSIFICAÇÃO POR SÉCULOS

Outra classificação para os tipos de letra, que leva em consideração o estudo das relações entre o desenho tipográfico e as demais atividades humanas, como política, filosofia e arte, é apresentada pelo norte-americano Robert Bringhurst em seu livro *Elementos do estilo tipográfico* (2005). Nessa divisão são apresentados exemplos tipográficos reconstruídos no século XX, com base nos tipos originais de cada época. A seguir, um resumo desse estudo.

Renascentista | Séculos XV e XVI
As letras romanas renascentistas têm como base o manuscrito. A transformação do manuscrito para o tipo, realizada pelos eruditos e escribas, teve início em 1465, na Itália. As letras têm o desenho como se fosse produzido por uma pena na mão direita, em posição

de escrita. O resultado é um tipo com traços leves e pouco contraste entre as hastes grossas e finas. A versão itálica desse tipo, conhecida como aldinos, em homenagem a Aldus Manutius, foi composta posteriormente, entre 1500 e 1540, apenas no desenho da caixa-baixa, e eram utilizadas com as maiúsculas romanas eretas. As características principais das romanas renascentistas são: traço modulado; eixo humanista oblíquo; serifas bem definidas; terminais precisos; abertura grande; hastes verticais; bojos circulares; altura-x modesta; itálica equivalente e independente da romana.
Exemplos: Centaur, Bembo, Van den Keere.

CENTAUR centaur

Maneirista | Século XVI
O tipo maneirista, que surgiu no início do século XVI, tem características similares às dos tipos da Renascença, mas com sutis exageros de extensão, angularidade e tensão. Nesse período, iniciou-se a prática de utilizar tipos romanos e itálicos num mesmo livro. A mistura acontecia na mesma página, mas nunca na mesma linha. Também foram criadas as letras itálicas em caixa-alta.
Exemplos: Poetica, Galliard.

GALLIARD galliard

Barroca | Século XVII
Assim como a pintura e a música desse estilo, os tipos barrocos experimentaram formas contraditórias em sua composição. Eles apresentam grande variação de eixo de uma letra para a outra. Na estrutura desse tipo, é comum haver um eixo secundário vertical, e o eixo primário da letra é normalmente oblíquo. As itálicas barrocas têm como base a manuscrita feita tanto com a mão direita quanto com a esquerda. Os tipógrafos barrocos introduziram o uso das

romanas e itálicas na mesma linha. As principais características desse estilo são: traço modulado; eixo variável; serifas e terminais modelados; abertura modelada; itálico subordinado ao romano.
Exemplos: Garamond, Elzevir, Janson, Caslon.

GARAMOND garamond

Neoclássica | Século XVIII
Os tipos neoclássicos são mais estáticos e contidos do que os barrocos e renascentistas. Neles, ainda se encontra um resquício do manuscrito, mas o eixo principal da letra torna-se vertical, em sintonia com a era racionalista da época. Suas principais características são: traço modulado; eixo racionalista vertical; serifas refinadas e adnatas (nascidas junto de) que fluem para a haste; terminais em gota; abertura e contrate moderados; itálico inteiramente subjugado pelo romano.
Exemplos: Fournier, Baskerville, Bell.

BASKERVILLE baskerville

Romântica | Séculos XVIII e XIX
Os movimentos neoclássico e romântico aconteceram simultaneamente no século XVIII e em boa parte do século XIX, mas são opostos em alguns aspectos e similares em outros. A tipografia segue a mesma trajetória. Em comum, os tipos neoclássicos e românticos têm normalmente o eixo principal racionalista, apresentando pouca semelhança com o manuscrito, e o eixo secundário, oblíquo. A principal diferença entre eles é o contraste: os tipos românticos apresentam contraste bem maior do que os neoclássicos. Apesar da beleza da letra romana, suas formas não oferecem – como as renascentistas – ritmo fluente e estável de leitura. As principais características das românticas são: traço hipermodulado; eixo racio-

nalista intensificado; serifas abruptas e finas; terminais em botão; abertura pequena; itálico subjugado.
Exemplos: Bulmer, Didot, Berthold Bodoni, Berthold Walbaum.

BODONI bodoni

Realista | Século XIX e início do XX
Esse período foi marcado pelo surgimento de vários movimentos artísticos, como realismo, impressionismo, *art nouveau,* construtivismo, cubismo, *pop art,* entre outros. Esses movimentos, em especial o realismo, influenciaram a tipografia da época. Os tipos realistas apresentam, muitas vezes, a mesma forma básica das letras neoclássicas e românticas. Entretanto, a maior parte deles não apresenta serifa. As principais características do tipo realista são: traço não modulado; eixo vertical presumido; abertura pequena; serifas ausentes ou abruptas, de peso igual ao traço principal; itálico ausente ou trocado pelo romano inclinado.
Exemplos: Helvética, Akzidenz Grotesk, Haas Clarendon.

HELVÉTICA helvética

Modernista geométrica | Século XX
As formas geométricas do modernismo influenciaram a criação de famílias tipográficas econômicas e rigorosas. A estrutura das letras modernistas se baseiam nas formas matemáticas puras do círculo e da linha, se distanciando totalmente das letras manuscritas. Por isso, a maioria dos tipos desse estilo não possuem serifas, e quando possuem, as serifas apresentam o mesmo peso do traço principal. As características das letras modernas geométricas são: traço não modulado; arcos muitas vezes circulares (sem eixo); abertura moderada; itálico ausente ou trocado pelo romano inclinado.
Exemplos: Futura, Memphis.

FUTURA futura

Modernista lírica | Século XX
O expressionismo abstrato na pintura influenciou diretamente a tipografia modernista lírica. Os pintores do século XX redescobriram as formas orgânicas em oposição às mecânicas, assim como os designers de tipos redescobriram o manuscrito e resgataram as formas renascentistas. Os tipos voltaram a ter como base a caligrafia da pena larga, do eixo e da escala humanistas das letras da Renascença. As principais características desse estilo são: traço modulado; eixo humanista; serifas e terminais com forma oriunda da pena; abertura grande; itálico parcialmente independente do romano.
Exemplos: Spectrum, Palatino, Dante.

PALATINO palatino

Pós-moderna | Final do Século XX e início do XXI
Ao longo das últimas décadas do século XX, notou-se o surgimento de movimentos artísticos que se distanciavam do modernismo. Esses movimentos foram chamados pós-modernos. Paródia frequente da forma neoclássica, romântica ou barroca, as letras pós-modernas revisitam com humor e consciência o eixo racionalista das letras, tornando-as leves e, muitas vezes, divertidas. Muitos tipos pós-modernos apresentam forma geométrica, mas, ao contrário de seus antecessores modernistas que se baseavam em círculos ou linhas puros, essas formas são estilizadas e assimétricas. As principais características dos tipos pós-modernos são: eixo racionalista ou variável; serifas e terminais afiados.
Exemplos: Espirit, Nofret, Triplex, Officina.

OFFICINA officina

Variação do desenho tipográfico

As variações dos desenhos das letras são geradas a partir do desenho-matriz, denominado romana ou regular. Não há obrigatoriedade do desenvolvimento de todas essas variações, mas quanto maior o número de opções, mais completa se torna a família tipográfica. A exemplo da família Helvética Neue, as variações são:

Extralight/ultralight: desenho da letra com o traço muito fino e leve.
Extralight/ultralight itálico: desenho cursivo da versão extralight.

Thin: desenho da letra com o traço muito fino e leve, versão um pouco mais grossa do que a extralight.
Thin itálico: desenho cursivo da versão thin.

Light: desenho da letra com o traço fino e leve, um pouco mais grossa do que a versão thin.
Light itálico: desenho cursivo da versão light.

Regular/romana: desenho-matriz da famílita tipográfica.
Regular/romana itálico: desenho cursivo da versão regular.

Medium: o desenho é um pouco mais grosso do que a versão regular.
Medium itálico: desenho cursivo da versão medium.

Bold: também chamada de negrito, desenho da letra grosso e pesado.
Bold itálico: desenho cursivo da versão em negrito.

Extrabold/heavy: desenho da letra muito grosso e pesado.
Extrabold/heavy itálico: desenho cursivo da versão extrabold.

Black: desenho da letra muito grosso e pesado, versão mais grossa do que a extrabold.
Black itálico: desenho cursivo da versão black.

Algumas tipografias apresentam a variação condensada e extendida do desenho original. Geralmente, essas versões contemplam as mesmas variações da forma regular e itálico do light, negrito etc.

Condensada: desenho condensado da letra regular.

Extended: desenho extendido da letra regular.

Existem ainda outras variações da tipografia serifada e sem serifa. No entanto, nem todas as famílias tipográficas apresentam essas versões. As variações mais usuais para o tipo regular são o itálico e o negrito.

Ao utilizar a diferenciação do negrito em uma palavra ou expressão de um texto com a fonte regular, recomenda-se deixar a pontuação fora da ênfase, ou seja, se a palavra vier entre vírgulas, por exemplo, aplica-se a diferenciação somente na palavra, deixando as vírgulas no regular, por exemplo:

Os países do terceiro mundo como **Brasil**, **Venezuela**, **Peru** e **Chile** são exemplos notáveis que devem ser considerados no mapa internacional.

Já no uso do itálico para diferenciar uma palavra ou trecho do texto regular, recomenda-se que a pontuação acompanhe o itálico para dar à composição um melhor espaçamento entre os caracteres, por exemplo:

Os países do terceiro mundo como *Brasil, Venezuela, Peru e Chile* são exemplos notáveis que devem ser considerados no mapa internacional.

Geralmente, uma família tipográfica completa possui os seguintes desenhos, que acompanham as variações descritas anteriormente:

CAIXA-ALTA: DESENHO DA LETRA EM MAIÚSCULA.
Caixa-baixa: desenho da letra em minúscula.
Versalete: desenho da letra em caixa-alta com altura da caixa-baixa.

O desenho dos números também pode ser diferenciado:
- algarismos de caixa-baixa ou de texto: desenhados para acompanhar as minúsculas. A maioria é composta de formas ascendentes e descendentes: 1234567890
- algarismo de título ou de caixa-alta: desenhados para acompanhar as maiúsculas. 1234567890

▶ ROMANAS E ITÁLICAS

Até meados do século XVI, os livros eram compostos em romanas ou em itálicas, nunca em ambas. No Alto Renascimento, os tipógrafos adotaram o uso das duas variações em um mesmo livro, sendo as romanas destinadas para o texto principal e as itálicas para o prefácio, notas e citações. Nesse mesmo século, desenvolveu-se a combinação dessas variações na mesma linha de um texto, usando o itálico para enfatizar palavras individuais ou para marcar determinadas informações. Isso floresceu no século XVII e mantém-se até hoje.

Os programas atuais de composição digital podem distorcer, expandir, comprimir e até gerar as variações itálico, negrito e outras na palheta de formatação. Contudo, se há interesse em usar, por exemplo, o itálico em uma letra, deve-se usar o desenho original em itálico. Aplicar essa definição utilizando a palheta de formatação do programa significa somente inclinar o desenho romano da letra, numa simulação do desenho original do itálico. E o itálico não é somente a romana inclinada, mas possui outra estrutura, outro desenho. A inclinação eletrônica forçada das letras muda o peso dos traços verticais e inclinados, mantendo o peso dos traços horizontais. A curvatura dos traços também é alterada. O mesmo princípio deve ser respeitado para as maiúsculas.

Se a fonte que se deseja utilizar não tem as variações de que se necessita, significa que sua escolha não foi acertada. O melhor é mudar para outra família tipográfica que contenha todas as variações que o projeto demanda.

Expandir ou condensar as letras, desrespeitando o desenho original, altera o trabalho de anos de dedicação, estudo e inspiração de um designer tipográfico. Essa prática destrói a estrutura da fonte, deixando-a, na maioria das vezes, com a qualidade inferior à da original.

Origem da escrita

O alfabeto como conhecemos hoje tem origem na Grécia antiga, quando os símbolos e os pictogramas eram desenhados de forma realista para representar elementos naturais e atividades cotidianas. Tratava-se da pictografia.

Em seguida, vieram os ideogramas ou ideografia, utilizados até hoje no Oriente. Trata-se de símbolos que representam associações de ideias menos concretas, acontecimentos não palpáveis. O desenho do Sol, por exemplo, já não significava apenas o astro, mas sim o tempo de luz solar entre duas noites: o dia. A partir de então, o abstrato pôde também ser representado.

Ao sentido primitivo das palavras, somou-se a expressão sonora, que imita a linguagem falada, sistema conhecido por fonetismo. Dele surgiu a divisão silábica, formando um conjunto de sons. Esta foi a base para o desenvolvimento do sistema cuneiforme da escrita.

Na escrita cuneiforme, datada de 2800 a.C., as letras eram desenhadas sobre argila com uma cunha. Tal ferramenta não possibilitava o uso de linhas curvas, permitindo apenas o uso do traço nas posições horizontal, vertical ou inclinada. Um dos documentos mais antigos dessa época é o Código de Hamurabi.

▸ CÓDIGO DE HAMURABI

Hamurabi (1728 a.C.-1686 a.C.), sexto rei da primeira dinastia babilônica, consolidou o seu império sobre normas regulares de administração. Tornou-se famoso por ter mandado compilar, por volta de 1700 a.C., o mais antigo código de leis escritas: o Código de Hamurabi.

O monolito de 2,5 m de altura ficava exposto no templo de Sippar, à vista de todos, e outros exemplares eram espalhados pelo reino. No entanto, com exceção dos escribas, poucas pessoas sabiam ler. Atualmente, o monumento está no Museu do Louvre, em Paris.

PICTOGRAFIA

IDEOGRAFIA

FONETISMO

SOLDADO

ESCRITA
CUNEIFORME

ALFABETO
FENÍCIO

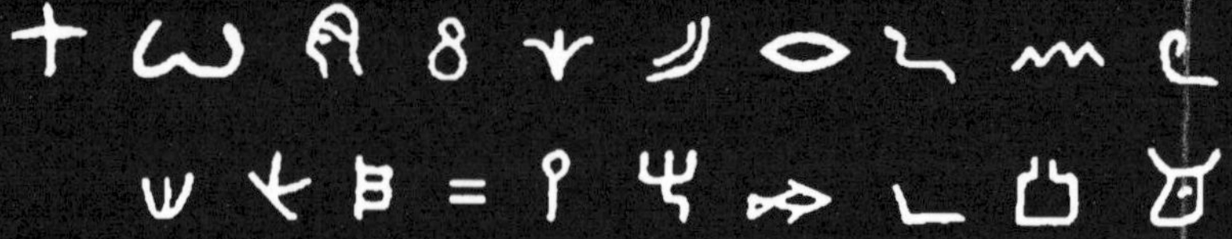

ALFABETO
GREGO

αβγδεζηθικλμνξοπρστυφχψω
ΑΒΓΔΕΖΗΘΙΚΛΜΝΞΟΠΡΣΤΥΦΧΨΩ

ALFABETO
ROMANO

ABCDEFGHIJ
KLMNOPQ R
STUVWXYZ

QUADRATA

ETPICTVMCR

Ao conjunto de letras em ordem convencional, capaz de todas as combinações para expressar os sons, dá-se o nome de alfabeto.

Os fenícios adaptaram os caracteres egípcios e criaram 22 letras para o alfabeto fenício, que era escrito e lido horizontalmente, da direita para a esquerda. Esse alfabeto foi amplamente divulgado pelo Mediterrâneo, onde se desenvolviam as atividades comerciais, e foi a base do desenvolvimento dos alfabetos árabe, hebraico, grego e romano.

Na Grécia, cujo alfabeto tornou-se mais acessível ao público, os filósofos e os poetas aumentaram-no para 24 letras, incluíram sinais tipográficos e letras minúsculas e, definitivamente, traçaram a escrita e a leitura da esquerda para a direita. Foram os gregos também que deram o equilíbrio arquitetônico dos desenhos das letras com a inclusão de serifas, reforço adicionado no início ou no fim dos traços principais de uma letra, resultando num bom alinhamento dos textos.

O Império Romano foi decisivo para o desenvolvimento do alfabeto ocidental, pois difundiu-o por toda a Europa. O alfabeto romano, composto por 22 letras, adaptou as maiúsculas do alfabeto grego com variações e incorporou novos sinais. As palavras não eram separadas e usavam-se muitas siglas, dificultando a compreensão dos textos. Enfim, as palavras passaram a ser separadas, inicialmente por um ponto, e o desenho das letras apresentava a forma quadrada (o tamanho da altura é igual ao da largura). O alfabeto romano, também conhecido como alfabeto latino, evoluiu com o surgimento de novas letras e tornou-se o mais utilizado hoje em todo o mundo.

A maiúscula romana serviu de inspiração para os escribas. Foi muito usada em inscrições monumentais, gravadas a cinzel (instrumento de aço que se usa para gravar e esculpir) sobre pedra ou bronze. As romanas evoluíram, ganhando mais contraste e serifas triangulares, mais legibilidade. Surge um novo desenho da letra, chamado de quadrata (100 a.C.). Com sua forma quadrada, representava fielmente o pensamento aristocrático e imperial de Roma.

No começo da era cristã, surge uma nova variação da escrita romana: a rústica. Mais informal e de rápida execução, essa versão abandona o rigor clássico das maiúsculas quadradas.

Em seguida, surgem as versões uncial e semiuncial (século VI), cuja forma era arredondada e seu traçado, inclinado e contínuo, de execução fácil e ainda mais rápida. A uncial era composta principalmente de maiúsculas e a semiuncial, de minúsculas. Dada a rapidez com que eram traçadas, as minúsculas foram amplamente utilizadas em livros e documentos, diferenciando-se completamente das maiúsculas.

O imperador Carlos Magno, diante dos diferentes desenhos de tipos, incumbiu um monge da criação de uma nova escrita, chamada carolíngia. Composta por maiúsculas e minúsculas, tornou-se obrigatória em seu reinado. As letras maiúsculas carolíngias foram descartadas, e o uso da minúscula prevaleceu e padronizou a escrita, superando as dominantes uncial e semiuncial.

Com o objetivo de aproveitar ao máximo os espaços disponíveis, criou-se a letra gótica, cujos traços eram retos e perpendiculares ao manuscrito. Era uma letra bastante econômica por seu desenho apertado. As iniciais eram ornamentadas e, muitas vezes, difíceis de ler.

A predominância da escrita gótica, que durou por aproximadamente três séculos nos países do Ocidente europeu, aos poucos, foi dando lugar à romana, devido à facilidade de sua execução e leitura. Na Alemanha, onde o uso da letra gótica era exaustivo, sua utilização foi proibida por Adolf Hitler em um decreto promulgado em janeiro de 1941.

A letra romana é a recuperação da minúscula carolíngia e da antiga maiúscula romana, que eram gravadas a cinzel sobre monumentos de pedra ou bronze da época. Criou-se, assim, o uso de minúsculas e de maiúsculas de uma mesma família.

SOLE·SV·B·ARDENI   RÚSTICA

OMNIAERÇOI
qcωxyzOSY   UNCIAL

ABCDEFGHI
abcdefghijklm   SEMIUNCIAL

Ubiipliusnomine
Consctacummarm
vestra est Inuenta   CAROLÍNGIA

ABCDEFGHIKLM
coz idem profecto suntse   GÓTICA

▶ A COLUNA DE TRAJANO

Nascido na Espanha, o imperador Marco Úlpio Nerva Trajano (53-117 d.C.) comandou confrontos triunfantes do Império Romano. Cenas das batalhas contra os partos e os armênios, que ele derrotou, e contra os dácios (povo da atual Romênia) foram eternizadas em textos esculpidos em relevo na Coluna de Trajano, que se encontra atualmente no Museu Nacional de Roma, Itália. As narrativas inscritas em tipos maiúsculos com traços nobres em estilo romano narram toda a trajetória histórica do Imperador.

Em 1988, a designer tipográfica norte-americana Carol Twombly desenhou capitulares serifadas inpirando-se nas inscrições da base da Coluna de Trajano. Esse tipo foi chamado de Trajan.

ABCDEFGHIJKLN
OPQRSTUVWXYZ

**ABCDEFGHIJKLN
OPQRSTUVWXYZ**

O TIPO TRAJAN, DE CAROL TWOMBLY, APRESENTA APENAS AS VERSÕES REGULAR E NEGRITO EM CAIXA-ALTA

A COLUNA DE TRAJANO NARRA A HISTÓRIA DO IMPERADOR MARCO TRAJANO

Primeiras impressões

A crescente procura de manuscritos pela nobreza e, mais tarde, por todas as classes sociais, tornou ineficiente a produção manual dos escribas e copistas. Para a produção de livros em série, surgiu, então, a técnica de impressão chamada xilogravura: pranchas de madeira com letras ou desenhos gravados em relevo.

Na China, o método para fazer os primeiros livros impressos era todo feito a mão, com a cunha, peça de madeira ou ferro, pontiaguda em uma das extremidades, usada para fender pedras ou madeira. As páginas de texto eram cunhadas, portanto, em chapas de madeira e, quando havia correções a fazer, entalhava-se a área do erro e um tampão era inserido com os novos caracteres.

A composição de uma página era, até então, uma matriz fixa, ou seja, uma vez gravadas na prancha de madeira, as letras não poderiam ser reutilizadas para outra composição.

As primeiras impressões com tipos móveis datam do século XIII, na Ásia. Contudo, por volta de 1040, na China, tem-se o relato dos impressos do engenheiro erudito Bí-Sheng, que utilizou a porcelana moldada em formas de ferro na composição tipográfica.

A nova tecnologia alcançou a Coreia, e por volta de 1450 chegou à Europa, onde se desenvolveu. O sistema da escrita europeia favoreceu a evolução dos tipos móveis, pois necessita de um número muito menor de glifos (representações gráficas de um ou mais caracteres ou mesmo parte de um caractere) do que a chinesa.

Nas primeiras impressões com tipos móveis foram usados caracteres feitos em madeira, que não apresentavam talho perfeito, eram irregulares, além da baixa du-

IMAGEM DE SÃO CRISTÓVÃO LEVANDO O MENINO JESUS. XILOGRAVURA DE AUTOR ANÔNIMO, 1423, COM TEXTO GRAVADO A MÃO

rabilidade, pois não suportavam grandes tiragens sem deformar. No Ocidente, o tipógrafo e impressor alemão Johann Gutenberg (c. 1398-1468) introduziu e aprimorou a técnica de impressão com os tipos móveis usando o metal, em vez da madeira, como matéria-prima. Os tipos tornaram-se, portanto, mais fortes e perfeitos. Eram tipos mais resistentes a grandes tiragens e, assim, o livro popularizou-se definitivamente, tornando-se mais acessível pela enorme redução dos custos da produção em série.

▶ BÍBLIA DE 42 LINHAS

O mais famoso livro impresso por Gutenberg foi a Bíblia de 42 linhas, a primeira bíblia impressa. Foram utilizados tipos móveis de madeira, em latim, compostos em duas colunas, com 42 linhas cada uma. Os caracteres utilizados eram do estilo gótico, uma vez que a intenção era imitar o trabalho dos copistas.

A Bíblia conta com 1.282 páginas, 641 folhas, e levou cerca de um ano e meio para ser impressa (foi finalizada em 1455). Gutenberg contava com seis compositores e seis prelos para esse trabalho.

Com tiragem estimada de 300 cópias, os exemplares eram vendidos sem encadernação, o que era feito posteriormente pelo próprio comprador. A maior parte da tiragem foi vendida para igrejas, mosteiros e universidades. As cópias não eram idênticas, já que diferentes artesãos foram empregados para ornamentar, a mão, as iniciais que abrem cada livro.

Atualmente, existem 48 exemplares da Bíblia espalhados pelo mundo, e cinco deles encontram-se no Centro de Pesquisas Ransom, da Universidade do Texas, Estados Unidos. Um exemplar completo desse trabalho pode ser visto no site da universidade (www.hrc.utexas.edu).

IMAGENS DA BÍBLIA DE GUTENBERG: 641 FOLHAS IMPRESSAS EM CERCA DE UM ANO E MEIO

Medidas tipográficas

A partir do desenvolvimento dos tipos móveis de Gutenberg, muitos designers tipográficos em todo o mundo criaram e fundiram seus desenhos sem critérios comuns de medida. Portanto, o intercâmbio do material tipográfico tornou-se complicado entre os países.

Uma das primeiras unidades tipográficas desenvolvidas foi a paica, denominação dada na Inglaterra, no século XV, a um livro que regulamentava o calendário das festas móveis eclesiásticas.

Em 1737, o tipógrafo e gravador francês Pierre Simon Fournier (1712-1768) publicou o seu *Manual tipográfico*, no qual introduziu um sistema de proporções para a fundição sistemática dos caracteres. Para definir a medida, baseou-se no menor tipo que comumente se usava e dividiu-o em seis partes. A cada parte chamou ponto; ao conjunto de doze pontos chamou cícero. Um cícero era similar ao corpo de letra utilizado na obra *De Oratore*, do filósofo Marco Túlio Cícero, um dos expoentes da oratória clássica, produzido no final do século XV. O ponto Fournier corresponde a cerca de 0,34875 mm.

Em 1760, o impressor e editor parisiense François-Ambroise Didot (1730-1804) aprimora o sistema de medidas de Fournier, adotando o ponto como base de medida. A partir do pé de rei, medida legal da época, ele obteve uma nova definição de cícero e definiu o ponto Didot equivalente a 0,376 mm. A partir de então, ocorre a padronização de medida dos tipos, que passaram a ser denominados, de acordo com o seu tamanho, por certo número de pontos.

O sistema Didot é utilizado na Alemanha, no Brasil, na Espanha, na Grécia, na Suécia, na Turquia e em partes da Áustria, da América do Sul e da Itália. As exceções são Inglaterra e Estados Unidos, países em que o ponto tipográfico permaneceu equivalente a 0,352 mm.

	Ponto	Paica	Cícero	Milímetro	Polegada
Sistema Didot	1	1/12	1/12	0,376	1/72
Sistema americano	1	1/12	1/12	0,352	1/72

▶ **FAMÍLIA DIDOT**

François-Abroise Didot desenhou vários tipos romanos e itálicos neoclássicos, todos gravados sob sua supervisão, uma vez que possuía uma fundição e uma fábrica de papel.

Por volta de 1780, construiu uma prensa de ferro, mármore e cobre, cuja pressão era maior do que a das tradicionais feitas em madeira e, em apenas um movimento, imprimia de maneira mais eficiente e rápida.

Em 1795, o filho de François, Firmin Didot (1764-1836), autor de vários tipos neoclássicos e românticos, ganhou a patente da estereotipia, arte de reproduzir uma composição tipográfica numa chapa inteiriça, por meio de uma matriz de gesso, papel ou pasta especial composta por tipos móveis. Esse tipo de impressão só desapareceria com o surgimento do *offset*, no início do século XX.

Ambroise Firmin Didot (1790-1876), filho de Firmin e neto de François-Ambroise, criou as primeiras fontes Didot gregas.

A família Didot marcou a tipografia francesa e europeia até o século XIX e tornou-se referência mundial.

Para a conversão de medidas métricas em tipográficas, utiliza-se uma régua chamada tipômetro, que pode ter de 30 a 50 centímetros de comprimento. Essa régua é graduada de cícero em cícero, com subdivisões de seis e três pontos. A parte inferior é dividida em centímetros e milímetros. Desse modo, tem-se a correspondência das medidas em metros (centímetro e milímetro), cíceros e pontos.

Com o surgimento dos computadores, as medidas foram transpostas para o digital: a polegada equivale a 72 pontos e 2,54 centímetros. A maioria dos programas de composição digital arredonda o ponto para 1/72 de polegada e a paica para 1/6 de polegada.

Evolução do desenho tipográfico

Após longos anos de predominância do estilo gótico na escrita, o gravador de tipos francês Nicolas Jenson (c.1420-1481), instalado em Veneza, criou uma família tipográfica romana inspirada nas maiúsculas romanas e nas minúsculas carolíngias. Batizado de Jenson, esse tipo apresenta perfeita legibilidade e serviu de exemplo para muitos tipógrafos que surgiram depois, como Claude Garamond, William Caslon e Willian Morris. Os desenhos que surgiram sob sua influência são chamados "tipos venezianos".

Também em Veneza, dando continuidade ao importante trabalho estilístico de Jenson na história da tipografia, o impressor Aldo Manuzio (1449-1515) aperfeiçoou os desenhos romanos tipográficos com suas exigentes e minuciosas preferências de forma, junto com talentosos colaboradores, como Francesco Griffo (c. 1450-1518), joalheiro e puncionista bolonhês. Tido como um perfeito gravador de tipos, Griffo desenvolveu a maior parte de seu trabalho na casa de Aldo Manuzio.

Em 1494, Aldo Manuzio criou o tipo itálico, um desenho cursivo da letra romana. Esse projeto, de cunho comercial, apresentava um caractere econômico e, portanto, grande aproveitamento do espaço no papel. Inicialmente, não existiam as maiúsculas itálicas. As minúsculas itálicas eram usadas para compor o texto inteiro, sem a combinação com as romanas redondas.

Na França, na "idade de ouro da tipografia", o tipógrafo Claude Garamond (1490-1561) teve grande destaque com seus tipos perfeitos, denominados "antigo romano". Tidos como derivados dos tipos que Francesco Griffo talhou para Aldo Manuzio em Veneza, o desenho de Garamond reúne importantes características tipográficas: legibilidade, elegância e simplicidade.

Os tipos gravados por Garamond atingiram grande sucesso e espalharam-se por toda a Europa, como referência tipográfica. Seus desenhos influenciaram diversas interpretações de novas famílias. Tipógrafos como Plantin, Elzevir, Van Dijck e Granjon desenvolveram

Enedemus Coloti lāpſaceni diſcipulus fuit. Hic ut ait Hippobotus in tantū ꝓdigioſæ ſupſtiōis uene rat ut ſumpto hītu furiæ circūiret: dicens ſpeculaꝛ toré ſe ex inferno ueniſſe peccantiū: ut iterato deſcendens hæc ibi dæmonibus renunciaret quæ uidiſſet. Veſtis hæc eꝛ rat pulla tunica talaris: aſtricta puniceo balteo: pilleus arca dicus capiti īpoſitus habens ītexta elementa .xii. cothurni tragici barba prolixa: uirga in manu fraxinea. Atq; iſtæ qdé

VENEZA: TIPO DESENHADO POR NICOLAS JENSON, EM 1475

abula parua legens, nidisq́; loquacibus eſcas,
t nunc porticibus uacuis, nunc humida circum
tagna ſonat, ſimilis medios Iuturna per hoſtes
ertur equis, rapidoq́; uolans óbit omnia curru.
amq́; hic germanum, iamq́; hic oſtendit ouantem
ec conferre manum patitur, uolat auia longe.

PRIMEIRO TIPO ITÁLICO, CRIADO POR ALDO MANUZIO, EM 1494

Uciasperro id ellores simagni berepud igenihi llenest el mo quaspit aturepel iducium is modit ex endist la iusaerore aut qui beriost, ullanitat quam essi idit debis et di ut et ad moleseque pre la consequ iducia dolorpo ritatio. Danis soluptam exerror itatur as ea consed moluptate nemped que vollacere volupie ndignatur adit laut eatiis et dusaperro quatemp orestem et ulpa nat moditi quamus estrum es dolessum eum eos sus.

GARAMOND: O ANTIGO ROMANO ATINGE GRANDE SUCESSO

WILLIAM CASLON
ADOTA MEDIDAS DO
ESTILO HOLANDÊS
PARA CRIAR A
CASLON, EM 1734

Uciasperro id ellores simagni berepud igenihi llenest el mo quaspit aturepel iducium is modit ex endist la iusaerore aut qui beriost, ullanitat quam essi idit debis et di ut et ad moleseque pre la consequ iducia dolorpo ritatio. Danis soluptam exerror itatur as ea consed moluptate nemped que vollacere volupie ndignatur adit laut eatiis et dusaperro quatemp orestem et ulpa nat moditi quamus estrum es dolessum eum eos sus.

O ESTILO
NEOCLÁSSICO DO
TIPO BASKERVILLE
FOI CRIADO
EM 1754, POR
JOHN BASKERVILLE

Uciasperro id ellores simagni berepud igenihi llenest el mo quaspit aturepel iducium is modit ex endist la iusaerore aut qui beriost, ullanitat quam essi idit debis et di ut et ad moleseque pre la consequ iducia dolorpo ritatio. Danis soluptam exerror itatur as ea consed moluptate nemped que vollacere volupie ndignatur adit laut eatiis et dusaperro quatemp orestem et ulpa nat moditi quamus estrum es dolessum eum eos sus.

O ITALIANO
GIAMBATTISTA
BODONI CRIA
O ESTILO ROMANO
MODERNO COM A
TIPOGRAFIA BODONI

Uciasperro id ellores simagni berepud igenihi llenest el mo quaspit aturepel iducium is modit ex endist la iusaerore aut qui beriost, ullanitat quam essi idit debis et di ut et ad moleseque pre la consequ iducia dolorpo ritatio. Danis soluptam exerror itatur as ea consed moluptate nemped que vollacere volupie ndignatur adit laut eatiis et dusaperro quatemp orestem et ulpa nat moditi quamus estrum es dolessum eum eos sus.

tipos notáveis com alguma variação, mas semelhantes ao de Garamond, para abastecer o mercado. Surgiram também muitos imitadores que alteraram o desenho original de Garamond com tipos sem qualidade.

Na Inglaterra, destacou-se o gravador e tipógrafo William Caslon (1692-1766), que criou, adotando medidas e proporções do antigo estilo holandês, uma família tipográfica cujo desenho das formas das letras não possuía proporções perfeitas individualmente, mas em conjunto, numa composição de texto, eram harmônicas. A primeira mostra do tipo chamado Caslon aconteceu em 1734 e tornou-se o primeiro grande tipo inglês.

O também inglês John Baskerville (1706-1775) desenhou, em 1754, um tipo genuíno, claro e altamente elegante: o estilo neoclássico, que posteriormente foi importado pelos Estados Unidos. Baskerville apontou novas preocupações tipográficas, como a absorção da tinta no papel para facilitar a impressão nítida e brilhante e a preocupação com a entrelinha.

Seguindo as pegadas de Baskerville, o italiano Giambattista Bodoni (1740-1813), célebre tipógrafo do século XVIII, criou o estilo romano moderno na Itália, que dominou por completo toda a Europa. Os tipos de Bodoni apresentam grande contraste entre as hastes e as serifas, com traços uniformes e geométricos.

A partir da Revolução Industrial, ainda em meados do século XVII, a tipografia passou a ter foco mais comercial. Criaram-se letras com grandes contrastes, inversão de contrastes, serifas grossas. Esses tipos decorativos eram usados, misturados, em cartazes publicitários com grandes títulos.

Por volta de 1890, iniciou-se a retomada das letras sem serifa na Alemanha, utilizadas em peças publicitárias. Um exemplo dessa letra é a Monotype Grotesque.

O desenho de uma letra sem serifa geométrica, mais delicada do que a Grotesque alemã, surgiu em meados de 1920 e tornou-se influência decisiva em movimentos artísticos como o dadaísmo, o futurismo, o construtivismo e a Bauhaus. Nesses movimentos, o uso de tipografias em tamanhos grandes e com formas geométricas era uma maneira de transgredir o convencional.

O desenho da Futura, criada pelo alemão Paul Renner (1878-1956), em 1927, é um exemplo de tipografia muito utilizada nessa época. Desenhada sob princípios rigidamente geométricos, inspirados na Bauhaus, tornou-se muito popular no design gráfico e na publicidade. Empresas como Volkswagen e Shell, por exemplo, fazem uso intenso dessa fonte. O diretor de cinema Stanley Kubrick também adota essa família tipográfica para a abertura de vários de seus filmes.

Entre 1920 e 1950, para acompanhar a trajetória comercial da tipografia, as fundições tipográficas, principalmente na Inglaterra e nos Estados Unidos, investiram em designers pioneiros como Eric Gill, Adrian Frutiger e Jan van Krimpen para desenvolver novos tipos e redesenhar tipos históricos.

Discípulo do renomado tipógrafo Edward Johnson, o inglês Eric Gill (1882-1940) foi convidado, em 1925, pelo célebre tipógrafo Stanley Morison, consultor da fundição tipográfica The Monotype Corporation, para criar novas fontes. Criou, entre outras, a serifada Perpetua, com um belo desenho clássico, seguindo a tradição de Caslon e Baskerville. Em 1927, Gill desenhou a Gill Sans, também para a Monotype, uma adaptação da fonte sem serifa utilizada no metrô de Londres. Esse desenho de letra tornou-se a fonte sem serifa mais popular na Inglaterra, na primeira metade do século XX.

Novas ideias de modernismo geométrico surgem por volta de 1950 em estilo funcional, com boa leitura, pura, sem remates ou serifas, sem a retórica da tradição. Chamadas neogrotescas, Helvética e Univers são exemplos desse estilo.

A Helvética – desenhada pelo tipógrafo suíço Max Miedinger (1910-1980), sob encomenda da fundição suíça Haas Foundry – foi lançada em 1957 e tornou-se um dos tipos mais populares e utilizados em todo o mundo. O desenho do tipo se baseia na fonte Haas Grotesk, que, por sua vez, era um redesenho da já existente Akzidenz Grotesk, de propriedade da própria Haas Foundry.

Uciasperro id ellores simagni berepud igenihi llenest el mo quaspit aturepel iducium is modit ex endist la iusaerore aut qui beriost, ullanitat quam essi idit debis et di ut et ad moleseque pre la consequ iducia dolorpo ritatio. Danis soluptam exerror itatur as ea consed moluptate nemped que vollacere volupie ndignatur adit laut eatiis et dusaperro quatemp orestem et ulpa nat moditi quamus estrum es dolessum eum eos sus.

PRINCÍPIOS
GEOMÉTRICOS
DO TIPO FUTURA,
DESENHADO
POR PAUL RENNER,
EM 1927

Uciasperro id ellores simagni berepud igenihi llenest el mo quaspit aturepel iducium is modit ex endist la iusaerore aut qui beriost, ullanitat quam essi idit debis et di ut et ad moleseque pre la consequ iducia dolorpo ritatio. Danis soluptam exerror itatur as ea consed moluptate nemped que vollacere volupie ndignatur adit laut eatiis et dusaperro quatemp orestem et ulpa nat moditi quamus estrum es dolessum eum eos sus.

GILL SANS:
TIPOGRAFIA
CRIADA POR
ERIC GILL,
EM 1927

Uciasperro id ellores simagni berepud igenihi llenest el mo quaspit aturepel iducium is modit ex endist la iusaerore aut qui beriost, ullanitat quam essi idit debr as ea consed molis et di ut et ad moleseque pre la consequ iducia dolorpo ritatio. Danis soluptam exerror itatur as ea consed moluptate nemped que vollacere volupie ndignatur adit laut eatiis et dusaperro quatemp orestem et ulpa nat moditi quamus estrum es dolessum eum eos sus.

HELVÉTICA,
DESENHADA POR
MAX MIEDINGER,
EM 1957,
TORNOU-SE UM
DOS TIPOS
MAIS POPULARES
DA ÉPOCA

Em 1961, a fundição alemã D. Stempel, que havia comprado os direitos dessa tipografia, adiciona a ela várias versões de pesos. Já na década de 1980, a empresa Linotype Library, que controlava parte da D. Sempel, lança a Neue Helvética, um redesenho otimizado da Helvética original.

Essa ampla utilização da Helvética, principalmente nas décadas de 1960 e 1970, gerou um tema de discussão que divide muitos designers em todo o mundo. Os modernistas, que apreciam o tipo racional, elogiam sua beleza, boa legibilidade e elegância. Outros a rejeitam por considerá-la tediosa, inexpressiva e empresarial. E há também alguns que veem na Helvética o desafio de usá-la de maneira inovadora e diferenciada.

A Univers, desenhada pelo suíço Adrian Frutiger (1928-), foi o primeiro projeto completo de letras em família. Havia, portanto, um *grid* com todas as variações e tamanhos da letra em um sistema de categorização dos tipos. Foi desenvolvido um código nu-

▶ **HELVÉTICA, O FILME**

A polêmica da paixão ou repulsa pela tipografia Helvética é o material de base para o documentário *Helvetica*, lançado nos Estados Unidos em março de 2007 no festival de cinema South by Southwest, em Austin, Texas. A discussão entre amor e ódio pela Helvética é relatada por meio de entrevistas de renomados designers, como Erik Spiekermann, David Carson, Neville Brody, Massimo Vignelli e Wim Crouwel, entre outros.

O documentário ilustra com belas imagens exemplos do uso da fonte no nosso dia a dia.

O filme, de autoria do designer de tipos Gary Hustwit, tornou-se um *cult* internacional por ir além da polêmica e contar um pouco da história do design gráfico no pós-Guerra.

O site oficial do filme é www.helveticafilm.com

mérico para identificar os tipos em vez de nomeá-los com nomes *bold*, *extrabold*, por exemplo. São 21 variações ao todo, incluindo condensadas, estendidas, light, negrito e itálico. A versão regular é reconhecida pelo código 55, as itálicas possuem números pares e as demais, ímpares. Muito popular nas décadas de 1960 e 1970, a Univers foi adotada por várias empresas em sua comunicação visual. Um exemplo é o uso dessa fonte no metrô de Paris, outro é o da Apple, que escolheu as variantes itálicas desta fonte para aplicar nos teclados de seus computadores.

Algumas das variações da Univers com o código numérico:

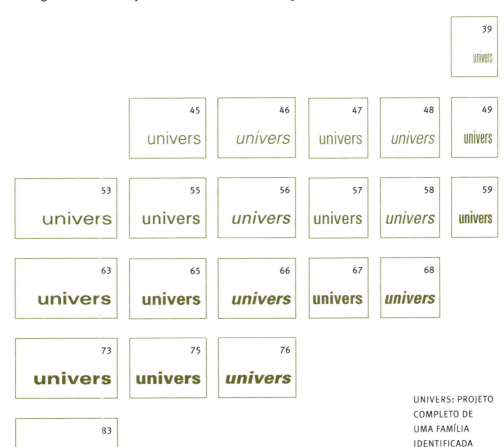

UNIVERS: PROJETO COMPLETO DE UMA FAMÍLIA IDENTIFICADA POR UM CÓDIGO NUMÉRICO

Com o conceito de família tipográfica contendo todas as variações e tamanhos das letras, surgiram também, na década de 1980, as superfamílias. Elas abrangem o desenho da fonte sem serifa (sans), meia-sem-serifa (semissans), semisserifada (semisserif) e serifada (serif), além de todas as suas variações de negrito, itálico etc.

Entre exemplos de superfamílias estão a holandesa Thesis, com as versões serifada e sem serifa, e a alemã Rotis. Esta última foi desenhada por Otl Aicher (1922-1991), em 1988.

Rotis Sans Serif   Rotis Semi Sans
Rotis Semi Serif   Rotis Serif

▶ **ARTE E TIPOGRAFIA**

Os campos da arte tipográfica e das artes plásticas sempre estiveram próximos e influenciam-se mutuamente. Nas artes plásticas, o uso de letras como expressão artística é bastante utilizado por artistas de todas as épocas. Como exemplos, os norte-americanos Robert Indiana (1928), Jasper Johns (1930) e Roy Lichtenstein (1923-1997), o francês Fernand Léger (1881-1955), a suíça radicada no Brasil Mira Schendel (1919-1988), e o brasileiro José Leonilson Bezerra Dias (1957-1993), popularmente conhecido por Leonilson.

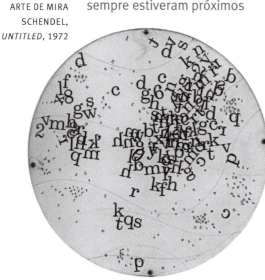

TIPOGRAFIA NA ARTE DE MIRA SCHENDEL, *UNTITLED*, 1972

Era digital

A partir da década de 1970, com o advento do computador, iniciou-se o processamento de informações por *bites*. Um *bit* – simplificação para o dígito binário, em inglês, *BInary digiT* – é a menor unidade de informação utilizada na informática. Os computadores são programados para armazenar instruções em múltiplos de *bits*, chamados *bytes*. Um *byte* é formato por um grupo de oito *bits*.

Existem também os seguintes termos para se referir a múltiplos de *bits*:

Nome	Símbolo	Múltiplo	Em bits
kilobyte	KB	103	1.000
megabyte	MB	106	1.000.000
gigabyte	GB	109	1.000.000.000
terabyte	TB	1012	1.000.000.000.000
petabyte	PB	1015	1.000.000.000.000.000
exabyte	EB	1018	1.000.000.000.000.000.000
zettabyte	ZB	1021	1.000.000.000.000.000.000.000
yottabyte	YB	1024	1.000.000.000.000.000.000.000.000

Os primeiros computadores usavam um conjunto básico de caracteres para representar números, letras, pontuação e outras variações, definido pelo ASCII (*American Standard Code for Information Interchange*), o Código Norte-Americano Padronizado de Intercâmbio de Informação. Nele, cada caractere era composto por sete *bits* de informação binária (no sistema de numeração binário todas as quantidades se representam utilizando como base o número dois), ou seja, o número máximo utilizável de caracteres era de $2^7 = 128$.

Se levarmos em conta que o alfabeto latino possui por volta de seiscentos caracteres quando somadas as maiúsculas, minúsculas, letras acentuadas, números e outros glifos, podemos dizer que a tipografia digital de então era muito pobre, já que não contemplava todas essas grafias. Além disso, o baixo número de caracteres disponível no computador era ineficiente para representar as línguas espanhola, francesa e alemã, por exemplo.

Em 1980, o conjunto de caracteres ASCII foi ampliado e cada caractere passa a ser composto por oito *bits*, o que dá um total de 2^8 = 256 caracteres. A partir de então, atende à comunicação básica de todas as línguas oficiais da Europa Ocidental e da América do Norte.

No final dos anos 1980, surgiu uma versão de um conjunto-padrão de caracteres, chamado Unicode, cujo salto foi um aumento do alfabeto para 65.536 caracteres, já que cada caractere passou a ser composto por 16 *bits* (2^{16}).

O Unicode, desenvolvido pelo Unicode Consortium, passou a padronizar a codificação de caracteres e diminuiu a incompatibilidade entre os diferentes idiomas. Até o ano 2000, os sistemas operacionais dos computadores domésticos e as maiores fundições digitais já tinham adotado esse sistema como padrão.

Atualmente, o Unicode disponibiliza cerca de um milhão de caracteres para representar os diferentes idiomas e suas variações. Como consequência, muitos formatos digitais foram introduzidos no mercado tipográfico.

Contudo, assim como na fundição metálica dos tipos, a versão digital também apresenta diferentes níveis de qualidade. Em ambos os casos, o padrão de qualidade do desenho da letra é definido pelo ser humano. Para um bom resultado, é necessário bom senso e atenção aos detalhes.

Fontes digitais têm diferentes formatos (ou extensões), que variam de acordo com a linguagem utilizada para sua criação. As fontes *bitmap*, que começaram a ser usadas na década de 1970, são formadas por pontos ou *pixels*. Quanto maior o número de pontos por polegada, ou DPI (*dots per inch*), maior a resolução (ou definição) da fonte. Em 1982, as fontes *bitmap* foram sendo substituídas pelas fontes *postscript* (PS), desenvolvidas pela Adobe Systems.

O INÍCIO DA ERA APPLE

Em 1979, Steve Jobs, cofundador da Apple, visitou o centro de pesquisa da Xerox (PARC – Palo Alto Research Center), em Palo Alto, Califórnia, onde conheceu uma nova tecnologia de interface gráfica, na qual se lidava com objetos na tela similares à realidade. Iniciava-se ali o projeto Lisa, cuja proposta era tornar os computadores acessíveis, mais fáceis de usar. Jobs participou desse projeto até 1982, quando se juntou ao projeto Macintosh.

Lançado em 1983 pela Apple Computer, o computador pessoal Lisa foi o primeiro a ter um *mouse* e uma interface gráfica. Apesar de seu caráter revolucionário, o Lisa foi um enorme fracasso comercial, por ser muito caro.

As bases do projeto Macintosh surgiram no início de 1979 com Jef Raskin, especialista norte-americano que elaborou um protótipo com base no Lisa, porém mais barato.

O primeiro protótipo tinha 64 KB de memória, utilizava um lento microprocessador e apresentava um monitor de 256 x 256 *pixels* em preto e branco. A partir de 1980, Raskin utilizou uma placa que continha um processador mais veloz. O monitor aumentou para 384 x 256 *pixels*.

O Macintosh atraiu a atenção de Steve Jobs, que, em janeiro de 1981, tomou a direção do projeto, forçando a saída de Jef Raskin.

O Macintosh foi lançado, então, em janeiro de 1984, com 128 KB de memória (por isso o nome Macintosh 128k), e utilizava o sistema operacional chamado de Mac OS.

A origem do nome Macintosh, que atualmente é um sucesso de mercado, vem de McIntosh, um tipo de maçã produzida no Canadá.

FONTES *BITMAP*: FORMADAS POR PONTOS. QUANTO MAIOR DPI, MELHOR RESOLUÇÃO

Também conhecidas como T-1 (*Type One*) ou PS-1. O *type one* foi um dos formatos baseados na linguagem *postscript* que prosperou dentre muitos que surgiram no decorrer dos anos.

Nessa linguagem, as fontes dividem-se em *screen fonts* (fontes de tela) e *printer fonts* (fontes de impressão). As fontes de tela são compostas por pontos, ou seja, são *bitmap* e servem para visualização no monitor. As fontes de impressão são vetoriais, formadas por curvas, ou seja, a definição das formas das letras é realizada pela articulação dos pontos por meio de curvas geradas por técnicas algébricas.

Após cerca de uma década sem concorrência para a Adobe System nessa área, surgiu o formato *truetype* (TT), que também se baseia em curvas para definir o desenho das letras. Desenvolvido em conjunto pela Apple e pela Microsoft (embora a versão para Mac OS seja incompatível com a versão para Windows), as informações de tela e impressão, ao contrário do *postscript*, estão codificadas em um único arquivo.

A diferença mais significativa entre as extensões *postscript* e *truetype* é que as curvas do primeiro são cúbicas e as do *truetype* são quadráticas.

MESMO DESENHO EM CURVA CÚBICA E QUADRÁTICA: OS PONTOS FINAIS SÃO REPRESENTADOS POR QUADRADOS E OS DE CONTROLE, POR CÍRCULOS

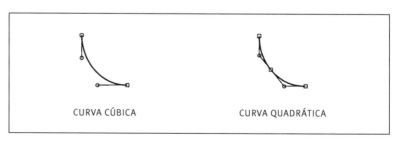

CURVA CÚBICA CURVA QUADRÁTICA

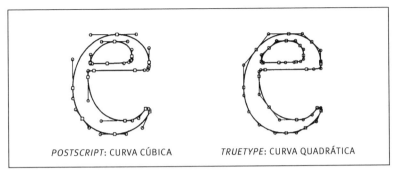

POSTSCRIPT: CURVA CÚBICA   TRUETYPE: CURVA QUADRÁTICA

CODIFICADO EM *POSTSCRIPT*, O PRIMEIRO DESENHO É COMPOSTO POR 18 CURVAS CÚBICAS E 60 PONTOS. EM *TRUETYPE*, O MESMO DESENHO CONTÉM 23 CURVAS QUADRÁTICAS E 52 PONTOS

As curvas quadráticas (TT) necessitam de um número menor de pontos para representar um desenho do que as cúbicas (PS). Por outro lado, cada curva quadrática é definida por um número maior de curvas em relação a uma cúbica. A maioria dos *softwares* de desenho de tipos utiliza a curva cúbica para compor os traços.

As linguagens *postscript* (PS) e *truetype* (TT) fundem-se em um novo formato chamado *opentype* (OT), criado pela parceria da Adobe System com a Microsoft. Nesse formato, as formas podem ser descritas tanto em curvas cúbicas quanto quadráticas, ou seja, podem ser PS ou TT nas plataformas Mac e Windows. O formato *opentype* possibilita um conjunto de caracteres com múltiplas codificações, por exemplo, vários estilos de algarismos ou diferentes desenhos de versaletes numa mesma fonte. Isso é possível porque o formato OT se baseia em Unicode, ou seja, armazena 16 *bits* de informação por caractere (2^{16} = 65.536 caracteres); enquanto numa fonte PS ou TT cada caractere é composto por 8 *bits*, permitindo utilizar um total de apenas 256 (2^8) caracteres.

Contudo, para garantir o uso de toda essa variação que a fonte OT oferece, o programa de composição deve comportar esse tipo de linguagem, caso contrário, as qualidades da OT desaparecem e ela passa a ter as características de uma fonte PS ou TT.

Atualmente, muitas fontes estão disponíveis no formato *postscript* (PS, T-1 ou PS-1), *truetype* (TT) e *opentype* (OT), contribuindo assim para a evolução da tipografia digital.

AS CORES

AS CORES SÃO AÇÕES E PAIXÕES DA LUZ.
JOHANN WOLFGANG VON GOETHE (1749-1832)

3

As cores são uma das ferramentas mais importantes no design gráfico, pois são capazes de transmitir sensações de diferentes formas: sutil, marcante, provocativa. Para realmente serem eficientes e transmitir um conceito, as cores devem ser aplicadas de forma objetiva.

A simbologia da cor, assim como em outros códigos adotados na sociedade, é resultado da utilização consciente de determinados valores. Quanto mais se utiliza um código ou um símbolo, mais popular e acessível ele se torna. Códigos significativos e duradouros representam uma maneira eficiente de comunicação e representação. Desde os povos mais antigos, o vermelho, por exemplo, lembra o fogo, o sangue, a paixão e remete à força ou à morte. Já a associação do amarelo com o sol, o ouro, traz a ideia de riqueza, de poder. A simbologia do branco nos leva à paz, à pureza e à tranquilidade. Esse reconhecimento universal das cores deve situar-se acima do gosto pessoal do designer gráfico.

O designer deve considerar também a capacidade das cores de alterar o comportamento humano. Por atuarem diretamente no sistema nervoso, provocam emoções e sensações diversas nas pessoas. A primeira sensação de cor, anterior ao entendimento intelectual, acontece no sistema límbico, onde surgem as respostas emocionais, que está relacionado à motivação física e psicológica.

▶ TESTES DE PERSONALIDADE

Os métodos criados pelos psiquiatras Hermann Rorschach e Max Pfister – Psicodiagnóstico e o Teste das Pirâmides Coloridas, respectivamente – interpretam as preferências pelas cores para se chegar a uma projeção da personalidade do paciente.

Nascido em Zurique, Hermann Rorschach (1844-1922) desenvolveu o Teste de Rorschach, publicado pouco antes de sua morte no livro *Psychodiagnostik* (Psicodiagnóstico). Nessa obra, Rorschach se aprofunda no significado psicológico de interpretações de determinadas manchas de tinta.

Já o Teste das Pirâmides Coloridas, outro método que se baseou na interpretação das cores para o tratamento psiquiátrico, foi desenvolvido pelo suíço Max Pfister, em 1948. Nesse método, o autor refere-se ao valor sintomático das cores e suas relações com estados emocionais dos avaliados.

Considerado um teste de manejo simples, o método foi publicado com adaptações no Brasil em 1966 pelo professor Fernando de Villemor Amaral.

Resumidamente, em ambos os testes, chegou-se à conclusão de que: o vermelho está relacionado com as necessidades afetivas; o azul revela uma disposição das funções emocionais e intelectuais, evidenciadas pela racionalização ou sublimação e a capacidade de intuição; o amarelo corresponde à capacidade de a pessoa adotar uma linha de ação, ter disposição afetiva e iniciativa; o laranja representa a vontade deliberada de entrar em ação, agir imediatamente; o verde revela o grau de adaptação ao ambiente; o violeta demonstra a busca do equilíbrio entre o pensar e o agir; as cores acromáticas (branco, preto e cinza) estão ligadas ao inconsciente: o branco simboliza a carência afetiva, a solidão e o vazio interior; o preto denota depressão, introversão doentia; e, por último, o cinza remete à fuga da realidade e à repressão.

A energia eletromagnética da cor interage com órgãos que regulam o sistema endócrino e as funções dos sistemas nervosos simpático e parassimpático, que, por sua vez, controlam por exemplo a fome, a sede e o sexo.

A relação fisiológica e psicológica das cores tornou-se objeto de estudo e pesquisa no mundo todo. Desprezar a força que as cores exercem no ser humano é um desperdício.

Além do conhecimento da simbologia e do poder de ação das cores, é preciso entender a influência que uma cor exerce na outra quando trabalhadas em conjunto. As características das cores mudam de acordo com o contexto em que estão inseridas. Por exemplo: o laranja, quando isolado, é uma cor quente, mas se aplicado com o vermelho vivo, que é ainda mais quente, torna-se "menos quente" e, dessa forma, perde sua força no conjunto. Mas quando disposto ao lado do azul, uma cor fria, o mesmo laranja torna-se ainda mais quente e, consequentemente, ganha força nesse todo. A esse fenômeno deu-se o nome de "relatividade das cores".

Veja como os laranjas parecem ser diferentes, mas são idênticos.

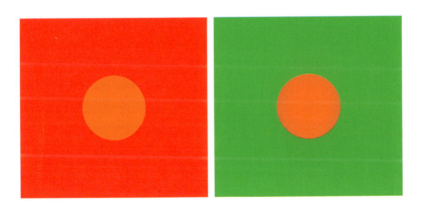

O domínio da utilização das cores e a influência que cada uma exerce na outra – a relatividade das cores – é fundamental para o exercício criativo de uma boa comunicação.

Dimensões

As cores foram classificadas em três dimensões: tom, valor (luminosidade ou brilho) e saturação (croma ou pureza). Para representar essa classificação existem vários esquemas, como o triângulo das cores de Goethe, a pirâmide de Lambert e a árvore de Munsell.

Todos esses esquemas se baseiam no mesmo princípio. O eixo vertical representa as escalas de valores acromáticos: o branco na parte superior escurece gradativamente até o preto, na parte inferior. O círculo correspondente ao equador contém a escala dos diferentes tons que compõem o sistema. Cada uma das seções horizontais do sólido apresenta os valores cromáticos em um nível de luminosidade: quanto mais afastado do eixo central, mais saturada será a cor; quanto mais próximo, mais misturada com cinza de mesmo valor e, portanto, mais neutra.

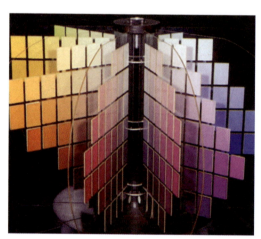

ÁRVORE DE MUNSELL: UM DOS ESQUEMAS UTILIZADOS PARA REPRESENTAR A CLASSIFICAÇÃO DAS CORES

As três dimensões das cores são:
Tom: matiz, a qualidade que distingue uma cor de outra. Por exemplo, amarelo, magenta e ciano são tons distintos.

Valor: corresponde ao grau de luminosidade. Todas as cores podem ser clareadas com o branco (mais luminosidade) e escurecidas com o preto (menos luminosidade). Pode-se elaborar, para cada cor, uma escala tonal com diferentes valores, que dependem da quantidade do branco ou do preto que será misturada na cor, passando por todas as escalas de cinza. Por apresentar maior quantidade de branco, por exemplo, um vermelho-claro tem mais luminosidade – ou valor – do que um vermelho-escuro.

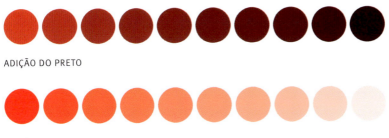

ADIÇÃO DO PRETO

ADIÇÃO DO BRANCO

Saturação: corresponde ao grau de pureza ou croma de uma cor. Quanto mais pura e saturada, mais viva é a cor. Da mesma forma, quanto mais dessaturada uma cor, mais opaca e acinzentada ela se tornará. Cores acinzentadas ou dessaturadas, chamadas tons pastel, contêm em sua mistura boa parte de branco e de preto ou da sua cor complementar.

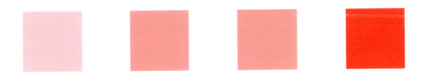

Classificação

PRIMÁRIAS, SECUNDÁRIAS E TERCIÁRIAS

Todos os objetos físicos contêm diferentes matizes, característica que define e distingue os corpos. Cada matiz é, de fato, uma sensação provocada pela ação da luz em um objeto físico sobre os olhos, o aparelho receptor. A cor, portanto, não tem existência material. Só podemos percebê-las se houver luz.

A absorção e a reflexão dos raios luminosos da luz branca por determinado objeto é um processo físico-químico que possibilita enxergar as coisas ao nosso redor. Um objeto vermelho, por exemplo, absorve os raios azul e verde da luz branca e reflete o raio vermelho. Assim, enxergamos esse objeto como sendo vermelho.

O mesmo acontece com todas as outras cores: elas absorvem os raios que não comportam em seu matiz e refletem aqueles que se encontram na composição da luz que as iluminam.

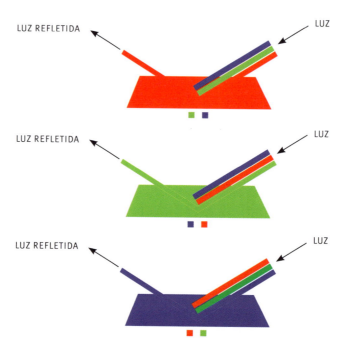

O vermelho, como todas as outras cores, é um matiz que causa a sensação cor vermelho quando há estímulo luminoso. Na linguagem corrente, designamos a palavra cor tanto para a sensação (percepção do fenômeno) quanto para a característica dos corpos (matiz/tom).

As cores são classificadas como primárias, secundárias e terciárias. Segundo a teoria das cores, por meio das cores primárias pode--se chegar a qualquer cor.

Primárias: são cores puras, básicas. Por não conter misturas, são as cores mais fortes da roda de cores. Quanto mais mistura há em uma cor, mais neutra ela se torna e, como consequência, perde a força.

Secundárias: são cores geradas a partir da combinação de duas primárias. São também cores fortes por apresentarem apenas duas misturas.

Terciárias: são as intermediárias entre uma cor secundária somada com qualquer uma das duas primárias que lhe dão origem. Também chamadas de cinza cromático, são importantes na harmonia da cor, pois são cores neutras e, portanto, criam menos contraste com outras cores ou entre si. Por serem neutras, passam despercebidas por nosso olhar, não chamando muita atenção como as cores primárias e as secundárias. A importância das cores neutras em um trabalho de design gráfico encontra-se em realçar outra cor que esteja a seu lado e acalmar o olhar depois de um estímulo de cor.

COR-PIGMENTO E COR-LUZ

Existem duas maneiras de se tratar a cor: cor-luz e cor-pigmento.

A cor-luz é a radiação luminosa visível. Sua melhor expressão é a luz solar, por reunir de forma equilibrada todos os matizes existentes na natureza. A cor-luz pode ser vista também em objetos que emitem luz, como televisores e monitores de computador, cujos sistemas são chamados RGB (*red, green, blue* – vermelho, verde, azul). Somadas, as cores-luz geram o branco (síntese aditiva). Por esse motivo, a luz branca pode ser decomposta em todas as cores por meio de um prisma transparente.

Sendo o branco a soma das cores-luz ou a luz pura, o preto é a ausência total de luz, o que faz com que nele não se reflita nenhuma cor. Portanto, o branco e o preto não são exatamente cores, mas características da luz, que convencionamos chamar de cor.

As primárias das cores-luz são o vermelho, o verde e o azul. Suas secundárias são:
- ciano (verde + azul)
- magenta (azul + vermelho)
- amarelo (vermelho + verde)

As secundárias das cores-luz e o preto correspondem ao sistema CMYK (*cyan, magenta, yellow, black*) de impressão.

PRIMÁRIAS E SECUNDÁRIAS DAS CORES-LUZ

PRIMÁRIAS E SECUNDÁRIAS DAS CORES-PIGMENTO OPACAS

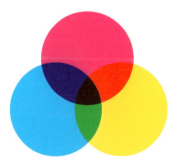

PRIMÁRIAS E SECUNDÁRIAS DAS CORES-PIGMENTO TRANSPARENTES

A cor-pigmento, utilizada amplamente em artes plásticas e artes gráficas, é a substância material que, conforme sua natureza, absorve, refrata ou reflete os raios luminosos. São, portanto, as cores que vemos em objetos não emissores de luz, as cores que enxergamos impressas em todos os lugares. A luz se reflete nos objetos e por isso somos capazes de ver o colorido. Sendo assim, tudo o que enxergamos é luz refletida. Somadas, as cores-pigmento geram o preto turvo (síntese subtrativa).

A cor-pigmento pode ser classificada como opaca ou transparente. A cor opaca – ou cor tinta – é usada por todos que trabalham com substâncias corantes opacas, por exemplo, artistas plásticos que fazem uso da tinta óleo ou acrílica. A cor-pigmento transparente destina-se a todos que utilizam a transparência na composição das cores, como o sistema de impressão com retículas em artes gráficas e a aquarela – tinta à base de água – em artes plásticas.

As primárias das cores-pigmento opacas são o vermelho, o amarelo e o azul. As secundárias são:
- laranja (vermelho + amarelo)
- roxo (vermelho + azul)
- verde (azul + amarelo)

As primárias das cores-pigmento transparentes são o magenta, o amarelo e o ciano. Com a adição do preto, essas primárias formam o sistema CMYK de impressão industrial. As secundárias são:
- vermelho (magenta + amarelo)
- roxo (magenta + ciano)
- verde (ciano + amarelo)

O disco cromático, também chamado roda de cores, não é um instrumento científico de classificação de cores, mas é útil no entendimento da teoria das cores. Ele mostra o círculo com as doze cores-pigmento primárias, secundárias e terciárias. Do lado esquerdo situam-se as cores frias e do lado oposto, as quentes.

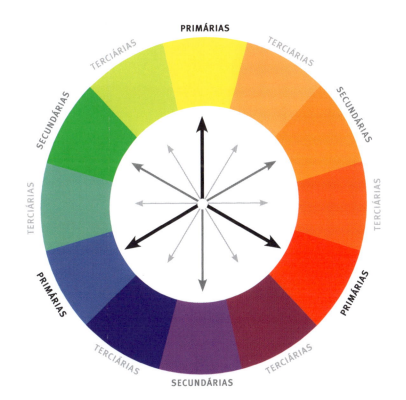

RODA DE CORES OPACAS: AS PRIMÁRIAS DAS CORES-PIGMENTO OPACAS SÃO O VERMELHO, O AMARELO E O AZUL

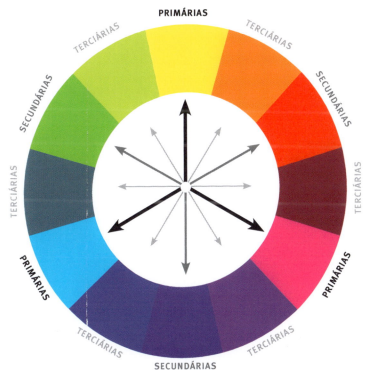

RODA DE CORES TRANSPARENTES: AS PRIMÁRIAS DAS CORES-PIGMENTO TRANSPARENTES SÃO O MAGENTA, O AMARELO E O CIANO

AS CORES

CORES COMPLEMENTARES

As complementares são as cores que ocupam lugares opostos na roda de cores. Sendo assim, a cor que está em oposição a uma cor primária é sempre uma cor secundária complementar a ela. Por exemplo, o amarelo e o violeta são cores complementares, opostos maiores na roda de cores, assim como o verde e o vermelho, o azul e o laranja.

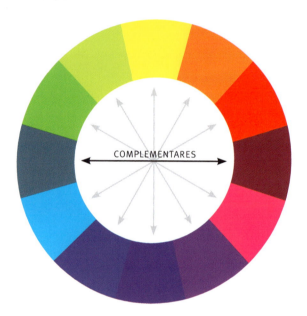

Os opostos apresentam maior contraste entre si. Quando justapostas, as complementares intensificam-se ao máximo. O máximo contraste de cores pode ser utilizado para equilibrar uma página ou destacar elementos, mas também pode ser um desastre se usado sem o planejamento adequado. Se colocarmos um texto em vermelho sobre um fundo verde, por exemplo, a legibilidade fica prejudicada, mesmo que o corpo do texto seja absolutamente legível. No entanto, isso não ocorre com todas as complementares: no caso do amarelo e do violeta, por exemplo, o resultado é diferente.

Ento molupta nisit, omnimus am, sent eos mincim eum ut qui ducitaquam que aliae volores et faccae nesed ma porrumquo bea con none conseque viti re, quos estem eatecerovid quodis repre, sitas a con et volorro iusa sus.

Ento molupta nisit, omnimus am, sent eos mincim eum ut qui ducitaquam que aliae volores et faccae nesed ma porrumquo bea con none conseque viti re, quos estem eatecerovid quodis repre, sitas a con et volorro iusa sus.

Na mistura física da composição de cores, as complementares neutralizam-se entre si. Sendo assim, para retirar a potência de um amarelo, por exemplo, basta acrescentar-lhe certa quantidade de violeta: tem-se uma nova cor, um amarelo mais neutro, com menos força. Ao misturarmos duas complementares em proporções iguais, teremos um tom acinzentado, ou seja, elas se anulam.

CORES ANALÓGICAS

São as cores que apresentam uma mesma cor básica, fazem parte de uma mesma "família" de tons. Por exemplo, as cores que estão entre as cores básicas amarelo e vermelho são cores analógicas: amarelo-ouro, laranja e laranja-avermelhado. Elas apresentam baixo contraste entre si e causam a sensação de harmonia e uniformidade em uma página.

CORES QUENTES E CORES FRIAS

As cores possuem "temperaturas" diferenciadas que produzem efeitos diversos sobre o sistema nervoso do observador. As cores quentes são psicologicamente dinâmicas e estimulantes. Sugerem vitalidade, alegria, excitação e movimento. Pela grande luminosidade que apresentam, as figuras nas cores quentes parecem maiores do que realmente são e, por isso, conotam proximidade. Assim, "avançam" em nossa direção, estimulando a sensação de carinho e aproximação. São elas o vermelho, o amarelo e as demais cores em que elas predominam.

As cores frias são calmantes, tranquilizantes, suaves e estáticas. Sugerem distanciamento e seriedade. Pela baixa luminosidade que apresentam, figuras nas cores frias aparentam ser menores do que realmente são e, assim, sugerem distanciamento e impessoalidade. Azul, verde e todas as cores em que predominam são consideradas cores frias.

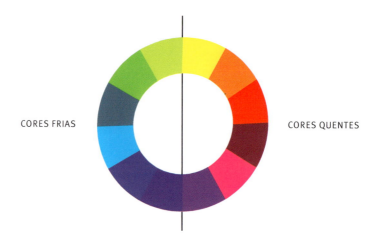

Apesar dessa divisão, há que se considerar que, quando há mais de uma cor que exerça força em uma composição, a temperatura da cor pode mudar. Por exemplo: um verde-limão em uma escala de amarelos e vermelhos parecerá frio. Já o mesmo verde-limão em uma escala de azuis parecerá quente.

O MESMO VERDE EM ESCALAS DIFERENTES – UMA QUENTE E OUTRA FRIA – PARECE MUDAR DE TEMPERATURA

Portanto, o valor exato de uma cor é relativo e depende do contexto colorístico em que esteja inserido.

A sensação de proximidade e de distanciamento das cores se dá por um processo fisiológico em nosso cérebro, chamado "tempo de latência". É o tempo mínimo necessário de que nosso cérebro necessita para a percepção visual de qualquer objeto. As cores quentes apresentam tempo de latência menor do que as cores frias, e por isso são percebidas mais rapidamente.

▶ LATÊNCIA

A percepção visual não é imediata. Para a captação de uma imagem é necessário o tempo de latência, período que uma mensagem demora para atravessar um sistema, ou seja, do momento em que a informação é vista pela retina até o seu envio ao cérebro. Esse tempo de latência varia de acordo com as cores.

As cores quentes demandam tempo de latência menor do que as cores frias, porque o comprimento de suas ondas é maior. Dessa forma, são percebidas mais rapidamente.

O vermelho apresenta o maior comprimento de onda do espectro colorístico: aproximadamente 700 milimícrons (unidade de comprimento, equivalente à milésima parte de 1 mícron). Já na extremidade oposta do espectro, encontra-se o violeta, com o menor comprimento de onda: cerca de 400 milimícrons.

   Um exemplo disso é o "fenômeno dos corações flutuantes" (abaixo), de Hermann Helmholtz (1821-1894), médico e físico alemão que estudou esse conceito e o comprovou com um desenho de pequenos corações vermelhos pintados sobre um fundo azul. Os diferentes tempos de latência do vermelho e do azul provocam um descompasso que cria a sensação de flutuação dos corações.

Combinação

Não existem regras prontas a seguir quando se trata de combinação de cores em design gráfico, pois cada trabalho tem um objetivo diferente, que deve ser analisado e sentido de forma única. Há, no entanto, vários tipos de combinações de cores que devem ser utilizadas de maneira consciente para representar o produto ou o conteúdo de um trabalho.

Uma vez escolhido o tipo de combinação, o próximo passo é chegar na cor e no contraste corretos. É possível alcançar mais de um resultado eficiente.

Johannes Itten (1888-1967), professor da escola Bauhaus, desenvolveu um esquema de combinação de cores definido pela disposição de figuras geométricas no círculo cromático: quadrado, retângulo e triângulo. O círculo cromático utilizado para esses esquemas de combinações foi o de cores transparentes, cujas primárias são o magenta, o amarelo e o ciano.

Quadrado: combinações com muito contraste, por trabalhar somente com cores complementares diretas em pontos equidistantes no círculo cromático.

Retângulo: combinações entre duas duplas de cores com baixo contraste e suas respectivas complementares. Essa combinação é balanceada, pois apresenta o alto contraste das duas complementares e, ao mesmo tempo, o baixo contraste entre as outras duas cores.

Triângulo equilátero: essa combinação consiste no uso de três cores equidistantes umas das outras no círculo cromático. Mesmo sem o uso de suas complementares diretas, também apresentam grande contraste.

Triângulo isósceles: usam-se as duas cores vizinhas da complementar direta no círculo cromático. Esse contraste é mais suave do que o das complementares diretas, pois duas cores dessa combinação têm baixo contraste entre si.

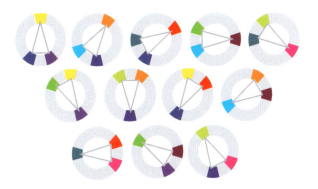

Combinações uniformes com baixo contraste podem ser feitas com cores análogas (da mesma família) ou com a variação de luminosidade de uma só cor.

Analógica: combinação entre cores que tenham a influência de uma só cor dominante básica. Possui baixo contraste entre as cores, já que todas pertencem a uma mesma "família". Uma composição com essas cores pode ficar elegante, porém deve-se tomar cuidado para não deixá-la monótona.

Monocromática: combinação entre diferentes porcentagens de uma mesa cor. Não possui contraste de cor, já que não há combinação com outra cor, mas apresenta contraste de luminosidade, o que gera a sensação de homogeneidade em uma composição.

A sensação de profundidade se dá com a variação da porcentagem da cor. Quanto maior a porcentagem da cor de um objeto, mais distante esse lhe parecerá. Relativamente, quanto menor a porcentagem de uma cor, mais próximo o objeto lhe parecerá.

Na composição monocromática de quatro tons, a cor mais escura representa a sobreposição das quatro camadas, dando a impressão de estar mais distante.

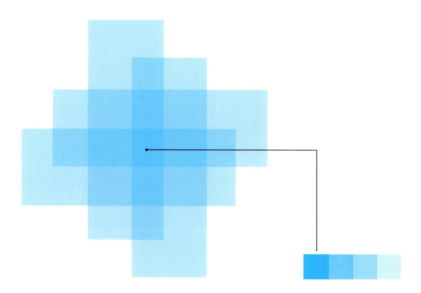

A percepção espacial é um dado importante a ser considerado na escolha do tipo de combinação para um trabalho. De acordo com sua coloração, os objetos parecem estar em níveis de proximidade diferentes.

O alemão Josef Albers (1888-1976), em seu livro *Interaction of Color* (1975, p. 31), acredita que "com uma sensibilidade mais desenvolvida para misturas, descobre-se que a distância, a proximidade e a equidistância entre as cores podem ser reconhecidas pelas margens entre a cor da mistura e as cores que a originaram".

Os intervalos curtos revelam proximidade por apresentarem baixo contraste entre si. Já os grandes intervalos, pelo maior contraste, dão a sensação de estar mais distantes. Dessa forma, é possível, por meio das cores, proporcionar a noção de espaço e de profundidade em um plano bidimensional.

Relatividade

Nossos olhos adaptam-se ao ambiente em que nos encontramos, independentemente se há luz natural ou artificial, seja ela amarela, azul ou violetada. Quanto maior o tempo de exposição a determinada cor, nossa vista fica mais adaptada, tornando-se mais sensível à cor complementar da primeira. Isso acontece porque a retina, quando saturada pelo efeito de uma cor, busca espontaneamente o equilíbrio, o conforto visual, com sua cor contrária, sua complementar. É um processo natural de dessaturação da cor pela retina.

Assim, todas as cores, quando combinadas, causam efeitos mútuos, o que pode alterar as características quando vistas isoladamente. Por isso, o contexto no qual as cores estão inseridas em um trabalho é tão importante.

A partir do conceito de relatividade das cores, da influência que uma exerce na outra, e de como isso afeta nosso olhar, podemos criar vários tipos de contrastes e, assim, transmitir a mensagem de maneira eficiente ao observador.

O alto contraste é capaz de proporcionar saltos ou súbitas interrupções no curso, na direção e na velocidade visual, dando movimento e criando focos e tensão espacial em uma composição. Por outro lado, quando o contraste é baixo, formam-se sequências rítmicas lentas, diminuindo a velocidade e o dinamismo do olhar.

Ter controle dessa ferramenta é, portanto, essencial para direcionar o olhar do leitor, hierarquizar os elementos em uma página e controlar – ou descontrolar, se esse for o objetivo – o conforto visual em um trabalho.

Contraste simultâneo: esta é a expressão que serve para designar a modificação que duas ou mais cores sofrem no seu tom ou valor, quando observadas simultaneamente. Uma cor interfere na percepção da outra e vice-versa. Quando se trata de duas complementares justapostas, elas mutuamente se intensificam.

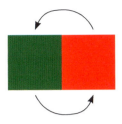

Ao observarmos uma cor, o olho busca o seu complemento, a cor oposta, para a harmonia visual. Por esse motivo, se olharmos para um verde ao lado de um cinza neutro, por exemplo, o cinza parecerá avermelhado. Da mesma forma que se colocarmos um vermelho ao lado do cinza neutro esse mesmo cinza parecerá esverdeado.

Contraste sucessivo: dá-se esta designação ao fenômeno de ilusão óptica que se produz quando, ao olhar determinada cor durante certo tempo, distingue-se a formação da sua complementar em uma superfície branca ou neutra. É o que chamamos de pós--imagem ou imagem posterior, mecanismo fisiológico que ocorre devido à saturação da retina.

Na prática: olhe fixamente por 40 segundos o quadrado vermelho na página 194 a uma distância de 30 centímetros. Depois, olhe o espaço em branco abaixo dele. Surgirá o mesmo quadrado, a imagem posterior, mas na cor verde. Isso acontece porque a retina foi saturada pelo efeito do vermelho e então busca o equilíbrio, uma forma de dessaturação, com o verde, a cor complementar ao vermelho.

Essa saturação que origina imagens posteriores acontece também simultaneamente com várias cores. Faça o mesmo procedimento de olhar fixamente por 40 segundos para a bandeira do Brasil (página 195). Após 40 segundos, ao olhar para o espaço em branco, as cores corretas da bandeira se formarão.

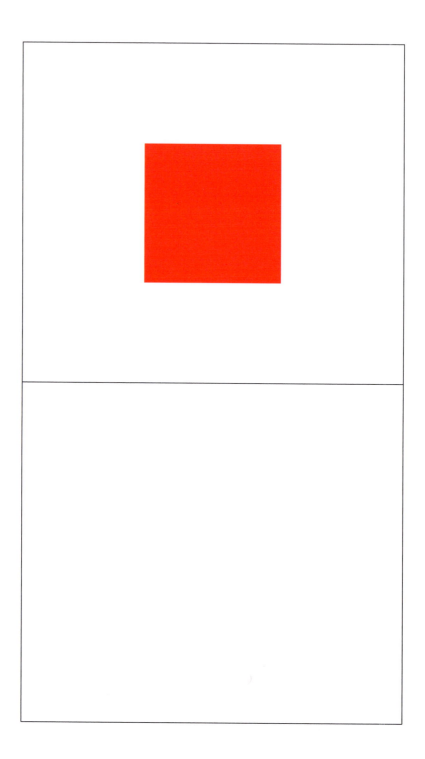

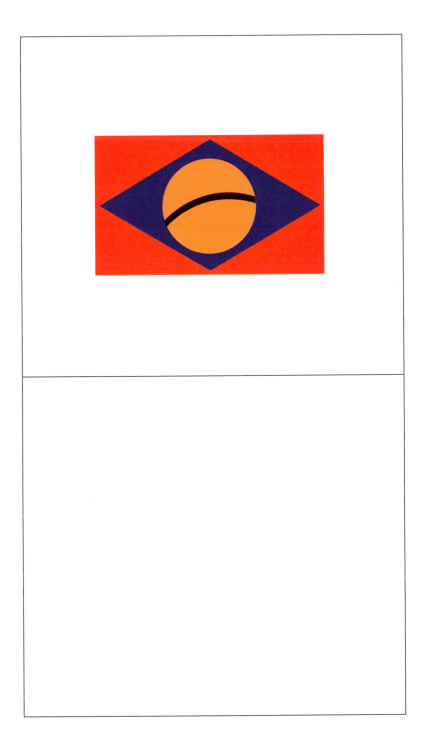

AS CORES

Contraste de temperatura: a temperatura de uma cor varia de acordo com o contexto em que está inserida. Por exemplo, um roxo ao lado de um grupo de tons azuis parecerá quente, já o mesmo roxo ao lado de tons vermelho-amarelados se tornará frio.

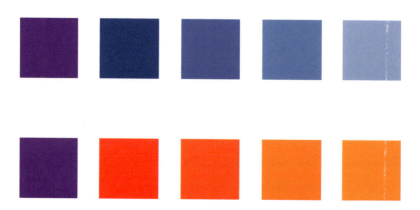

Quando um tom quente encontra-se em contraste com outro frio, o tom quente parece ainda mais quente e o tom frio, mais frio. O contraste máximo intensifica a temperatura das cores.

Da mesma forma que duas cores quentes sobrepostas tornam-se menos quentes mutuamente, isto é, perdem temperatura.

A luminosidade dos tons quentes proporciona a sensação de eles serem maiores do que realmente são. Assim, as figuras nesses tons aparentam estar mais próximas do que as de tons frios. Esse contraste de tons quentes e frios, do próximo e do distante, possibilita uma vibração rítmica de profundidade em um plano bidimensional.

Contraste de valores ou luminosidade: o preto, que representa a escuridão, mantém o olho em repouso. Por outro lado, o branco, representante da luz, o coloca em atividade. Quanto mais contraste entre o escuro e o claro, maior e mais eficiente a percepção simultânea do todo.

Uma cor clara sobre fundo escuro parecerá ainda mais clara, e uma cor escura sobre fundo claro parecerá ainda mais escura. Assim como uma mesma cor em um fundo branco parecerá mais escura do que em um fundo preto.

Uma figura em tom claro sobre fundo escuro parecerá maior quanto à área que ocupa do que a mesma figura em tom escuro sobre um fundo claro. Portanto, quanto mais clara e luminosa for uma figura, mais próxima lhe parecerá.

Contraste de saturação: cores puras e saturadas em contraste com cores opacas e desbotadas. As cores saturadas ficam mais vivas ao lado de cores dessaturadas, enquanto as cores opacas perdem ainda mais força ao lado de cores puras.

Contraste de quantidade ou extensão: as relações quantitativas das cores numa composição, ou seja, o espaço que cada cor ocupa de acordo com sua luminosidade. Uma cor mais luminosa, como o amarelo, quando combinada com outra cor mais escura, o violeta por exemplo, ocuparia um espaço menor em uma composição, se o objetivo for a harmonia visual. Portanto, para o equilíbrio visual, seria necessária uma parte do amarelo para cada três partes do violeta.

AMARELO : VIOLETA = 1 : 3

▶ LUMINOSIDADE DE GOETHE

Em sua teoria das cores, o filósofo alemão Johann Wolfgang von Goethe (1749-1832) interpreta que, para que haja equilíbrio e harmonia em uma composição, deve haver uma proporção entre as cores, e isso depende da luminosidade de cada uma delas. Quanto mais luminosa a cor, menos ela será utilizada na composição. Por exemplo, na figura abaixo, o amarelo, cor que apresenta maior luminosidade do que as outras, ocupa 17% do espaço. Já o azul preenche um espaço maior (47%) e o vermelho, 36%, respeitando a proporção de 3 : 6 : 8. No entanto, quando misturadas, as cores se equilibram.

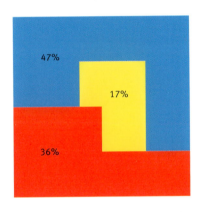
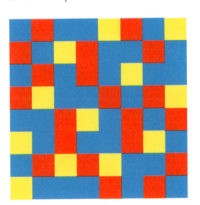

Proporção entre as cores primárias:
amarelo : vermelho : azul = 3 : 6 : 8

Proporção entre as cores complementares:
laranja : roxo : verde = 4 : 6 : 9

Escala de cores

Na indústria gráfica são utilizados dois sistemas de cores: a quadricromia (escala de cores CMYK) e a escala de cores especiais, por exemplo a Pantone.

QUADRICROMIA

A quadricromia (CMYK) é a escala cromática muito utilizada em impressões como, por exemplo, a *offset* (veja mais na página 276). É composta pelas cores-pigmento primárias transparentes: ciano, magenta e amarelo, mais o preto, que é essencial para dar contraste ao conjunto. A partir de porcentagens – ou *bendays* – e a combinação dessas quatro cores, é possível produzir uma gama enorme de cores e tonalidades.

O processo ocorre por meio da mistura óptica, ou seja, as cores primárias não foram misturadas fisicamente, mas impressas ponto a ponto (retículas), intercalados e imperceptíveis a olho nu. Com o auxílio de conta-fios (lente de aumento) é possível observar os pontos impressos. Por exemplo, os quadrados verdes impressos abaixo são compostos por pequenos pontos amarelos e azuis. As duas tintas que o compõem não foram misturadas de fato, mas sim impressas em pequenos pontos que parecem se misturar, formando então a cor verde. Esta é uma impressão, portanto, em duas cores (amarelo + azul).

100% DE COBERTURA DE TINTA: CHAPADO DO AZUL + AMARELO

70% DA COR ORIGINAL: APARECEM AS RETÍCULAS

30% DA COR ORIGINAL: OS PONTOS DE RETÍCULA FICAM MAIS SEPARADOS

As combinações de cores da quadricromia são apresentadas em tabelas de escalas cromáticas. De linguagem universal, as tabelas apresentam combinações de duas, três ou quatro cores.

Para a leitura de uma tabela de escala cromática, basta cruzar as colunas horizontais e verticais, além de considerar a(s) cor(es) fixa(s), se ela(s) existir(em). As cores na horizontal e na vertical são apresentadas gradualmente, em porcentagens de 10 ou 20.

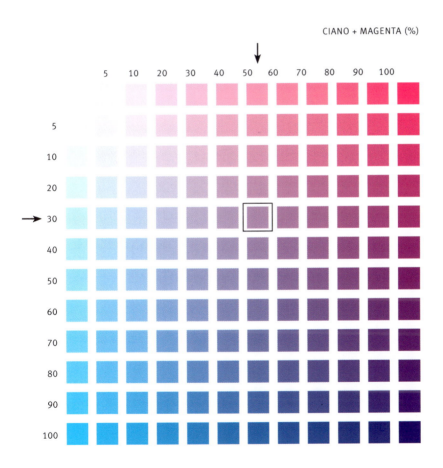

Numa tabela de duas cores, basta cruzar a linha horizontal e a vertical para se ter a porcentagem da cor. No exemplo abaixo (tabela do ciano + magenta), para se chegar na cor desejada basta aplicar 50% do magenta mais 30% do ciano.

Para leitura numa tabela de três cores, duas são variantes em porcentagem e uma cor é fixa. Por exemplo, na tabela a seguir, o amarelo é fixo em todas as combinações: 80%. Há sempre a indicação da porcentagem fixa da cor ao lado da tabela.

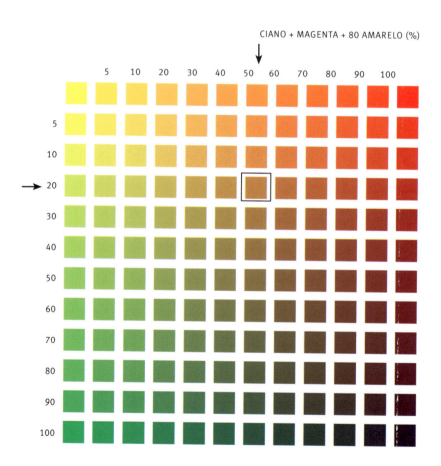

Assim, para compor a cor escolhida, aplica-se 20% de ciano mais 50% de magenta mais 80% de amarelo.

Em tabelas de composição com as quatro cores (escala CMYK), duas são variantes e duas são fixas. No exemplo a seguir, ciano e magenta variam, e o amarelo e preto são porcentagens fixas.

A cor escolhida abaixo é composta por 20% de ciano mais 30% de magenta mais 50% de amarelo mais 10% de preto.

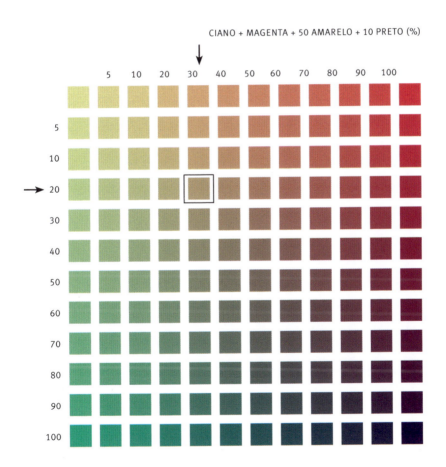

CORES ESPECIAIS

Na impressão *offset*, o sistema de cores especiais acontece, assim como na quadricromia, por meio de retículas. A diferença está na mistura da cor. Enquanto na quadricromia a mistura das cores é óptica, no sistema de cores especiais a mistura acontece fisicamente, por meio dos pigmentos. É o chamado processo de mistura pigmentar, no qual as cores são formadas por porcentagens de outras cores.

Por exemplo, nos quadrados verdes a seguir, a cor foi composta fisicamente pela mistura dos pigmentos amarelo e azul. Nessa impressão, os pontos são de cor verde. Se a porcentagem da cor for 100%, origina-se um chapado do verde com cobertura total da tinta, ou seja, ausência de pontos de retícula. Se for uma porcentagem da cor, os pontos de retícula intercalam-se com o fundo do papel, resultando em uma cor mais clara e luminosa. É uma impressão, portanto, em uma cor (verde).

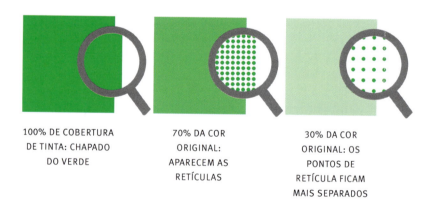

100% DE COBERTURA DE TINTA: CHAPADO DO VERDE

70% DA COR ORIGINAL: APARECEM AS RETÍCULAS

30% DA COR ORIGINAL: OS PONTOS DE RETÍCULA FICAM MAIS SEPARADOS

As cores de pigmento são ordenadas em mostruários, por nomes ou números. A mesma cor, de fabricantes diferentes, não é idêntica, pois cada um deles tem um sistema de mistura de porcentagens. Por isso, para a fidelidade de cor, é importante comprar a tinta escolhida de um único fabricante.

A escala Pantone é um exemplo de cores misturadas fisicamente. De uso internacional, o padrão de cores da escala Pantone é adotado por muitos fabricantes de tinta. Em seu catálogo, confeccionado a partir de 15 tintas básicas, existem cerca de 1.100 cores.

UM DOS MODELOS DE MOSTRUÁRIO DA ESCALA PANTONE: CADA COR TEM UM NÚMERO UNIVERSAL DE REFERÊNCIA

▶ PANTONE INC.

Fundada em 1962 por Lawrence Herbert, a Pantone Inc., sediada em Carlstadt, Nova Jersey, era uma pequena empresa que fabricava cartões de cores para empresas de cosméticos. Um ano depois, Herbert desenvolveria para a indústria gráfica os Guias Pantone, apresentados em forma de pequenos cartões de aproximadamente cinco centímetros, impressos num dos lados com uma mesma gama de cores. Por exemplo, uma página continha certo número de vermelhos variando em luminância, do claro ao escuro. Cada cor era descrita por um número, e os cartões formavam então um pequeno livro. Atualmente, a escala pantone é uma referência na mistura física dos pigmentos e a mais utilizada na indústria gráfica. No Brasil, o endereço do site da empresa é: www.pantonebr.com.br

As cores dessa escala não são possíveis de alcançar com a quadricromia, principalmente as fosforescentes, douradas ou prateadas.

As cores especiais, por adotarem um padrão internacional idêntico, são indicadas para manter a fidelidade da cor escolhida no decorrer de várias impressões em qualquer parte do mundo. O uso de cores especiais é grande, por exemplo, em logotipos, nos quais as cores devem ser fiéis para manter a identificação da marca.

A quadricromia e a escala de cor especial não são excludentes. É possível utilizá-las no mesmo trabalho. Em ambos os casos, é importante que o mostruário ou catálogo apresente tabelas de cores impressas em papel brilhante e fosco. Há variação em uma mesma cor impressa em superfícies diferentes. A escolha da cor deve ser feita, portanto, levando-se em conta o tipo de papel no qual será impresso o trabalho e sua gramatura.

DUOTONE, TRITONE E QUADTONE

Os sistemas de cores-pigmento ou da escala cromática permitem, a partir de uma imagem monocromática, por exemplo uma foto em preto e branco, a aplicação de impressões em tons: duotone (dois tons), tritone (três tons) e quadtone (quatro tons).

A imagem em duotone é composta por duas cores: uma mais escura e outra mais clara. A cor mais escura, também chamada de primária nessas composições, produz os meios-tons e ressalta as áreas mais escuras com os pontos de sombra um pouco maiores. O preto é muito utilizado como cor primária nesses casos. A cor mais clara não apresenta – ou apresenta muito pouco – pontos nas regiões de sombra, contudo, aparece nos meios-tons e realça as áreas mais claras com pontos também um pouco maiores.

Em imagens tritones, a imagem monocromática é composta por três cores. Assim como o duotone, o preto é também muito usado como cor primária. A imagem tritone é capaz de produzir grande gama de tons, de áreas claras às escuras, ricamente coloridas.

DUOTONE (À ESQUERDA):
A PARTIR DA IMAGEM ORIGINAL
MONOCROMÁTICA (ACIMA),
CRIOU-SE O DUOTONE COM
PRETO + AMARELO

TRITONE: PORCENTAGENS DE
PRETO + AMARELO + MAGENTA
COMPÕEM ESTA IMAGEM

QUADTONE: USO DO PRETO
COMO COR PRIMÁRIA +
AMARELO + MAGENTA + CIANO

Imagens em quadtone, impressas por quatro cores, atingem o máximo de tons possíveis a partir de uma composição monocromática. Com as quatro cores obtêm-se inúmeras possibilidades de tonalidades para uma mesma imagem.

Uma possibilidade de se formar o sépia, por exemplo, é o uso do quadtone com as quatro cores da escala CMYK, sendo o preto a cor primária.

O uso dessas aplicações é indicado para garantir o mesmo padrão de cor em diversas imagens de uma mesma publicação. Por exemplo, em um catálogo de uma exposição fotográfica, no qual as fotos devem manter um padrão visual, esse tipo de tratamento é recomendado.

NÚMERO DE CORES

Independentemente da escala de cor adotada, deve-se especificar o número de cores a ser impresso tanto na frente quanto no verso de uma publicação. Esse número de cores pode variar entre zero (nenhuma impressão) até dez cores.

Para especificar o número de cores de uma publicação, por exemplo, uma quadricromia impressa em ambos os lados do papel, usa-se a seguinte linguagem gráfica: 4 x 4 cores. O primeiro número é referente à quantidade de cores a ser impressa na frente da publicação. O segundo especifica o número de cores a ser impresso no verso. Outros exemplos:

- 2 x 0 cores: significa que a impressão acontece somente na frente do papel, com duas cores. O verso não é impresso.
- 1 x 1 cor: neste caso, a impressão acontece na frente e no verso do papel, com apenas uma cor.
- 5 x 5 cores: a impressão acontece na frente e no verso da publicação com cinco cores, que pode ser a quadricromia tradicional (quatro cores) mais uma cor especial (pantone).

Sensação e simbologia

Capazes de influenciar o humor das pessoas, causar conforto ou desconforto, acalmar ou causar agitação, as cores têm também uma simbologia que nasceu de analogias representativas dos povos primitivos. A variedade de significados de cada cor, ao longo dos anos, está relacionada diretamente com o nível de desenvolvimento social e cultural das sociedades que os criam. A criação dos símbolos e dos códigos em uma sociedade é um ato coletivo cuja função é facilitar a comunicação, a representação de ideias e de pensamentos.

As cores analisadas compõem o disco cromático das cores-pigmento opacas. São as primárias e suas respectivas complementares secundárias: azul e laranja; vermelho e verde; amarelo e violeta. Além dessas cores, são analisadas também o branco e o preto, que também possuem sua própria simbologia e influência sobre nós.

Branco: do ponto de vista físico, o branco é a soma de todas as cores--luz (síntese aditiva). Psicologicamente, é a ausência delas, o vazio interior, a carência afetiva e a solidão.

Em vários rituais místicos, o branco representa a transição do ser: a morte e o nascimento. No pensamento simbólico, a morte precede a vida, daí a representação do branco para a morte e o luto, simbologia empregada no Oriente e que, por muito tempo, também foi comum na Europa. O luto negro só se tornou usual por volta do século XVI.

O branco representa também a pureza e a higiene. Tradicionalmente, esse significado é representado em trajes da iniciação cristã da primeira comunhão e das noivas. A higiene é comprovada em roupas usadas por profissionais da saúde.

No século XX, o branco atinge o seu maior significado: a paz, principalmente entre os povos. Não por acaso, na bandeira da Organização das Nações Unidas (ONU), cujo fundo é azul claro, o traço do desenho é branco.

Por seu grande poder de reflexão, o branco causa a dispersão da atenção, da irritação e do ofuscamento dos olhos, despertando-os.

BANDEIRA DA ONU: SÍMBOLO DA PAZ ENTRE OS POVOS

Preto: ao contrário do branco, o preto inspira descanso aos olhos. Seu surgimento indica ausência de luz, é a soma de todas as cores--pigmento (síntese subtrativa).

O preto atinge seu máximo contraste com o branco. Quando misturado a cores claras, o preto rebaixa-as tornando-as "sujas". Já misturado com cores escuras, é capaz de intensificá-las, tornando--as mais sombrias e profundas.

Representante da sombra e do frio no Egito e no Norte da África, o preto era símbolo da fertilidade da terra.

Psicologicamente, o preto representa a tristeza, a angústia, o luto, a perda. Por sua simbologia com as trevas, também representa o céu noturno, o mal, a morte.

Nas artes gráficas, o preto é indispensável para dar contraste, níveis de luminosidade e vibração às outras cores.

O preto também remete à sobriedade e à elegância, principalmente no vestuário.

Azul: cor primária mais escura das cores-pigmento opacas, o azul tem analogia com o preto. Por ser a cor mais fria, quando misturadas com o azul, as cores perdem temperatura. Sua cor complementar é o laranja.

O azul corresponde a ondas de intensidade fraca, atua nos neurônios com suavidade, equilibrando-os. O contrário de uma cor estimulante, o azul transmite tranquilidade. Segundo a cromoterapia, o azul diminui o ritmo respiratório, reduz a tensão e acalma. Em excesso, leva à fadiga e à depressão.

O azul é a cor mais profunda de todas. Por isso é a cor da meditação, vinculada ao infinito e à transformação do real em imaginário, abrindo as portas do inconsciente e do pré-inconsciente.

Os egípcios consideravam o azul a cor da verdade. No budismo tibetano, o azul é a cor da sabedoria transcendental que abre o caminho para a libertação.

O céu azul representa a plenitude da busca humana de um lugar em que a perfeição do espírito seja possível. Sendo assim, o azul torna-se inacessível e atinge o nível do inconsciente.

Pela conotação de superioridade em relação às outras cores, o azul foi escolhido como representante da nobreza, originando a expressão "sangue azul". Essa expressão, originada na Europa renascentista, era usada para designar pessoas ricas ou de sangue nobre.

Justiça, intelectualidade, lealdade e fidelidade são conceitos também relacionados ao azul.

Laranja: cor-pigmento opaca secundária e complementar ao azul, o laranja é formado pelas primárias amarelo e vermelho.

Cor de temperatura quente do espectro colorístico, o laranja reúne as propriedades das primárias que a compõem: é alegre, espontânea e viva. Um objeto ou figura com essa cor causa a sensação de proximidade, parecendo ser maior do que realmente é. Por ser muito luminoso, o laranja tem o poder de dispersão.

Na mistura com o preto, o laranja torna-se queimado. Escurecido com o vermelho, torna-se mais agressivo e enérgico. Clareado com o amarelo, ganha luminosidade, vibração e perde consistência. Dessaturado com o branco, o laranja ganha luminosidade e gera uma gama agradável de tons pastel.

A simbologia do laranja, no equilíbrio das cores que o formam, é também resultado do equilíbrio dos conceitos como o espírito e a libido. Representa, por um lado, o amor divino e a fidelidade. Por outro, a luxúria, a infidelidade, a instabilidade e a dissimulação.

Vermelho: cor quente mais saturada de todas, o vermelho constitui uma das primárias das cores-pigmento opacas e sua complementar é o verde.

Por seu alto grau de saturação, o vermelho traz maior visibilidade e é mais rapidamente percebido pelos olhos. É a única cor que, ao ser clareada, perde suas características essenciais. Quando escurecida, gera os tons marrom avermelhados ou cor terra.

Quando aplicada sobre fundo preto, o vermelho ganha energia e força, pois funciona como área luminosa. No fundo branco, torna-se mais escuro. Ao lado do verde, forma a dupla de complementares mais vibrante do círculo cromático.

Na mistura com o azul, na porcentagem de $2/3$ de vermelho com $1/3$ de azul, resulta na cor púrpura. Na indústria gráfica, na qual utilizam-se cores-pigmento transparentes (ciano, magenta, amarelo e preto), o vermelho dá lugar ao magenta, que, por sua vez, é mais próximo do púrpura do que do próprio vermelho.

Uma cor significativa para muitos povos, o vermelho, a cor do fogo e do sangue, está relacionado com o princípio da vida, com o amor ardente. No Oriente, o vermelho remete ao calor, à intensidade, à ação, à paixão. No Japão, é o símbolo da sinceridade e da felicidade.

Ideologicamente, o vermelho simboliza a revolução proletária. O vermelho simboliza também o perigo: por sua capacidade de penetrar profundamente na neblina e na escuridão, o vermelho é usado em todas as luzes de alarme e de sinalização.

O vermelho está relacionado com energia, intensidade, força física e vitalidade. Desperta a impulsividade por ser estimulante e dinâmico.

Verde: a complementar do vermelho em cor-pigmento opaca, o verde é uma cor secundária, formado pela mistura do amarelo e do azul. As características opostas das duas cores que o compõem – claridade e obscuridade; calor e frio; aproximação e afastamento; expansividade e introspecção – anulam-se e dão lugar a uma cor repousante.

O verde torna-se acinzentado quando misturado ao preto. Com o branco, ganha luminosidade. O verde e o azul podem gerar infinitas possibilidades de enriquecimento cromático. Com o amarelo, o verde torna-se mais ativo.

O verde remete à esperança, à longevidade e à imortalidade. As forças opostas Yin e Yang são representadas pelo vermelho e verde, respectivamente. Na China, o equilíbrio entre essas forças significa a harmonia do homem com a natureza. No Islã, o verde era a cor do conhecimento, dos profetas. Na Idade Média, o verde tinha significados contraditórios. Acreditava-se que o verde era capaz de portar poderes maléficos.

Por remeter à saúde, ao bem-estar e à cura, o verde é muito usado na indústria farmacêutica.

Pela capacidade de gerar grande gama de cores em mistura com o azul e o amarelo, o verde alcança condições para atuar no ramo de decoração de interiores. Quando claro, seu poder tranquilizante e sedativo possibilita o uso concomitante de cores mais fortes e saturadas. Pode ser aplicado em ambientes de repouso, estudo ou trabalho.

No Brasil, após a proclamação da República, foi criada uma nova bandeira brasileira. Segundo o decreto que a criou, o verde simboliza a primavera e o amarelo, o ouro.

Amarelo: em cor-pigmento é uma primária e sua complementar é o violeta.

O amarelo é a cor mais clara de todas, mais próxima do branco. Cor quente, é pouco visível se aplicada em um fundo claro ou branco. Por outro lado, sobre fundo preto, ganha força e vibração. Quando misturado com o vermelho, o amarelo-avermelhado atua nas funções metabólicas, despertando a fome e interferindo nas atividades gástricas. Na mistura com o preto, gera os tons de ocre.

Com ondas de grande intensidade, o amarelo atua fortemente na excitação: é alegre, espontâneo e extrovertido. Eleva a pressão arterial e acelera os batimentos cardíacos. Interfere no sistema nervoso simpático, responsável pelos estados de alerta, ataque e defesa.

O amarelo apresenta grande variedade de significados nos diversos períodos históricos, mas há três conceitos comuns em todas as épocas: representação do ouro (riqueza), do fruto maduro e do Sol (luz). Para os cristãos, o amarelo é a cor da eternidade e da fé.

Por sua intensidade, também representa o desespero e a impaciência. Em semáforos de todo o mundo, o amarelo representa um sinal de espera.

O amarelo tem característica expansiva, por isso, uma figura nessa cor parece maior do que realmente é. Calor, energia e claridade são também representados pela cor amarela.

Violeta: cor-pigmento opaca secundária, o violeta tem como complementar o amarelo. Os tons violáceos são formados pela mistura do azul e do vermelho em quantidades diversas. Quanto mais vermelho na mistura, o tom violáceo torna-se mais quente. Se houver a mesma quantidade de vermelho e azul na composição da cor, chamamos de violeta ou roxo.

Se misturado com o preto, o violeta torna-se "sujo". Escurecido com o azul, torna-se mais frio e oferece grandes possibilidades de tons. Dessaturado com o branco, compõe uma gama de lilases com diversas luminosidades.

Desde a Antiguidade, o violeta fascina os homens. A pedra ametista de coloração violeta era muito usada para adornos de roupas por exemplo. Na Grécia antiga acreditava-se que o violeta tinha o poder de neutralizar a embriaguez, por isso, as taças eram enfeitadas com pedras de ametista. A origem grega da palavra ametista (*a + methustos*) significa "não intoxicado". O violeta simboliza a lucidez, a sobriedade, o equilíbrio entre a paixão e a inteligência, o amor e a sabedoria.

Considerado um símbolo da alquimia, o violeta inspira transfusão espiritual, o domínio hipnótico e mágico. Quando mais escuro, o violeta remete à saudade, ao ciúme, à angústia e à melancolia. Em contrapartida, em tons claros, é alegre e se aproxima das propriedades do rosa, cuja simbologia representa amor pueril, harmonia e esperança.

Como podemos concluir, as cores atuam no ser humano em dois níveis: consciente (simbologia) e inconsciente (emoções). O conhecimento e o domínio desses dois níveis proporciona ao designer aplicar as cores conscientemente, com objetivos claros e definidos, para transmitir com mais eficiência o conceito desejado.

História da cor

Desde a Antiguidade, diversos teóricos – artistas, filósofos, físicos e químicos – dedicaram muito do seu tempo para estudar as cores. Desde o processo puramente físico de como as enxergamos até a interferência psicológica que as cores exercem em nós.

O filósofo grego Aristóteles (384 a.C.-322 a.C), ao pensar sobre as cores, concluiu que, assim como o peso, o material e a textura, as cores também eram uma propriedade dos objetos.

Na Renascença, eram basicamente os pintores que se interessavam pela natureza das cores. O italiano Leon Battista Alberti (1404-1472) – artista, humanista, teatrólogo, poeta, matemático, musicólogo, escultor, pintor e arquiteto cujo grande mestre foi o brilhante arquiteto renascentista Filippo Brunelleschi (1377-1446) –, foi um grande teórico. Ele escreveu as obras *De Statua* (sobre escultura), *De re Aedificatoria* (sobre arquitetura) e *De Pictura* (sobre a pintura). Nesta última, ele diria que seriam quatro as cores mais importantes: o vermelho, o verde, o azul e o cinza.

Alberti foi uma das personalidades que influenciou Leonardo da Vinci (1452-1519) no estudo das cores. Da Vinci passou a estudar profundamente a natureza das cores e se opôs a Aristóteles ao afirmar que a cor não é uma propriedade dos objetos, mas da luz. De acordo com sua teoria, são quatro as cores primárias: vermelho, amarelo, verde e azul.

Da Vinci criou, então, a primeira visão de um conjunto de dados que levaria a uma teoria das cores. Os estudos foram reunidos no livro *Tratado da pintura e da paisagem – sombra e luz*, cuja primeira edição foi publicada na França, em italiano, somente 132 anos após a morte do artista. Um ano depois, surgiria a tradução francesa, mas a grande divulgação da obra aconteceu, no entanto, no século XX, com edições em várias línguas.

Uma das mais importantes descobertas de Leonardo da Vinci foi a simultaneidade dos contrastes de cor. Essa descoberta revela a ação que as cores exercem umas sobre as outras e a relatividade

ESCRITA SECRETA DE LEONARDO DA VINCI

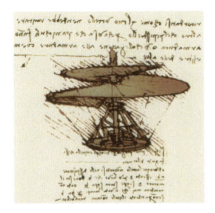

As anotações dos manuscritos de Leonardo da Vinci eram escritas ao contrário, da direita para a esquerda, para manter sigilo. Assim, elas só poderiam ser lidas com o auxílio de um espelho.

de aparência das cores. Foi tão importante essa descoberta que, anos mais tarde, o filósofo alemão Johann Wolfgang von Goethe e o químico francês Michel Eugène Chevreul (1786-1889) se aprofundariam nesse tópico.

Por volta de 1666, o físico e matemático inglês Isaac Newton (1642-1727) difundiu a descoberta da decomposição da luz em outras cores. Um raio de luz solar poderia ser separado, através de um prisma triangular transparente, em todas as cores de um arco-íris: vermelho, laranja, amarelo, verde, azul, anil e violeta. Embora Leonardo da Vinci já houvesse descrito em suas experiências esse fenômeno, atribui-se a Isaac Newton o crédito da descoberta, que se tornou conhecida como Dispersão Luminosa. Em 1704, Newton escreveu seu célebre livro *Óticas*, no qual apresentava várias experiências nas quais as cores eram devidas ao tamanho da partícula de luz.

O cientista e naturalista Moses Harris produziu, por volta de 1770, um círculo de cores no qual as primárias eram vermelho, amarelo e azul. Confirmando essa teoria, ainda no século XVIII, o impressor Le Blon testou vários pigmentos de tintas até chegar nos três básicos para impressão: vermelho, amarelo e azul.

Autor de obras conhecidas, como *Fausto*, Goethe também dedicou grande parte de seu tempo para desenvolver sua *Doutrina das cores*[1]. Apesar de pouco conhecida se comparada à sua obra literária, a teoria das cores de Goethe criou uma nova visão de como entendê-las: a cor passa a ser vista como fenômeno fisiológico e psíquico, e não somente como fenômeno físico.

Em sua obra, ele observou o fenômeno fisiológico da retenção de cores pela retina e a tendência do olho de enxergar cores complementares. Também reinterpretou os pigmentos de Le Blon, passando a considerar as cores púrpura, amarelo e azul-claro como as três primárias. Essas cores aproximam-se com muita precisão das atuais tintas magenta, amarelo e ciano utilizadas em impressão gráfica.

Em 1839, Chevreul, apoiado nos estudos de Leonardo da Vinci, publicou o livro *Sobre a harmonia e contraste das cores*, no qual elaborou sua tese da Lei do Contraste Simultâneo. O conceito de relatividade das cores e as influências que elas provocam entre si foram amplamente estudados. Chevreul mostra que o brilho das cores não depende somente da intensidade das tintas, mas do contexto onde está inserida. Algumas cores perdem intensidade quando dispostas ao lado de outras, e o máximo de contraste é alcançado com o posicionamento de duas cores complementares lado a lado.

A Bauhaus, uma das mais representativas escolas da Alemanha, também foi importante para difundir o estudo das cores. A inserção da cor no processo criativo e suas influências na transmissão dos sentimentos, das sensações e das mensagens foram estudadas sob o foco industrial. Grandes pintores, como Johannes Itten, Paul Klee, Wassily Kandinsky e Josef Albers, foram professores da Bauhaus e desenvolveram, a partir de estudos anteriores, inclusive dos de Goethe, suas próprias teorias e maneiras de ensinar a cor.

---

1 No livro *Da cor à cor inexistente*, Israel Pedrosa apresenta um esboço da Teoria das cores, de Goethe (1982, p. 53). Em *A cor no processo criativo*, Lilian Ried Miller Barros faz um estudo sobre a teoria de Goethe (2006, p. 265). Na publicação *Theory of Colours* (1970), o texto original de Goethe foi traduzido do alemão para o inglês.

TEORIA DAS CORES DE GOETHE

Goethe iniciou seus questionamentos sobre as cores por volta de 1790, quando esse assunto restringia-se somente à ciência, já que a cor era vista como particularidade física da luz, segundo a concepção de Isaac Newton.

Preocupado com a influência das cores no âmbito psicológico e fisiológico, em um contexto amplo das cores trabalhando em conjunto sob influências diversas, Goethe contestou a visão mecanicista de Newton, cuja teoria era estruturada em conceitos científicos. Investigando o comportamento dos fenômenos isolados, as experiências de Newton eram feitas sob condições controladas de luz, em salas escuras, sem influência exterior. Goethe, ao contrário, fez suas experiências em ambientes abertos, ao ar livre, considerando a ação do homem e da natureza.

Por não comprovar cientificamente suas teses, sua Doutrina das Cores caiu em descrédito na comunidade científica e não despertou interesse entre os artistas da época. No entanto, suas observações foram resgatadas no início do século XX entre os estudiosos da Gestalt. Professores da Bauhaus também se interessaram pela doutrina de Goethe para elaborar suas próprias teorias.

Em 1963, o alemão Josef Albers lançou mão de sua experiência como professor da Bauhaus e desenvolveu uma metodologia didática para o ensino das relações cromáticas. O resultado desse trabalho está publicado em seu livro *Interaction of Color* (1975). Ele enfoca também as ilusões de óptica que as cores produzem em uma composição, o poder das cores de "enganar" o nosso olhar. Um dos exercícios propostos é experimentar o contraste entre figura e fundo, a fim de encontrar situações em que uma mesma cor pareça diferente. Por exemplo, a capa original do seu livro da

▶ PADRÃO DO ORIENTE

O sistema de cor clássico japonês se diferenciava do ocidental por possuir cinco cores primárias: vermelho, amarelo, azul, preto e branco. A partir dessas primárias, criavam-se nove secundárias e, raramente, utilizava-se uma cor primária ao lado de uma secundária que tivesse a primeira em sua composição. Artistas como Van Gogh (que tinha uma coleção de mais de quatrocentas xilogravuras japonesas), Paul Gauguin e Gustav Klimt, entre outros, foram atraídos pelo estilo do padrão oriental de arranjos assimétricos e combinação de cores com baixo contraste, buscando a sutil repetição.

PEGANDO VAGA-LUMES: XILOGRAVURA DE EISHOSAI CHOKI, C. 1790

edição de 1974, em que a faixa horizontal azul-escuro e amarela constituíam abas que podiam ser levantadas, revelando então que os dois pequenos quadrados ocre, que pareciam ser de cores diferentes, eram, na verdade, uma faixa vertical contínua, única e sem variação de cor. Dessa forma, mostrava que duas figuras idênticas poderiam parecer de cores diferentes, de acordo com o fundo em que se encontravam. As cores tinham, portanto, várias "faces".

O ensino e o domínio técnico das cores é tão importante quanto reconhecer sua simbologia e seu poder de atuação nas diversas áreas de nossa vida, principalmente na área de comunicação. As cores são essenciais para a transmissão de ideias, sentimentos e sensações. O designer gráfico deve respeitar e utilizar essa valiosa ferramenta a favor de sua criação.

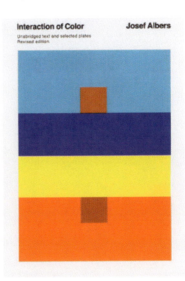

CAPA DO LIVRO *INTERACTION OF COLOR*, DE JOSEF ALBERS: APRESENTA DUAS FIGURAS IDÊNTICAS (QUADRADO OCRE), MAS QUE PARECEM SER DE CORES DIFERENTES

PRODUÇÃO GRÁFICA

PRIMEIRO APRENDA A SER UM ARTESÃO.
ISSO NÃO IMPEDIRÁ VOCÊ DE SER UM GÊNIO.
EUGÈNE DELACROIX (1798-1863)

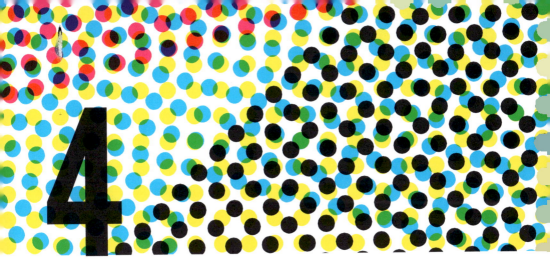

4

O desenvolvimento de um trabalho de design gráfico exige conhecimento acerca dos dados técnicos de produção gráfica para que o resultado final seja exatamente o esperado. É preciso acompanhar as mudanças das tecnologias envolvidas no processo de impressão gráfica para que a criação do projeto gráfico seja precisa e segura.

Especificações técnicas de um trabalho devem ser condizentes com o orçamento e com o prazo disponíveis. Os itens principais a ser definidos são:

- tiragem;
- formato e número de páginas;
- tipo de papel e gramatura;
- tipo de impressão e número de cores;
- digitalização de originais: cromo, foto, ilustração;
- tipo de prova de gráfica;
- acabamento;
- encadernação.

A criação do design deve, por sua vez, considerar as especificações técnicas definidas. A escolha da tipografia a ser utilizada, por exemplo, está diretamente relacionada com o tipo de papel e impressão em que será desenvolvido o trabalho. Se um desenho tipográfico de traços muito finos e delicados for impresso vazado sobre um fundo de cor, em um papel muito poroso (o chamado papel "chupão"), cuja característica é uma alta absorção de tinta, corre-se o risco de haver falhas no desenho das letras pela invasão da tinta na parte que seria vazada.

Outro exemplo da importância do conhecimento técnico no momento da criação é considerar o tipo de impressão na qual o trabalho será realizado. Se o trabalho for impresso em rotogravura, cuja impressão é menos precisa do que a *offset*, é preciso mais cuidado com traços finos e delicados, pois podem parecer serrilhados e, assim, prejudicar a legibilidade, além de comprometer a estética.

A produção gráfica e a criação devem estar em perfeita sintonia. Por ser altamente tecnológica, a área gráfica passa por mudanças frequentes, que precisam ser acompanhadas pelo designer. É comum surgir no mercado novos tipos de papéis, melhorias nos tipos de impressão e outras novidades. Uma forma do designer se manter atualizado é permanecer no *mailing* de fornecedores para receber as informações em forma de catálogos ou mala-direta. Além disso, o designer conta também com a parceria do profissional conhecido como "produtor gráfico". Uma das funções do produtor gráfico é orientar tecnicamente o designer em todo o processo de trabalho, desde a criação até a finalização na gráfica. Por isso, o produtor gráfico também deve manter-se atualizado com as novidades da indústria gráfica e do design.

Formato

O formato de um trabalho é chave importante para o design, pois é o "corpo" que carrega nele toda a alma do trabalho. Portanto, deve condizer com seu conteúdo. O formato pode ser delicado, esguio ou panorâmico, e deve ser confortável tanto para o manuseio quanto para acomodar seu conteúdo.

Os cortes retos (refile com guilhotina) são os mais usados, mas pode-se ter um formato único por meio da criação de um desenho de faca, que é uma matriz de corte gerada a partir de um arquivo eletrônico ou fotolito com o desenho do formato diferenciado.

FIGURA 1

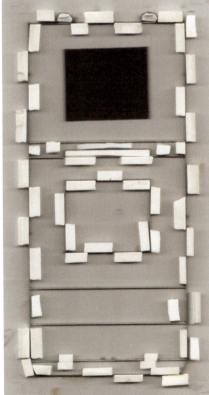

FIGURA 2

EXEMPLO DE UM DESENHO DE FACA ESPECIAL (FIGURA 1) E FOTO DA PRÓPRIA FACA ELABORADA A PARTIR DESSE MESMO DESENHO (FIGURA 2)

Quando um trabalho apresenta uma ou mais dobras, existem dois modos de caracterizar o formato: aberto e fechado. O formato aberto é o tamanho do trabalho sem dobrá-lo. Já o fechado é o tamanho do documento dobrado. Por exemplo, se o formato fechado de um livro for 14 x 21 cm (largura x altura), seu formato aberto será de 28 x 21 cm (largura x altura), já que ele apresenta apenas uma dobra ao meio.

No exemplo de um *folder* com duas dobras, no formato aberto de 31 x 14 cm (largura x altura), a altura é mantida por não haver dobras, e a largura é dividida em três partes. Assim, o formato fechado é de 10,5 x 14 cm (largura x altura): 10,5 + 10,5 + 10 = 31.

FORMATO ABERTO DE UM *FOLDER* DE TRÊS DOBRAS

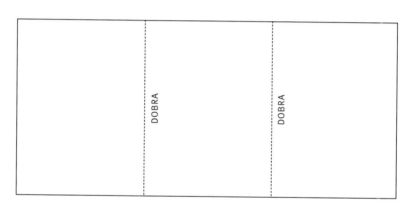

FORMATO FECHADO DO MESMO *FOLDER*

Os papéis são fabricados em formatos-padrão e são vendidos em bobinas (para impressão em rotativas) ou folhas planas (para impressão em máquinas planas, como *offset*).

Os formatos-padrão de papéis foram criados por volta de 1911 para economia na produção de papéis e na mão de obra. Conhecido como DIN (Deutsche Industrie Normunque) ou formato internacional, o cálculo se baseia no sistema métrico e origina uma série harmônica de tamanhos de papel. O lado maior da folha inicial é dividido ao meio, dando origem a duas folhas. Estas, por sua vez, também são divididas ao meio, sempre do lado maior, gerando quatro folhas, e assim sucessivamente. Seguindo a mesma proporção de corte, o tamanho das folhas é, portanto, sempre a metade da anterior e o dobro da seguinte.

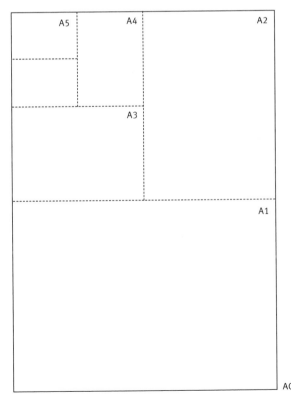

EXEMPLO DE CORTE A PARTIR DA FOLHA INICIAL A0

PRODUÇÃO GRÁFICA

227

O sistema DIN apresenta três principais formatos de folha iniciais: A, B e C. O fomato A é o mais utilizado na indústria gráfica para todo o tipo de impresso. Já os formatos B e C são empregados na impressão de cartazes e envelopes.

FORMATO INTERNACIONAL DE PAPEL – DIN			
(dimensões em milímetros)			
	A	B	C
0	841 x 1189	1000 x 1414	917 x 1297
1	594 x 841	707 x 1000	648 x 917
2	420 x 594	500 x 707	458 x 648
3	297 x 420	353 x 500	324 x 458
4	210 x 297	250 x 353	229 x 324
5	148 x 210	176 x 250	162 x 229
6	105 x 148	125 x 176	114 x 162
7	74 x 105	88 x 125	81 x 114
8	52 x 74	62 x 88	57 x 81
9	37 x 52	44 x 62	40 x 57
10	26 x 37	31 x 44	28 x 40

Para melhor adaptação às máquinas impressoras, criou-se, no Brasil, um padrão de formatos para a produção de folhas planas independentemente do internacional DIN. São os formatos AA (76 x 112 cm) e BB (66 x 96 cm), e este último, geralmente, é o mais empregado pelas gráficas. Há disponível também a folha de 89 x 117 cm, no entanto, é menos comum.

Algumas editoras trabalham com formatos-padrão já definidos para seus livros, mas há situações em que a sugestão ou a definição do formato é de responsabilidade do designer. Nesses casos, deve-se considerar o bom aproveitamento de papel a partir da folha inicial para baratear o custo total de impressão e evitar o desperdício de matéria-prima.

CÁLCULO DE FORMATOS

O cálculo de formatos pode ser feito de maneira simétrica ou assimétrica. A simetria do corte garante total aproveitamento do papel, enquanto a assimetria gera a perda de papel.

Depois de impressas, são feitos os cortes nas folhas planas ou iniciais. O número de cortes varia de acordo com o tamanho do trabalho. Quanto menor o formato do documento, mais repetições na folha plana e, portanto, maior o número de cortes. As folhas planas apresentam uma área útil de impressão, na qual acomodarão o formato aberto do trabalho com sangria. A sangria é um excesso proposital da área impressa que ultrapassa o limite da marca de corte. Sua função é garantir que, após o refile do trabalho, não haja filetes sem impressão, da cor do papel.

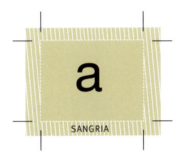

EXEMPLO DE MARCA DE CORTE COM SANGRIA

As tabelas de aproveitamento de papel a seguir apresentam os formatos dos cortes simétricos e assimétricos, a partir de folhas de 66 x 96 cm (BB) e de 76 x 112 cm (AA). Cada pedaço de papel gerado pelos cortes apresenta uma área de impressão que comporta o formato aberto do trabalho, com sangria e marcas de corte e registro.

Um modelo de cálculo para se chegar à um formato final favorável do trabalho é o de subtrair 2 cm de cada lado (largura x altura) do formato do corte do papel. Por exemplo: se o formato do corte do papel, a partir de uma folha de 66 x 96 cm, for de 33 x 48 cm, o formato aberto da publicação medirá 31 x 46 cm e será repetido quatro vezes na folha inicial.

TABELA DE APROVEITAMENTO DE PAPEL BB
Folha inicial: 66 x 96 cm

Nº de repetições por folha	Formato do corte do papel	Formato final do trabalho
1	66 x 96	64 x 94
2	48 x 66	46 x 64
3	32 x 66	30 x 64
4	33 x 48	31 x 46
5*	32 x 34	30 x 32
6	32 x 33	30 x 31
6	22 x 48	20 x 46
6*	24 x 42	22 x 40
7*	22 x 37	20 x 35
8	24 x 33	22 x 31
9	22 x 32	20 x 30
10	19,2 x 33	17,2 x 31
10*	22 x 26	20 x 24
11*	21 x 25	19 x 23
12	22 x 24	20 x 22
12	16 x 33	14 x 31
14*	19,2 x 22	17,2 x 20
15	19,2 x 22	17,2 x 20
16	16,5 x 24	14,5 x 22
18	16 x 22	14 x 20
19*	16,5 x 15,9	14,5 x 13,9
20	16,5 x 19,2	14,5 x 17,2
22*	22 x 13	20 x 11
24	12 x 22	10 x 20
24	16,5 x 16	14,5 x 14
25	13,2 x 19,2	11,2 x 17,2
30	11 x 19,2	9 x 17,2
32	12 x 16,5	10 x 14,5

* Cortes assimétricos com baixa perda de papel.

TABELA DE APROVEITAMENTO DE PAPEL AA
Folha inicial: 76 x 112 cm

Nº de repetições por folha	Formato do corte do papel	Formato final do trabalho
1	76 x 112	74 x 110
2	56 x 76	54 x 74
3	37,3 x 76	35,3 x 74
4	38 x 56	36 x 54
5*	36 x 40	34 x 38
6	37,3 x 38	35,3 x 36
6	25,3 x 56	23,3 x 54
6*	28 x 48	26 x 46
7*	25,3 x 43,3	23,3 x 41,3
8	28 x 38	26 x 36
9	25,3 x 37,3	23,3 x 35,3
10	22,4 x 38	20,4 x 36
10*	25,3 x 30,7	23,3 x 28,7
11*	22 x 32	20 x 30
12	25,3 x 28	23,3 x 26
12	18,6 x 38	16,6 x 36
14*	22,4 x 26,8	20,4 x 24,8
15	22,4 x 25,3	20,4 x 23,3
16	19 x 28	17 x 26
18	18,6 x 25,3	16,6 x 23,3
20	19 x 22,4	17 x 20,4
20*	15,3 x 25,3	13,3 x 23,3
24	14 x 25,3	12 x 23,3
24	18,6 x 19	16,6 x 17
24*	16 x 22	14 x 20
25	15,2 x 22,4	13,2 x 20,4
30	12,6 x 22,4	10,6 x 20,4
32	14 x 19	12 x 17

* Cortes assimétricos com baixa perda de papel.

FORMATO DO CORTE DO PAPEL A PARTIR DA FOLHA INICIAL BB (66 x 96 cm)

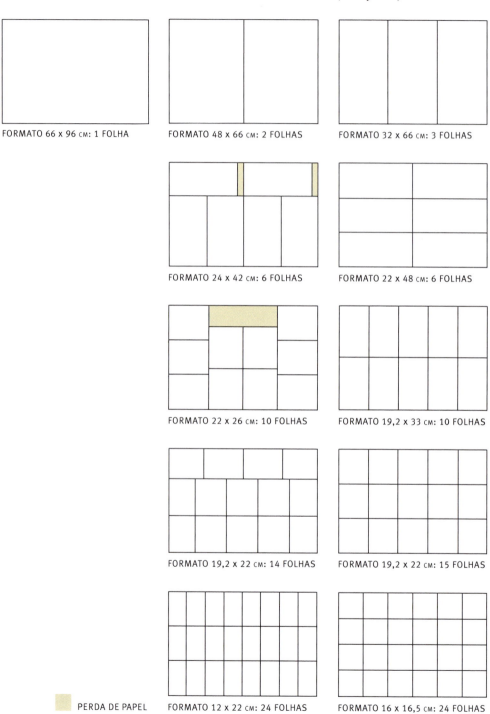

FORMATO 66 x 96 cm: 1 FOLHA

FORMATO 48 x 66 cm: 2 FOLHAS

FORMATO 32 x 66 cm: 3 FOLHAS

FORMATO 24 x 42 cm: 6 FOLHAS

FORMATO 22 x 48 cm: 6 FOLHAS

FORMATO 22 x 26 cm: 10 FOLHAS

FORMATO 19,2 x 33 cm: 10 FOLHAS

FORMATO 19,2 x 22 cm: 14 FOLHAS

FORMATO 19,2 x 22 cm: 15 FOLHAS

PERDA DE PAPEL

FORMATO 12 x 22 cm: 24 FOLHAS

FORMATO 16 x 16,5 cm: 24 FOLHAS

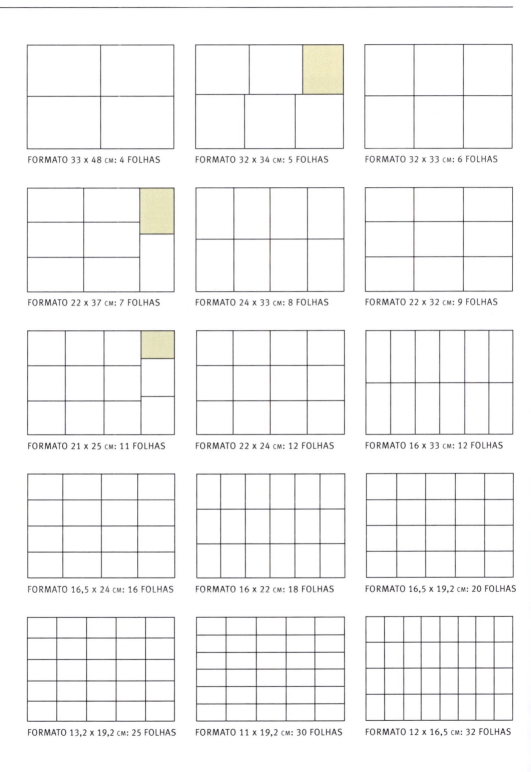

FORMATO DO CORTE DO PAPEL A PARTIR DA FOLHA INICIAL AA (76 x 112 cm)

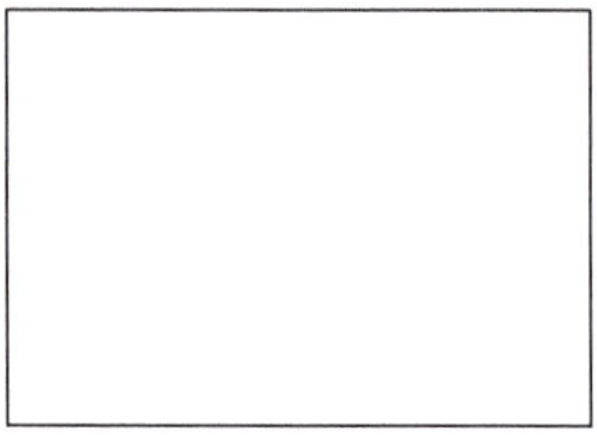

FORMATO 76 x 112 cm: 1 FOLHA

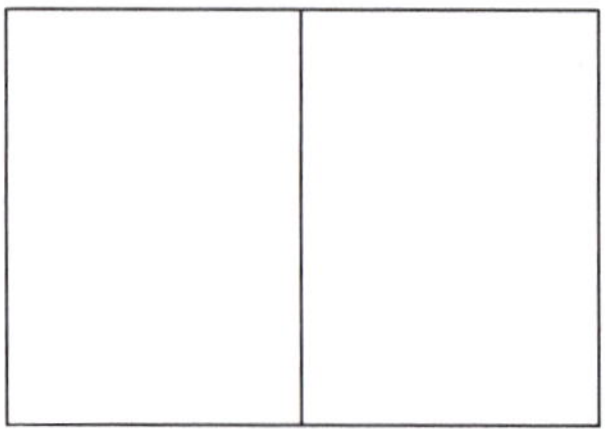

FORMATO 56 x 76 cm: 2 FOLHAS

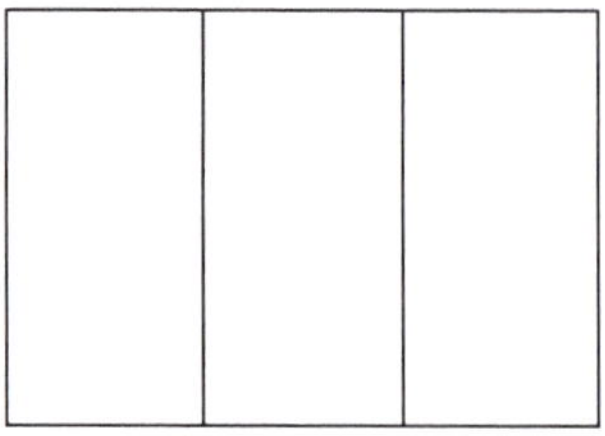

FORMATO 37,3 x 76 cm: 3 FOLHAS

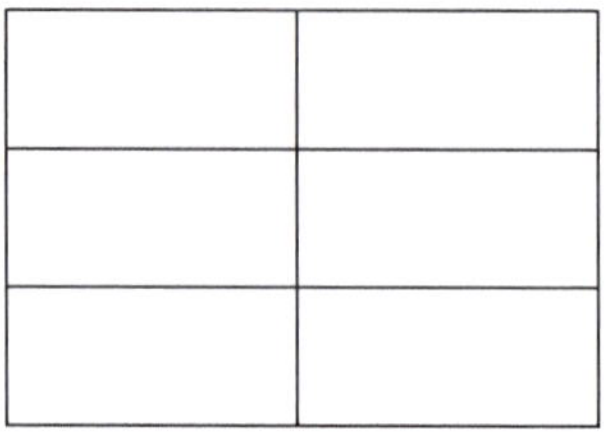

FORMATO 25,3 x 56 cm: 6 FOLHAS

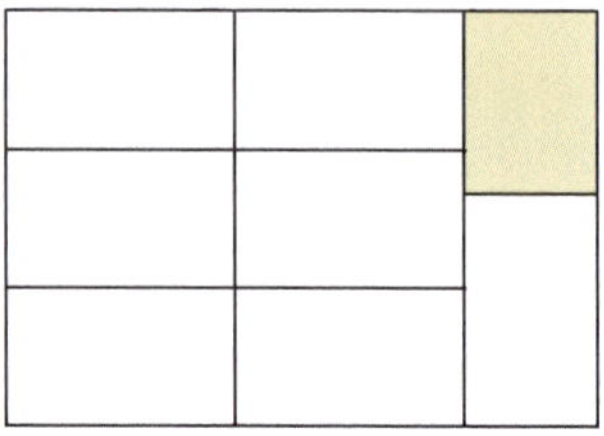

FORMATO 25,3 x 43,3 cm: 7 FOLHAS

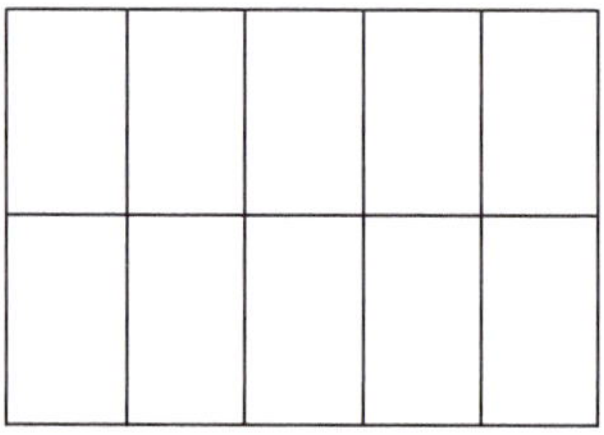

FORMATO 22,4 x 38 cm: 10 FOLHAS

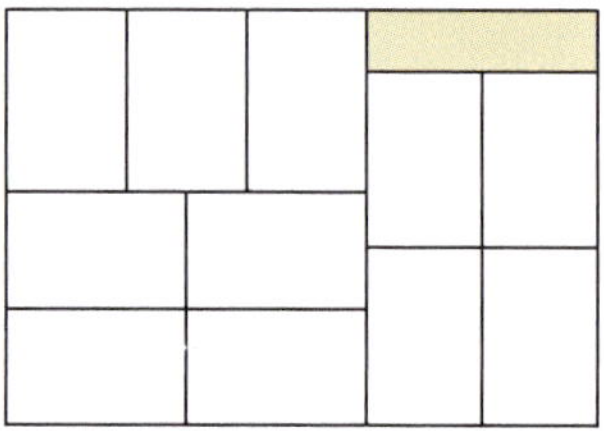

FORMATO 22 x 32 cm: 11 FOLHAS

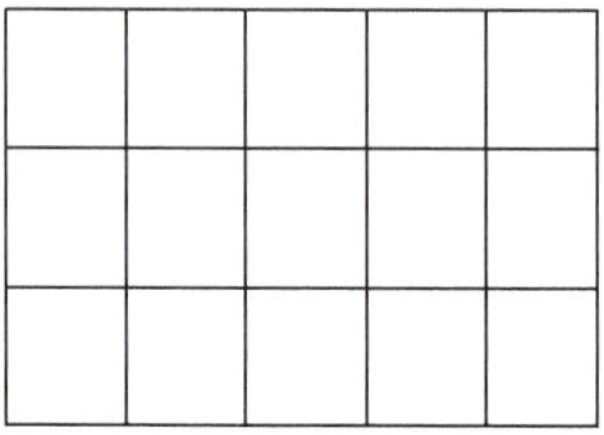

FORMATO 22,4 x 25,3 cm: 15 FOLHAS

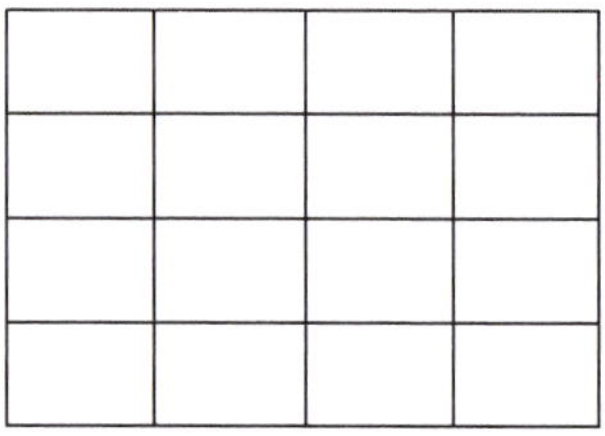

FORMATO 19 x 28 cm: 16 FOLHAS

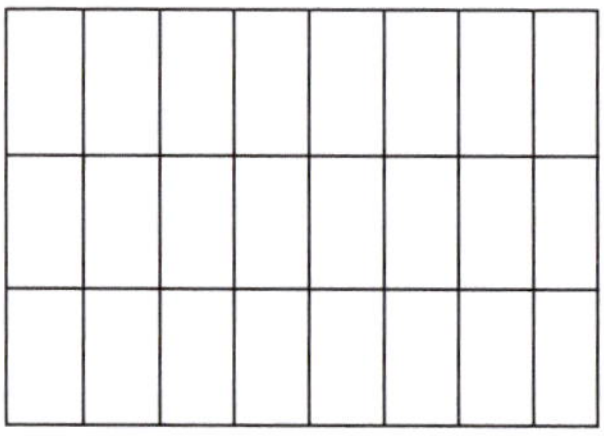

PERDA DE PAPEL

FORMATO 14 x 25,3 cm: 24 FOLHAS

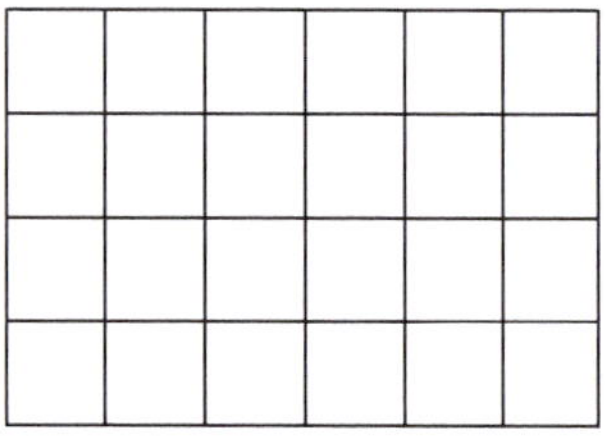

FORMATO 18,6 x 19 cm: 24 FOLHAS

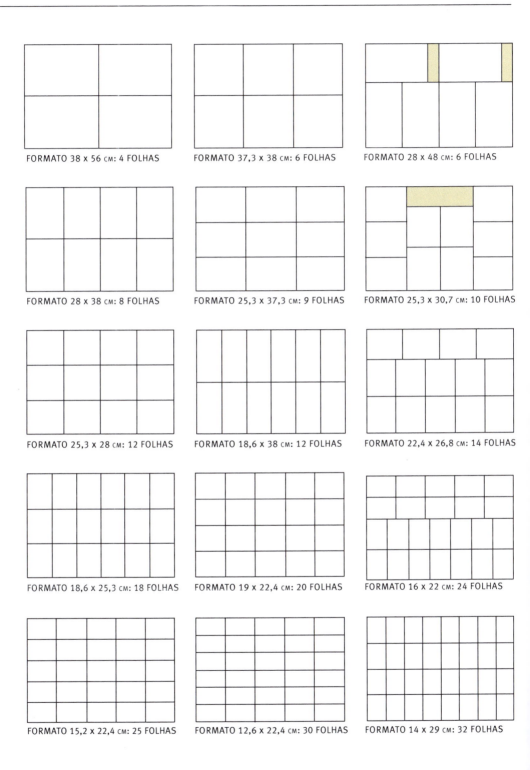

Apesar da padronização de corte de papel das folhas AA e BB, a área de impressão varia de uma gráfica para a outra, pois depende da máquina na qual o trabalho será impresso. Geralmente, as gráficas possuem sua própria tabela de formatos econômicos. Portanto, é importante confirmar com a gráfica se o formato escolhido é compatível com sua tabela de aproveitamento de papel ou se será preciso fazer algum ajuste, às vezes, milimétrico.

CADERNOS E IMPOSIÇÃO DE PÁGINAS

Tratando-se de um miolo de livro ou qualquer outra publicação com acabamento em brochura, após o processo de impressão as folhas são dobradas e intercaladas. Formam os chamados cadernos. O livro é constituído pelo conjunto de certo número de cadernos cosidos (costurados) ou colados, que, juntos, compõem o corpo da obra.

Cada caderno pode ter 4, 8, 12, 16 ou 32 páginas. Esses são os números-padrão utilizados pelas gráficas:

- *in-plano:* formato-base, sem dobras.
- *in-fólio:* formato com 1 dobra (2 folhas) = caderno de 4 páginas.
- *in-quarto:* formato com 2 dobras cruzadas (4 folhas) = caderno de 8 páginas.
- *in-oitavo:* formato com 3 dobras cruzadas (8 folhas) = caderno de 16 páginas.
- *in-dezesseis:* formato com 4 dobras cruzadas (16 folhas) = caderno de 32 páginas.

Existe também o formato de caderno *in-doze*, composto por 12 páginas. Menos usual, tem uma apresentação quase quadrada.

O miolo de livros constituídos por cadernos deve ser composto por múltiplos de 32, 16, 8 ou 4. Por exemplo: um livro de 176 páginas pode ser composto por:

- 5 cadernos de 32 páginas (160 páginas) + 1 caderno de 16 páginas.
- 11 cadernos de 16 páginas.
- 22 cadernos de 8 páginas.

É mais comum o uso de cadernos com o maior número de páginas possível (32). No exemplo anterior, se a primeira opção fosse a escolhida, o primeiro caderno do livro começaria na página 1 e terminaria na página 32. Já o segundo caderno, começaria na página 33 e terminaria na 64, e assim por diante, até chegar no quinto caderno, que começaria na página 129 e terminaria na 160. Para completar as 16 páginas que faltam, o livro terminaria com um caderno no formato *in-oitavo*.

A seguir temos uma tabela com a escala de numeração para os formatos de 8, 16 e 32 páginas, habitualmente os mais adotados pelas gráficas.

Formato *in-quarto*		Formato *in-oitavo*		Formato *in-dezesseis*	
Nº do caderno	Começa na página	Nº do caderno	Começa na página	Nº do caderno	Começa na página
1	1	1	1	1	1
2	9	2	17	2	33
3	17	3	33	3	65
4	25	4	49	4	97
5	33	5	65	5	129
6	41	6	81	6	161
7	49	7	97	7	193
8	57	8	113	8	225
9	65	9	129	9	257
10	73	10	145	10	289
11	81	11	161	11	321
12	89	12	177	12	353
13	97	13	193	13	385
14	105	14	209	14	417
15	113	15	225	15	449
16	121	16	241	16	481

Para que o número das páginas de um livro siga a ordem numérica crescente, é feita a imposição das páginas. Esse processo determina a posição correta de montagem e impressão de cada página que compõe o caderno.

Em um livro formado por cadernos de 16 páginas, por exemplo, a imposição das páginas do primeiro caderno aconteceria da seguinte forma:

Página 1 ao lado da página 16
Página 2 ao lado da página 15
Página 3 ao lado da página 14
Página 4 ao lado da página 13
Página 5 ao lado da página 12
Página 6 ao lado da página 11
Página 7 ao lado da página 10
Página 8 ao lado da página 9

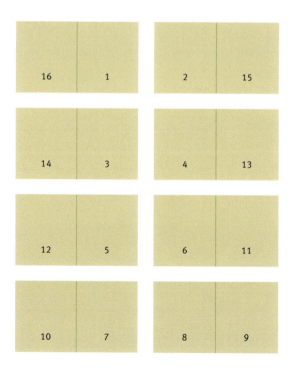

O segundo caderno começaria na página 17 e terminaria na 32, sendo as páginas imposicionadas da seguinte maneira:

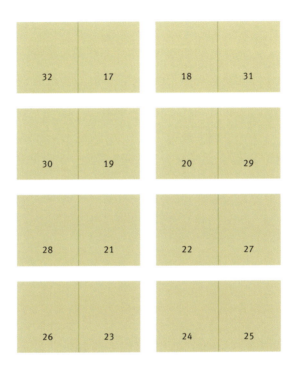

Assim, sucessivamente as páginas de todos os cadernos são imposicionadas. Esse processo é feito, geralmente, nas gráficas, que possuem *softwares* apropriados para executar esse trabalho de forma automática.

Ao final da imposição, os cadernos são intercalados para a encadernação do livro e apresentam a ordem correta de numeração desde a primeira até a última página.

Papel

A grande oferta de tipos de papel no mercado serve como ferramenta a ser agregada ao projeto gráfico. A escolha de um papel diferenciado para um trabalho não é promessa de resultado positivo. Se o projeto gráfico não estiver bem elaborado, não há papel que o torne brilhante. Portanto, o papel, parte integrante da criação, deve estar em harmonia com o conteúdo do trabalho. Se apropriado, pode enaltecê-lo, tornando-o ainda surpreendente.

O tipo de impressão e o desenho gráfico devem ser levados em conta na escolha do papel e de sua gramatura. Se o projeto for composto, por exemplo, com tipografias e elementos delicados, fotos de retículas finas e impresso em *offset*, o papel deve acompanhar esse espírito e ser de boa qualidade técnica, para garantir o entrosamento visual e a qualidade de impressão.

O custo é também fator decisivo na escolha do papel e deve estar de acordo com o orçamento disponível para o trabalho.

▶ CERTIFICADO FSC

SELO FSC: PUBLICAÇÕES QUE UTILIZARAM PAPÉIS CERTIFICADOS TÊM O DIREITO DE IMPRIMIR O SELO COMO GARANTIA DA PROCEDÊNCIA DA MATÉRIA-PRIMA

No início da década de 1990, os desmatamentos nas florestas tropicais, em especial na Amazônia, atraíram a atenção da mídia internacional. Com o objetivo de preservar o meio ambiente, um grupo formado por empresas e organizações sociais e ambientais do mundo todo criou, em 1993, o selo FSC – *Forest Stewardship Council*. Papéis e muitos outros produtos certificados com esse selo são produzidos com madeira de reflorestamento, matéria-prima criada para esse fim. A partir de então, surge o conceito de manejo responsável das florestas. O escritório central do FSC, situado em Bonn, Alemanha, certifica as sedes nacionais criadas em diversos países. No Brasil, a sede, localizada em Brasília, foi criada em 2002 (www.fsc.org.br).

PROCESSO DE FABRICAÇÃO

O papel é composto por pastas feitas de trapos moídos, fibras vegetais e de algodão, palha de arroz, madeira de diversas espécies. Essa variedade na sua composição define as diferenças de qualidade entre um papel e outro.

Eles podem ser feitos manualmente ou por máquinas (industrializados). A pasta é obtida pela mistura das fibras previamente selecionadas com a água. Com exceção dos papéis secantes (mata--borrão) e de filtro, os papéis recebem ainda uma quantidade de cola na pasta para dar firmeza e melhor suporte para impressão. Quanto mais cola houver na mistura, menos porosidade terá o papel, conferindo-lhe maior qualidade de impressão. Papéis com pouca cola absorvem muita tinta, fazendo com que a impressão fique grosseira. Por outro lado, são papéis de custo mais baixo.

Após o processo de mistura, a pasta é espalhada sobre uma superfície plana e filtrante, formando uma fina camada. A água escorre e o papel passa por um sistema de secagem e pressão. A qualidade do papel varia de acordo com a origem da pasta: quanto mais pura, mais qualidade terá o papel. Nos últimos estágios de produção, alguns papéis, como o *couché*, por exemplo, recebem um tratamento de superfície. Trata-se da aplicação de uma camada de pigmento e aditivos que garantem as características para uma boa impressão.

O processo pelo qual uma grande variedade de papel passa antes de ser embalado é o da prensagem por calandras, um aparelho composto por pesados cilindros superpostos e aquecidos. Nessa etapa, os poros do papel são fechados, tornando-o mais liso e fino. Nem todos os papéis passam por esse estágio, que lhes garante mais qualidade de impressão.

Os papéis possuem grande variação de gramatura (espessura), que é calculada pelo peso do metro quadrado. Quanto maior a gramatura, mais encorpado e resistente será o papel. O preço é diretamente proporcional à gramatura: quanto maior a gramatura, mais caro será o papel.

Cada tipo de papel possui propriedades como:

- **aparência**: alvura (grau de brancura), capacidade de reflexão da luz, tonalidade, brilho, opacidade e corpo.

- **composição química**: característica do revestimento, umidade, nível de ph que garante resistência à água (em *offset*, o ph ideal é 7).

- **estrutura**: resistência ao *blister* (formação de bolhas), sentido da fibra, porosidade, rigidez, gramatura.

- **superfície**: lisura, resistência e limpeza superficial.

Todas essas características variam em um mesmo tipo de papel. O papel *offset*, por exemplo, apresenta diferentes qualidades técnicas.

TIPOS DE PAPEL

Existe uma grande variedade de papéis com características e finalidades diferentes. E, a cada dia, os fabricantes introduzem novidades no mercado. Ter o acesso a essas ofertas possibilita o uso criativo e adequado do papel nos trabalhos de design gráfico.

Um papel para a publicação de baixo custo, por exemplo, rodado em impressão rotativa para grandes tiragens, não necessita de tratamentos sofisticados. Já em um livro de arte, com reprodução de fotos coloridas, o papel de alta qualidade é primordial.

A gramatura do papel é também fator importante a ser considerado. Se o projeto gráfico apresenta grandes áreas de cores chapadas ou fotos, a gramatura do papel não pode ser muito baixa, para evitar a transparência. Caso contrário, a imagem impressa numa página poderá transparecer no verso. É o que chamamos de "fantasma". O papel de baixa gramatura não comporta grande quantidade de tinta.

A seguir temos alguns tipos de papel mais utilizados na indústria gráfica:

Acetinado: papel composto por pasta branca, macio, com brilho e calandrado, é fabricado em diversos tamanhos e pesos. Apropriado para a impressão de livros.

Apergaminhado: de alta qualidade, apresenta em sua composição trapos e pasta química que imitam a aparência do pergaminho legítimo.

Bíblia: conhecido também como papel da Índia, é opaco, extremamente fino e resistente. Usado para a impressão de bíblias, dicionários, obras muito extensas.

Bond: fabricado com pasta química branqueada de boa qualidade e com bastante quantidade de cola, é um papel relativamente leve. É usado para a confecção de papéis de carta, formulários e cadernos escolares. A versão *superbond*, similar ao *bond*, apresenta papéis em cores.

Bouffant: palavra de origem francesa, que significa fofo; é chamado também de *bufon*. Leve, áspero e não acetinado, é um papel pouco ou nada calandrado. Encorpado e absorvente, é usado, principalmente, para a impressão de miolo de livros.

Bristol: luxuoso e de alta qualidade, é usado para a confecção de cartões de visita, convites especiais, peças de divulgação.

Cartão: também chamado de cartolina, possui gramatura acima de 180 g. Ao atingir a espessura de 5 mm, passa a se chamar papelão. É composto por vários tipos de pastas e varia em resistência e qualidade. Usado em embalagens, capas de livro, pastas, materiais escolares.

Cartão dúplex: de um lado é composto por papel gessado e, do outro, por pasta tipo *kraft*, conferindo-lhe um lado branco e outro pardo. O lado branco, revestido, é indicado para a impressão por apresentar melhor qualidade. É muito usado para a confecção de embalagens, caixas, etiquetas, *displays*.

Cartão tríplex: composto por duas faces brancas, somente uma delas recebe o revestimento gessado, conferindo-lhe melhor qualidade de impressão. Há também a versão com os dois lados revestidos. É utilizado em diversas peças, como embalagens, capas de livro, cartões de visita.

Cartão ondulado: fabricado com folhas onduladas, forma pequenos canais salientes e reentrantes. Seu uso é próprio para embalagens de objetos frágeis e projetos especiais.

Color plus: composto por massa colorida resistente à luz, tem superfície lisa e boa para impressão. Possui grande variedade de cores e gramaturas. Usado em confecção de envelopes, convites, catálogos, folhetos, cartões de visita, mala-direta.

Couché: palavra de origem francesa, *couché* significa "camada". Papel calandrado, o *couché*, um dos mais fabricados no mundo, recebe o revestimento de uma fina camada de minerais, que cobre os espaços entre as fibras deixando-o mais liso e menos poroso, garantindo-lhe, assim, uma boa qualidade para impressão. Esse revestimento pode ser aplicado em um ou ambos os lados. Existe também a versão do *couché* com dupla camada de revestimento em ambos os lados. Existem três tipos de acabamento do *couché* disponíveis no mercado: brilhante, semifosco e fosco. O aspecto brilhante dá-se por um polimento. Suas propriedades possibilitam impressões com retículas finas, valorizando a qualidade do produto final.

É usado em diversos tipos de publicação, como livros de arte, catálogos, relatórios anuais, revistas de luxo, *folders*. As gramaturas maiores são usadas para impressão de capas, cartões de visita.

Filigranado: papel fino, próprio para aplicação em relevo em impressões delicadas.

Flor post: similar ao papel *bond*, apresenta um dos lados brilhante, conferindo-lhe melhor qualidade de impressão. É usado para a impressão de segunda via de formulários e notas fiscais, documentos de escritório.

Forma: também conhecido por papel de tina, é feito a mão e apresenta as bordas irregulares devido ao seu processo de fabricação. São ásperos e de superfície desigual. No Japão, ainda são confeccionados a mão. Papel de alta qualidade usado para convites, cartões timbrados e de visita e edições especiais.

Imprensa: similar ao papel-jornal, com gramaturas que variam de 45 g/m^2 a 56 g/m^2.

Jornal: de alta porosidade (papel-chupão), absorve grande quantidade de tinta conferindo-lhe uma impressão que não comporta muitas retículas finas e delicadas. É fabricado em bobinas ou folhas planas, e a superfície varia entre áspera, alisada e acetinada. É empregado na impressão de jornais, folhetos, revistas, talões e publicações de baixo custo.

Kraft **natural**: papel muito resistente de cor parda, é feito com pasta de madeira tratada. Muito usado em embalagens e sacolas.

Kraft **branco**: similar ao *kraft* natural, recebe uma camada de pasta branca. Também é usado em embalagens e sacolas.

Metalizado: apresenta um revestimento de película metalizada; é usado em convites e projetos especiais.

Monolúcido: tem brilho em um dos lados. É utilizado em cartazes, rótulos, embalagens, sacolas.

Offset: fabricado com pasta química branqueada, possui muita cola em sua composição, conferindo-lhe firmeza e suporte para impressão. Sua superfície é uniforme, livre de felpas e penugens. É resistente à ação da umidade, característica imprescindível para o processo de impressão *offset* e litográfico. Apresenta variedade de qualidade em relação à alvura, lisura e opacidade. Muito utilizado na indústria gráfica para vários fins: miolos de livro, catálogos, papéis de carta timbrado, revistas, folhetos. Existe também a versão do papel *offset* telado, com textura e nervuras em sua superfície. Sua aplicação destina-se a calendários, *displays*, convites, cartões de festas e peças publicitárias.

Opaline: papel rígido, carteado, apresenta alvura, lisura e espessura uniformes. Usado para confecção de cartões de visita, convites, diplomas.

Pólen: de cor bege-claro, é um *offset* muito usado no mercado editorial para a confecção de miolo de livros. Sua tonalidade reflete menos luz do que a alvura do papel branco, proporcionando conforto na leitura. Há versões do pólen rústico, com aparência rústica e artesanal, e do pólen *bold*, mais opaco e de maior gramatura.

Reciclado: pode ser produzido artesanalmente ou em escala industrial, a partir de aparas (sobras) de papel pré e pós-consumo. Há grande variedade de cores e texturas de papéis reciclados disponível no mercado. É usado em diversas publicações, como livros, catálogos, papel-carta, envelopes.

Rotogravura: utilizado na impressão em rotogravura, contém pouca cola em sua composição para absorver com eficiência as tintas semilíquidas usadas nesse processo. São, portanto, porosos, de superfície macia e lisa. Confeccionado em bobinas, são levemente umedecidos no último estágio de produção para evitar quebras. Muito utilizado em grandes tiragens, como revistas, catálogos e periódicos.

Vegetal: leitoso, permite a transparência. É usado para projetos especiais, envelopes, convites.

Velino: de boa qualidade, é um papel sem grão, muito compacto, liso e acetinado.

Vergé: apresenta marcas do molde em que foi fabricado em sua superfície, dando-lhe característica artesanal. Possui variedade de cores – que são resistentes à luz – e de gramaturas. Usado para papel de carta timbrado, envelopes, cartões de visita, miolo e guarda de livros, projetos especiais.

Muitos outros tipos de papel estão disponíveis no mercado, como os emborrachados, metalizados, com aromas e texturas variados. Estes são os chamados papéis especiais. Os principais fornecedores de papel do mercado disponibilizam catálogos com os tipos de papel que comercializam.

O conhecimento dos papéis e de suas finalidades traz mais liberdade para a criação. A escolha do papel pode ir além do seu uso tradicional, se as suas propriedades forem condizentes com o projeto gráfico.

HISTÓRIA DO PAPEL

A palavra "papel" tem origem no termo *papyros*, do latim, que por sua vez vem do grego *papuros*. Não só a terminologia do papel tem essa origem, mas também sua existência.

A técnica de fabricação do papiro, criada pelos egípcios, usava como matéria-prima tiras da planta aquática papiro, abundante no rio Nilo. Essas tiras eram molhadas, marteladas e coladas. Assim, mesmo com sua fragilidade, serviram de base para a escrita de documentos. Os exemplares mais antigos de papiro datam de 3500 a.C.

Muito mais resistente do que o papiro, surge o pergaminho, fabricado com peles tratadas de ovelhas, cabras ou vacas. Sua denominação deriva da cidade de Pérgamo, na Grécia, onde foi fabricado pela primeira vez. Foi amplamente utilizado na Antiguidade ocidental até a criação do papel.

O papel substituiu, então, o pergaminho na impressão da escrita. É feito a partir de fibras de casca de árvores e de algodão e trapos de linho. Sua criação, atribuída aos chineses, data do século II,

▶ CRIAÇÃO DO PAPEL

Em 105 d.C., por ordem do imperador chinês Chien-ch'u, acredita-se que T'sai Lun, um oficial da corte, criou o papel. Ao despedaçar e misturar com água fibras da casca da amoreira, restos de roupas e cânhamo (planta fibrosa, usada também para produzir o tecido de mesmo nome), T'sai Lun produziu uma pasta relativamente homogênea. Em seguida, espalhou uma fina camada dessa pasta sobre uma peneira e deixou-a secar ao sol. Após a evaporação da água, surge a folha de papel. Esta técnica foi mantida em segredo pelos chineses durante quase 600 anos e, até hoje, é o princípio básico da produção de papel.

PAPIRO: OS EXEMPLARES MAIS ANTIGOS DATAM DE 3500 a.C.

PERGAMINHO: MAIS RESISTENTE DO QUE O PAPIRO, É FABRICADO COM PELES TRATADAS DE OVELHAS, CABRAS OU VACAS

embora haja indícios de que, por volta do século VI a.C. os próprios chineses produziram um papel de seda branco, próprio para pintura e escrita.

O uso do papel na China cresceu e acompanhou as rotas comerciais das grandes caravanas. Os árabes, ao expandirem sua ocupação no Oriente, obtiveram contato com a produção de papel e difundiram sua fabricação, primeiro no norte da África, depois na Espanha, Itália e França.

Nesse período, a matéria-prima principal do papel foram as fibras de algodão, cânhamo e os trapos de linho, deixando, curiosamente, a madeira em desuso. No final do século XVI, os holandeses criaram uma máquina de desfazer trapos, desintegrando-os até o estado de fibras. Como forma alternativa de baratear os custos da matéria-prima do papel, a madeira foi novamente introduzida em sua composição.

Em 1850, foi desenvolvida uma máquina para moer a madeira e transformá-la em fibras. As fibras eram transformadas em pasta de celulose, chamada "pasta mecânica". Quatro anos depois, descobriu-se na Inglaterra um processo de produção de pasta por meio de tratamento com produtos químicos, dando origem à "pasta química".

A indústria do papel ganhou força com a invenção das máquinas de produção de papéis com pastas de madeira. O pinheiro e o abeto das florestas do norte da Europa e da América do Norte, pelo preço e pela qualidade da fibra, foram as primeiras espécies de árvores a ser usadas em larga escala para a fabricação de papel.

A pasta de celulose derivada do eucalipto surge em escala industrial no início dos anos 1960. Por seu rápido ciclo de crescimento, preço e resistência da fibra, o eucalipto tornou-se a principal fonte de matéria-prima para a produção de papel em todo o mundo.

Retícula e lineatura

Existem diversos meios de impressão na indústria gráfica e, para cada trabalho, um tipo adequado. Para revistas de grandes tiragens que não requerem muita qualidade gráfica, por exemplo, é indicada a técnica de impressão rotativa, na qual a rapidez é maior e o custo, menor. Já para livros de arte, em que a impressão deve ser impecável, de alta qualidade gráfica, o sistema *offset* é o mais indicado. Em projetos especiais ou em cartões de visita, o uso da serigrafia pode ser apropriado.

Nessa escolha, leva-se em conta a tiragem, a qualidade de impressão, o orçamento disponível, o tempo para execução (prazo) e, também, a criação do projeto gráfico e o material que servirá de suporte. O custo-benefício deve ser analisado para contemplar todos esses fatores.

Todos os meios de impressão são feitos por meio de retículas, processo de graduação de cores com base em pequenos pontos de tamanho e angulação variados, que, ao serem observados a olho nu, criam a ilusão óptica de um tom contínuo.

TIPOS DE RETÍCULA

A variação de pontos de retícula acontece de 1% a 99%, passando por meios-tons, que dão contraste e profundidade às imagens. Quanto menor a porcentagem da retícula, menores serão os pontos e mais longe estarão uns dos outros. Quando a porcentagem alcança 100%, significa que os pontos de retícula encontram-se grudados uns nos outros e a imagem tornou-se "chapada".

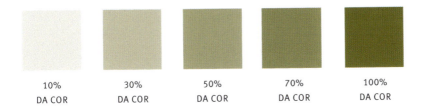

Existem diferentes tipos de ponto de retícula para a impressão gráfica. O processo tradicional é o da retícula de pontos, que podem ser quadrados, elípticos ou redondos. Esse último é o mais adotado na indústria gráfica. É a chamada retícula AM (*Amplitude Modification*). Há também a retícula FM (*Frequency Modulated*), também conhecida por estocástica. E, por último, as retículas híbridas XM (*Cross Modulated*), processo pelo qual as retículas de ponto e estocástica são utilizadas simultaneamente.

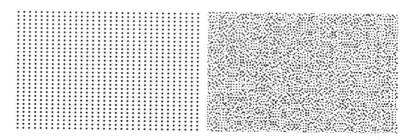

A IMAGEM ILUSTRA A DIFERENÇA ENTRE A RETÍCULA DE PONTOS REDONDOS (AM) E A ESTOCÁSTICA (FM)

Na trama de retícula AM, os pontos maiores originam valores tonais mais altos ou mais saturados, enquanto os menores são utilizados para valores mais baixos. Apesar de esse ser o processo mais utilizado pela indústria gráfica, o sistema de retícula estocástica tem o seu espaço, apesar do seu custo mais alto. É bastante utilizado em embalagens para indústria cosmética ou qualquer publicação que demande alta qualidade de impressão, com riqueza de detalhes e alta fidelidade de cores.

O processo de retícula estocástica é feito a partir de

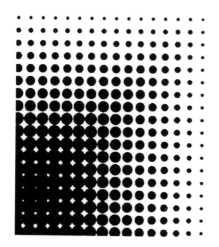

VARIAÇÃO TONAL PELO TAMANHO DO PONTO DA RETÍCULA AM: QUANTO MAIOR O PONTO, MAIS SATURADA A ÁREA

mícrons (milésimos de milímetros), no qual os pontos são distribuídos aleatoriamente, por meio de sofisticados algoritmos. Os pontos são bem pequenos, podendo medir entre 14 e 21 mícrons, equivalente a 1 ponto de 1% da retícula convencional. Para se ter uma ideia real do tamanho reduzido dos pontos estocásticos, basta considerar que um fio de cabelo humano tem a espessura de cerca de 60 mícrons. Essa diminuição dos pontos possibilita a reprodução de imagens com altíssima definição.

No entanto, esse grau de definição de pontos requer um padrão de alta qualidade em todo o processo, desde a digitalização de imagens em alta resolução até a impressão gráfica. Muitas gráficas não aderiram a esse processo pelo custo de implementação de todo o sistema operacional que a retícula estocástica requer. A incapacidade de a chapa de impressão suportar os pequenos pontos e a ineficiência do sistema de provas, que não reproduzem os pontos satisfatoriamente, são alguns inconvenientes desse processo quando executado no sistema tradicional de fotolito. Com o advento da tecnologia de impressão CTP (*computer-to-plate*) – processo que dispensa o uso do fotolito –, o *software* que gera e grava a retícula estocástica na chapa foi aprimorado, assim como o sistema de provas. Assim, muitos problemas foram superados.

Sem a necessidade de grandes mudanças no sistema operacional tradicional, é possível a utilização da retícula híbrida, que é a mistura das retículas AM e FM. Nesse processo, as matrizes são compostas por retículas estocásticas e de pontos convencionais, ganhando-se em qualidade de imagem, sem o aumento excessivo do custo. É utilizada também para impressos de alta qualidade que requerem riqueza de detalhes.

A ESCOLHA DA RETÍCULA E LINEATURA

A escolha do tamanho dos pontos de retícula deve se basear no tipo de impressão e de superfície em que será impressa. Quanto mais liso for o papel, maior a possibilidade do uso de uma retícula fina e delicada, proporcionando maior definição e riqueza de detalhes. No entanto, a retícula fina não é recomendada para impressão em papéis ásperos, como o de jornal, por exemplo. Nesse caso, o uso de uma retícula grossa é mais eficiente e evita uma impressão falhada ou "lavada".

Assim como a definição da retícula, a lineatura deve ser definida utilizando-se o mesmo princípio: tipo de impressão e superfície a ser impressa. A lineatura ou LPI (*lines per inch*) – linhas por polegadas – consiste no número de pontos por linha de impressão. Quanto maior o número de linhas por polegadas em uma imagem, menores os pontos e, como resultado, melhor definição. Ao lado, temos uma tabela de valores de lineatura para impressão *offset*.

A escolha da retícula e da lineatura está diretamente interligada. Uma depende da outra. Essa definição é feita no momento em que todas as informações do arquivo eletrônico são transformadas em retículas: na gravação do fotolito ou da chapa de matriz. Esse processo acontece, geralmente, nas gráficas. Portanto, a comunicação entre o designer e o responsável pelo trabalho na gráfica é extremamente importante.

Essa ponte entre a gráfica e o designer pode ser feita por um profissional da área, o produtor gráfico. Junto com o designer, ele define as melhores condições de impressão para cada trabalho. Com a gráfica, o produtor deve orientar e acompanhar o trabalho desde a pré-impressão até a impressão final.

Nº de LPI	Tipos de suporte	Utilização
10	Monolúcido de baixa gramatura	Impressos com retícula grossa, para serem vistos a distância: *outdoor*, grandes cartazes.
60	Papéis com superfícies ásperas. Ex.: jornal, *bufon*	Publicações que não demandam delicadeza e riqueza de detalhes. Uso de retícula grossa.
75	Papéis não revestidos. Ex.: jornal-liso, acetinados de 2ª classe, cartolina	Publicações que não demandam delicadeza e riqueza de detalhes. Uso de retícula grossa.
85	Papéis não revestidos e lisos. Ex.: jornal-liso, acetinados de 1ª classe, cartolina	Publicações um pouco mais delicadas, mas que também não demandam grande riqueza de detalhes. Uso de retícula grossa.
100 / 120	Papéis não revestidos e lisos. Ex.: *couchés* de menor qualidade, *kraft*, cartolina dúplex, acetinado	Publicações de média qualidade de definição, com retículas médias.
133	Papéis lisos. Ex.: *couché*	Publicações de média-alta qualidade de definição, impressos com retículas médias.
150	Papéis revestidos, lisos, de boa qualidade. Ex.: *couché*, *offset* alto-alvura, *opaline*	Trabalhos delicados com boa definição de imagem, uso de retículas finas. É a especificação para grande parte das publicações.
175 a 200	Papéis revestidos e lisos de alta qualidade. Ex.: *couché*.	Trabalhos que exijam altíssima definição de imagem com extrema riqueza de detalhes, como livros de arte, impressos com retículas finas, estocásticas ou híbridas.

Pré-impressão

Antes da impressão de um trabalho, é importante conhecer o processo anterior denominado pré-impressão. É nele que se define a qualidade da matriz de acordo com o meio de impressão estabelecido. Essa é a fase que contempla:
- análise de originais: opacos, transparentes e digitais;
- digitalização de imagens;
- finalização e fechamento de arquivo;
- provas de gráfica para conferência e aprovação;
- gravação da matriz.

ANÁLISE DE ORIGINAIS

As imagens que fazem parte de um trabalho são geradas a partir de originais opacos ou transparentes, que serão digitalizados em alta resolução para mídia impressa e baixa resolução para uso em mídia digital (internet ou CD-ROM). Há também os originais digitais, que dispensam o processo de digitalização, já que são gerados a partir de máquinas digitais.

Os opacos são originais que não possuem transparência. São eles: foto ampliada em papel fotográfico, ilustração em papel e impressos com retícula (originais de obras impressas).

Os originais opacos podem ser de tom contínuo, meio-tom ou a traço. Chamados de meio-tom, esse tipo de original contém várias tonalidades e porcentagens das cores, sem apresentar áreas chapadas. Os originais de tom contínuo são aqueles que têm áreas chapadas (100% da cor), além das áreas de meio-tom. E, por último, nos originais a traço, o desenho é contrastado entre a cor em sua totalidade (100%) e o branco, sem apresentar porcentagem ou meio-tom.

Já os transparentes são originais pelos quais a luz é capaz de ultrapassar. São cromos e negativos. Os cromos são transparências positivas e possuem diversos tamanhos. Os mais utilizados são:

ORIGINAL OPACO DE TOM CONTÍNUO APRESENTA ÁREAS CHAPADAS, ALÉM DAS ÁREAS DE MEIO-TOM

ORIGINAL OPACO DE MEIO-TOM CONTÉM VÁRIAS TONALIDADES E PORCENTAGENS DAS CORES, SEM APRESENTAR ÁREAS CHAPADAS (100% DA COR)

ORIGINAL OPACO A TRAÇO NÃO APRESENTA MEIO-TOM. O DESENHO É CONTRASTADO ENTRE ZERO E 100% DA COR

- 35 mm (também chamados *slides*);
- 120 mm, que geram vários formatos de cromos de acordo com a máquina fotográfica utilizada. Alguns exemplos: 6 x 4,5 cm, 6 x 7 cm e o panorâmico 6 x 17 cm;
- 4 x 5 polegadas (aproximadamente 10 x 13 cm), ideal para grandes ampliações.

Os negativos possuem as cores invertidas, portanto, são utilizados para ampliação em papel.

As fotos digitais são também um tipo de original não palpável que dispensa a digitalização, pois se trata de um arquivo digital.

Diferentemente das máquinas fotográficas tradicionais, cujo sistema é analógico (captura a imagem vista pelo visor no filme fotossensível), as câmeras digitais capturam a imagem vista no visor por meio de um sistema computadorizado composto por *chips* sensíveis à luz. O conjunto de *chips* transforma a imagem, com o auxílio de um conversor digital, em um arquivo composto por *pixels* ou pontos.

As fotos digitais são armazenadas em mídias, que podem variar de acordo com o tipo de máquina digital. As mídias mais comuns são o cartão de memória e o CD.

Existe uma grande variedade de tipos de câmeras digitais, desde os modelos caseiros, cujas possibilidades de fotos em alta resolução são menores, até modelos profissionais, capazes de gerar fotos de alta resolução, com qualidade para reprodução, em formato TIF (*tagged image file format*), além do formato mais usado pela maioria das câmeras digitais, o JPG (*joint photographic experts group*). As câmeras profissionais oferecem, portanto, as possibilidades de gerar fotos para mídia impressa (em alta resolução) e para mídia digital (em baixa resolução).

Os arquivos digitais no formato JPG são de menor qualidade em relação ao formato TIF, pois trabalham com a compressão da imagem. Essa compressão torna-o mais leve, mas, por outro lado, reduz a quantidade de informações do arquivo, deixando-o com menos qualidade de reprodução.

O formato TIF é capaz de armazenar grande quantidade de informações das cores e detalhes do arquivo digital. Por não haver compressão, o arquivo torna-se mais pesado e de melhor qualidade.

Os melhores tipos de originais são aqueles que não contêm retículas: fotos digitais ou ampliadas em papel fotográfico, cromos e ilustrações em papel. Originais de obras impressas não apresentam boa qualidade para reprodução, pois as retículas, ao serem novamente digitalizadas, entram em conflito com as células ópticas do escâner, que tem a função de gerar novas retículas. Ou seja, são retículas criadas a partir de retículas. Esse mosaico de pontos sobrepostos com ângulos incorretos gera a formação de novas figuras geométricas, o que produz o indesejável efeito *moiré* (veja mais na página 271).

Quando a utilização de originais que contenham retículas é indispensável, é possível minimizar os inconvenientes do *moiré* ou outras imperfeições do arquivo digital por meio de filtros de programas de tratamento de imagem, por exemplo, o *Photoshop*.

Para a análise dos originais é necessário o uso do conta-fios (lente de aumento). Para a visualização de cromos e negativos é necessária também uma mesa de luz. É recomendável que o conta-fios tenha a capacidade de aumentar em pelo menos oito vezes o tamanho do original. Desse modo, é possível observar os detalhes, nuances de cor e qualidade do cromo. Para análise de fotos digitais, é importante observar o arquivo na tela do computador no tamanho 100% do original. Só assim pode-se visualizar a real dimensão da definição da imagem. Na análise dos originais, sejam eles foto, cromo ou digital, é importante observar:

CONTA-FIOS: INDISPENSÁVEL PARA A ANÁLISE DE ORIGINAIS, PRINCIPALMENTE DE CROMOS E NEGATIVOS

- **foco**: se o original estiver desfocado, o aumento do tamanho deve ser bem controlado para que o desfoque não fique evidente. Se o desfoque fizer parte da criação do projeto, for intencional, o aumento do tamanho original pode ser liberado.
- **cores**: se a escala de cor está de acordo com o original fotografado. Em casos de fotos de obras de arte, esse fator é extremamente importante, uma vez que a máxima fidelidade de cor é essencial para uma boa reprodução.

FOCO: SE O ORIGINAL ESTIVER DESFOCADO, O CUIDADO COM A AMPLIAÇÃO DEVE SER REDOBRADO

CORES: FIDELIDADE DE COR COM O ORIGINAL E AJUSTE DIGITAL SE NECESSÁRIO

DENSIDADE: OBSERVAR O CONTRASTE ENTRE AS PARTES MAIS CLARAS E ESCURAS DA IMAGEM

- **densidade**: se há contraste entre as partes mais claras, menos densas, e as mais escuras, mais densas. Se o original apresentar áreas totalmente brancas, sem coloração (porcentagem zero), é aconselhável, após a digitalização, aplicar nessa área branca 2% das cores da escala CMYK. Assim, o branco da foto diferencia-se do branco do papel.

DIGITALIZAÇÃO DE IMAGEM

Junto com o sistema digital nasce o *pixel*. Por não ter dimensão definida, não é considerado uma medida. Trata-se da menor unidade de informação visual que compõe uma imagem digital. A origem da palavra *pixel* é a junção dos termos *picture* e *element*, o que forma, ao pé da letra, "elemento de imagem". O conjunto de vários *pixels* forma uma imagem.

O número de *pixels* por polegada (DPI) em uma imagem chama-se resolução. Quanto maior a resolução, mais informação e qualidade de reprodução a imagem apresentará. A resolução se define, portanto, pelo valor do DPI. É importante ressaltar que um arquivo de baixa resolução num formato grande pode ser transformado em alta resolução num formato menor. Por exemplo, uma imagem com 72 DPI que possui o formato de 200 x 200 cm pode ser modificada sem perda de qualidade para uma de 300 DPI com 48 x 48 cm.

Ao serem digitalizadas, as informações do original, seja opaco ou transparente, são interpretadas pelo escâner como pontos ou *pixels*. Nesse momento, é definida a resolução da imagem.

A indústria gráfica adotou um padrão para reprodução de originais em alta resolução de imagens: 2 *pixels* para cada linha por polegada ou LPI. Esse padrão garante o grau de detalhe necessário para reprodução. Assim, em um trabalho impresso em *offset*, com lineatura de 150 LPI, em papel liso, a resolução ideal para as imagens em quadricromia será de 300 DPI (150 LPI x 2 *pixels*).

Para imagens a traço ou texto, sugere-se a resolução de 1.200 DPI. Dessa forma é possível reproduzir traços perfeitos com máxima qualidade. Já para uso de imagens para internet ou mídia digital, usa-se a baixa resolução de 72 DPI.

A imagem abaixo à esquerda está com alta resolução de 300 DPI e 150 LPI. Ela oferece grande quantidade de pontos por polegada, com grande volume de informações e detalhes, o que gera uma boa definição para reprodução gráfica. Na imagem abaixo à direita, em baixa resolução de 72 DPI, o número de pontos por polegada diminui e, portanto, os pontos tornam-se maiores e mais visíveis. A imagem perde detalhes, tornando-se menos definida e inapropriada para impressão. Por outro lado, é mais leve e própria para uso na internet ou CD-ROM.

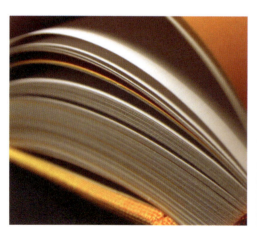 

DIFERENÇA DE QUALIDADE ENTRE UMA IMAGEM EM ALTA RESOLUÇÃO (À ESQUERDA) E EM BAIXA RESOLUÇÃO (À DIREITA)

Por meio dos filtros dos programas de tratamento de imagens, é possível melhorar a qualidade do arquivo digital, acertar as cores, aplicar texturas, corrigir imperfeições, entre muitos outros recursos. Contudo, se o original apresentar grandes problemas de retículas, serrilhado ou desfoque, o programa é capaz de minimizar esses males, mas não solucioná-los. O ideal, portanto, é ter em mãos originais de boa qualidade, com contraste e fidelidade de cores.

Além da qualidade do original, outro fator para uma boa reprodução de imagem é o escâner a ser utilizado. A capacidade do leitor óptico de um escâner é a principal característica a ser observada, pois é por meio dele que ocorre a captação da imagem. Quanto mais preciso o leitor óptico, maior a capacidade de capturar os detalhes de nuances da imagem.

O escâner de cilindro requer originais flexíveis. Nesse caso, o original é preso no cilindro, que, ao rotacionar, recebe um feixe de luz que faz a leitura óptica de digitalização do original. Já o escâner plano possibilita, além de originais flexíveis, a digitalização de originais rígidos ou que apresentam volume de espessura, como garrafa, cerâmica ou relógio.

As gráficas ou *bureaus* (empresas que fazem os serviços de pré-impressão) têm escâneres de alta resolução, capazes de reproduzir o original com muita qualidade e fidelidade. Os escâneres mais modernos apresentam resolução óptica que pode chegar até 10.000 DPI, além de ajustes de cor, contraste, controle de densidade e recursos *antimoiré*.

O original deve ser digitalizado no tamanho em que será utilizado no trabalho. Por exemplo, se o original for uma fotografia de 10 x 15 cm, e for utilizada no trabalho com o dobro do tamanho, deve ser digitalizada com 200% do seu tamanho natural. No caso de original com retículas, a ampliação na digitalização não deve ser maior do que o tamanho natural, a fim de evitar que os pontos se tornem evidentes.

O limite aconselhável de ampliação de um cromo é de seis vezes o seu tamanho original. Mais do que isso, os grãos de cristal que compõem a emulsão do filme começam a aparecer na imagem.

Após a digitalização, é recomendável não aumentar o tamanho da imagem no programa de tratamento de imagem ou de editoração. Se isso for imprescindível, o aumento não deve ultrapassar 20% do tamanho digitalizado. Caso contrário, os pontos que compõem a imagem estouram e evidenciam o efeito serrilhado, prejudicando a qualidade final.

As imagens digitalizadas podem ser salvas em diversos formatos. O tipo de formato de um arquivo digital é muito importante, pois determina a qualidade da imagem.

Para uso em mídia impressa são recomendados os formatos EPS (*Encapsulated PostScript*) e TIF (*Tagged Image File Format*), pois ambos oferecem condições de armazenar arquivos em alta resolução com boa qualidade de imagem.

O formato EPS, codificado em linguagem *postscript*, permite guardar imagens em alta resolução e apresenta a melhor qualidade de impressão, principalmente em imagens que foram ampliadas no arquivo de editoração. Por não haver compressão de informações do original, geram arquivos pesados e mais demorados para impressão. Pode ser criado e editado a partir de programas de editoração eletrônica, criação gráfica e até mesmo processadores de texto. Para ser corretamente impresso, é necessário o uso de uma impressora que suporte a codificação *postscript*. O formato EPS é capaz de suportar diferentes escalas de cor, dentre elas a quadricromia (CMYK), *grayscale*, RGB. As linguagens de uma imagem nesse formato se baseiam tanto em vetores, quanto em *pixels*.

Já a linguagem de uma imagem salva no formato TIF se baseia em *bitmap*. O *bitmap* é um formato de arquivo eletrônico formado por uma matriz de pontos. Assim como o EPS, o formato TIF permite guardar imagens em alta resolução, preservando todas as informações, contudo, apresenta menor resolução de saída. Suporta as escalas RGB, *grayscale* e CMYK. O formato TIF gera arquivos pesados, com muitas informações, mas possui a opção de compressão LZW, na qual se consegue diminuir o tamanho do arquivo sem perda de qualidade da imagem. Quando a imagem em TIF está no modo traço ou *grayscale*, é possível colori-la no programa de editoração.

As mídias digitais, internet ou CD-ROM, suportam imagens nos formatos mais leves, com menos informações de cores e detalhes. Por esse motivo, os formatos JPG (*Joint Photographic Experts Group*) e GIF (*Graphics Interchange Format*) são os mais indicados para essas mídias.

O formato JPG é capaz de reduzir consideravelmente o tamanho de um arquivo. Ao salvar uma imagem no formato JPG, é possível ajustar a qualidade e o tamanho da imagem. Por possibilitar o uso de milhões de cores, o JPG possui boa qualidade em imagens fotográficas que apresentam vários tons. Por outro lado, possui má definição em imagens com poucos tons ou com áreas chapadas. Possui excelente compressão para fotografias, tornando-se assim uma maneira viável para envio de fotografias em alta resolução pela internet.

O outro formato utilizado para mídia digital, o GIF, suporta imagem com um máximo de 256 cores. Para fotografias que tenham mais de 256 cores, a imagem fica prejudicada. Nos tons sólidos até 256 cores, proporciona boa definição. É possível definir o número máximo de cores da imagem, de 1 a 256 cores. Este formato gera arquivos de pequena dimensão, leves e próprios para a internet. Tem a capacidade de executar imagens transparentes e animadas.

FINALIZAÇÃO E FECHAMENTO DE ARQUIVO

Os trabalhos são feitos, geralmente, em programas de editoração ou de desenho. A partir deles, é feita a finalização – fase na qual todos os itens de composição do trabalho são verificados – e o fechamento de arquivo.

A conferência dos dados do arquivo de composição do trabalho é essencial para evitar possíveis erros. Segue um *check list* dos itens que devem ser verificados na finalização do trabalho:

- **fontes**: verificar se as fontes utilizadas estão todas ativadas.
- **imagens**: os *links* das imagens devem estar corretos e atualizados; o modo das imagens para mídia impressa é a escala CMYK ou *grayscale*. Imagens em RGB devem ser transformadas em quadricromia.
- **resolução das imagens**: verificar se as imagens estão em resolução adequada para mídia impressa. Muitas vezes, na fase de

diagramação, usam-se imagens em baixa resolução, que servem apenas de guia para compor o trabalho. Na finalização, essas imagens são substituídas pelas mesmas em alta resolução.
- **sangria**: foto ou qualquer elemento que ultrapassar a marca de corte (refile) do trabalho deve contemplar, no mínimo, 3 mm de sangria. Para mais segurança, a sangria de 5 mm é recomendada. Para capa dura, a sangria deve ser de 15 mm.
- **marca de corte e registro**: os recursos devem estar habilitados, pois servem de guia para a impressão.
- **páginas brancas**: para miolo de publicações que apresentam páginas vazias, sem impressão, é necessário habilitar a reprodução das mesmas para que a sequência do número de páginas seja mantida no processo de imposição.
- *trapping*: esse é um recurso que expande os contornos das cores chapadas quando há sobreposição de elementos. O resultado é uma sobreimpressão na aresta de contato entre as cores. Sua função é evitar que apareça um filete branco (ou da cor do papel) na transição das cores ou se houver um erro de registro. Para letras ou desenho a traço em preto sobre fundo colorido, o correto é aplicar o *overprint*, a sobreposição total do preto sobre o fundo colorido. Nesse caso, o fundo não é vazado pela imagem sobreposta, mantém-se intacto. Aplicado em texto ou desenho a traço em branco sobre fundo colorido, o efeito *knockout*, oposto ao *overprint*, consiste em vazar as áreas em que os objetos se interceptam, garantindo assim a não invasão da tinta sobre a área branca. Tal recurso é aplicado em texto ou desenho a traço branco sobre fundo colorido. Essas funções acontecem automaticamente, de acordo com as especificações-padrão (*default*) dos programas. No entanto, podem ser controladas pelo designer, caso o profissional ache necessário.

Depois da etapa de finalização, o arquivo deve ser enviado, aberto ou fechado, para a gráfica. O arquivo fechado em PDF é mais recomendável para evitar erros. O arquivo aberto é aquele no qual o designer executou o trabalho. Nesse caso, é necessário enviar todos os arquivos que o compõem: imagens e fontes utilizadas. A gráfica é capaz de abrir e visualizar o arquivo somente se houver o mesmo programa instalado em seu computador. Arquivos abertos possibilitam a intervenção do operador, o que dá margem a erros.

Já o arquivo fechado, chamados de PS (*postscript*) e PDF (*portable document format*) são aqueles que contêm todas as informações necessárias para a confecção da matriz de impressão. Portanto, não é necessário enviar as imagens e fontes que o compõem. O arquivo fechado é um formato mais seguro do que o aberto, pois o operador da gráfica é capaz de visualizá-lo, sem poder fazer intervenções. No processo do fechamento, o arquivo PS é submetido ao RIP (*raster image processor*), que interpreta e transforma o código *postscript* em retículas.

É possível gerar um arquivo PDF, em alta ou baixa resolução, diretamente do programa de editoração ou de programas de ilustração (*bitmap* ou vetorial). Para mídia impressa, o arquivo deve ser fechado em alta resolução, de acordo com as especificações da gráfica. Portanto, é apropriado contatar a gráfica no momento do fechamento do arquivo e certificar-se de todos os requerimentos para esse processo. Em todos os casos, para evitar erros, é prudente enviar uma prova impressa e atualizada do arquivo digital para a conferência do operador da gráfica.

Muitas gráficas aceitam somente arquivos fechados (PDF) em função da grande margem de erro que os arquivos abertos possibilitam. O fechamento do arquivo é uma segurança, portanto, não só para a gráfica, mas também para o designer.

Junto com o arquivo digital e a prova impressa, é aconselhável anexar também uma ficha de orientação para a gráfica, na qual são listadas todas as especificações técnicas do trabalho, como: tiragem, formato, número de páginas, escala cromática e número de cores a ser impresso, papel e acabamento. Além dos dados técnicos, é seguro deixar os dados para contato, faturamento e prazo de entrega do material.

PROVAS DE GRÁFICA

No decorrer do trabalho de pré-impressão, a gráfica produz provas para conferência do material. Se houver algum erro, ainda há tempo de consertá-lo, antes da impressão final. Se a prova estiver correta, deve ser aprovada por escrito.

Existem vários tipos de provas com finalidades próprias. Para a conferência do posicionamento dos elementos e a saída correta de tipografias, existe a prova heliográfica. Nesse tipo de prova é feito o boneco (modelo do produto final feito a mão) do trabalho, servindo também para conferência de montagem.

A prova de imposição ou montagem das páginas é feita nos casos em que a publicação contenha cadernos. Geralmente feitas com *plotters* (máquina de impressão digital), serve de guia para montagem e conferência das páginas.

Para a conferência de cores, existem diferentes tipos de prova, que variam em preço e qualidade. São elas:

Prova de prelo: uma das mais caras do mercado, é confeccionada a partir de fotolitos e com as cores de impressão CMYK ou especiais. Esta prova possibilita o uso de qualquer tipo de papel e o tempo médio de confecção é de 2h30. Por ser um processo de confecção similar ao da impressão *offset,* esse tipo de prova é considerado o mais fiel em relação ao resultado do trabalho impresso, principalmente em relação às cores. Por isso, é indicada para trabalhos que requerem máxima fidelidade de cores, como por exemplo, livros de arte.

Prova *cromalin* ou *matchprint*: confeccionadas a partir de fotolito, são provas que utilizam uma base própria para impressão. A prova é feita com películas coloridas, que são laminadas com um polímero fotossensível sobre a base branca. Sob exposição da luz, em uma prensa de contato, a película adere à base. Nesse processo, as cores são laminadas uma a uma sobre a base branca. Em provas *cromalin*, é possível aplicarmos cores especiais. São provas fiéis em relação às cores, mas não podem ser feitas em qualquer papel, somente em sua base própria. O tempo médio de execução é de 30 minutos e seu custo é menor do que a prova de prelo e maior do que a prova digital.

Prova digital: é confeccionada diretamente do computador, sem a necessidade de compor o fotolito. Por isso, é mais utilizada no sistema CTP de impressão, que dispensa o fotolito. A qualidade da prova varia de acordo com a máquina impressora. Inicialmente, as provas digitais eram feitas somente em um tipo de papel, mas o maior problema era a infidelidade em relação às cores. Por outro lado, seu baixo custo atraía novos adeptos. Com o desenvolvimento tecnológico da área gráfica, as digitais tornaram-se, cada vez mais, provas dignas de confiança. Atualmente, é possível, por exemplo, imprimir em vários tipos de papel, com sistema de simulação de cor especial, aprovado pela Pantone. Há impressoras digitais que utilizam a impressão com retículas, aproximando-se da reprodução *offset*.

A prova de cor tem custo mais alto do que as heliográficas e *plotters*. Por isso, é indicada para trabalhos que exijam conferência de cor ou imagem. No caso da impressão de um livro, por exemplo, a prova de cor para a capa é essencial. Já para o miolo, se houver somente texto corrido, a prova heliográfica ou *plotter* é suficiente.

As provas são indispensáveis para garantir uma boa impressão. São um retrato do que deverá ser impresso. Uma vez aprovadas pelo designer, servem de guia para o impressor.

Com as provas guias nas mãos, o próximo passo é a gravação da matriz para impressão.

GRAVAÇÃO DA MATRIZ

Todos os meios de impressão possuem uma matriz, que serve de base para a reprodução. Chama-se grafismo toda a parte da matriz que possui imagens e letras, ou seja, o que será impresso. A parte não impressa é nomeada contragrafismo.

A partir do arquivo digital ou da arte-final é feita a gravação do grafismo no fotolito. A partir do jogo de fotolitos é feita a gravação em diversas matrizes de impressão gráfica.

Na impressão *offset*, além do tradicional fotolito, desenvolveu-se o moderno sistema de gravação de matrizes chamado CTP (*computer-to-plate*). Nesse sistema, o uso do fotolito é dispensado, e a gravação é feita com laser a partir do arquivo digital, gerando uma matriz impressora para cada cor: ciano, magenta, amarelo, preto.

Cada cor possui, separadamente, uma matriz, e ao serem impressas, sobrepostas, são capazes de reproduzir grande parte das cores da natureza. A identificação de cada cor aparece impressa fora da área útil de impressão, sendo eliminada na hora do refile.

Por exemplo, em um trabalho cuja impressão é de 4 x 4 cores em quadricromia, haverá 4 matrizes para a frente da publicação e 4 para o verso. O amarelo, o ciano, o magenta e o preto estarão representados por uma matriz distinta, que, sobrepostas na impressão, formarão a imagem colorida.

IMAGEM CMYK

MATRIZ DO CIANO

MATRIZ DO MAGENTA

MATRIZ DO AMARELO

MATRIZ DO PRETO

Geralmente, as cores ciano e magenta apresentam mais riqueza de detalhes. O preto dá contraste, brilho e definição. Já o amarelo é a cor que contém menos informação de detalhes.

Os ângulos de impressão das matrizes de cor diferem uns dos outros em relação à superfície a ser impressa. Essas angulações variam de 0 a 90 graus, passando por 15, 45 e 75 graus. Habitualmente, as gráficas adotam o seguinte padrão:

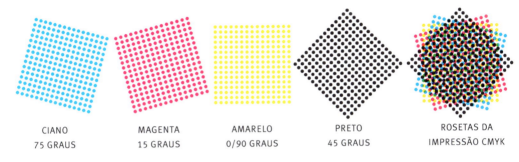

CIANO
75 GRAUS

MAGENTA
15 GRAUS

AMARELO
0/90 GRAUS

PRETO
45 GRAUS

ROSETAS DA
IMPRESSÃO CMYK

O efeito visual que se forma a partir da sobreposição das retículas das quatro cores CMYK, considerando todas as diferenças de inclinação, chama-se roseta. A variação desses ângulos garante que, após o trabalho impresso, os pontos de retícula não sejam percebidos isoladamente. Assim, a ilusão de tom contínuo das retículas torna-se eficiente.

As diferenças de inclinação de cada cor são importantes também para evitar um efeito indesejável chamado *moiré* (pronuncia-se moarê). Esse efeito dá-se pela sobreposição de retículas com ângulos incorretos ou quase idênticos, gerando a formação de novas figuras geométricas, conforme a figura abaixo.

EFEITO *MOIRÉ*
GERADO PELA
ANGULAÇÃO
INCORRETA DOS
PONTOS DE
RETÍCULA

Tipos de reprodução

Após a fase de pré-impressão, com aprovação de provas de gráfica, inicia-se a fase de impressão do trabalho. A reprodução pode ser feita das seguintes maneiras:

Relevografia (tipografia, flexografia e tampografia): a impressão é feita por meio de relevo e usa o clichê ou a borracha como matriz.
Planografia (litografia e *offset*): é feita com a forma plana de impressão e tem a pedra (litografia) e a chapa (*offset*) como matriz.
Encavografia (heliogravura e rotogravura): a reprodução é feita por meio do baixo-relevo ou funda, tendo o cilindro como matriz.
Permeografia (serigrafia): a impressão é feita com o uso de uma matriz de tela.
Eletrografia (xerografia e impressão digital): a reprodução acontece a partir de arquivos digitais ou folha impressa, que servem de matriz.

RELEVOGRAFIA

Tipografia

MATRIZES DE TIPOS MÓVEIS: INICIALMENTE FEITOS EM MADEIRA, EVOLUÍRAM PARA OS TIPOS DE METAL

Esse sistema de impressão foi inventado pelos chineses e aprimorado por Gutenberg. A matriz usada na impressão tipográfica são os tipos móveis, que eram inicialmente feitos de madeira (xilogravura). Gutenberg introduziu os tipos de metal, mais resistentes e de melhor qualidade do que os de madeira.

As letras e desenhos são desenhados invertidos e em relevo nas matrizes dos tipos móveis.

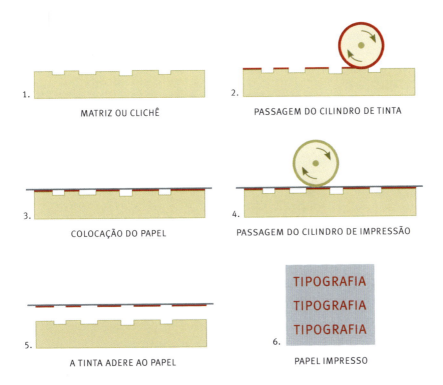

Os tipos móveis são encaixados em um caixilho, lado a lado, formando a matriz, também chamada clichê, que é entintada. A tinta permanece somente nas partes em relevo. O papel é colocado sobre a matriz e, com a pressão do cilindro, a tinta adere ao papel gerando a impressão tipográfica.

As matrizes são formadas, geralmente, pelos metais zinco ou bronze. Hoje é possível fabricá-las com o *nyloprint*, um tipo de borracha que é mais resistente ao atrito e pode ser confeccionado a partir de um fotolito.

O processo de impressão tipográfica é mais lento do que impressoras *offset* e rotogravura. Por outro lado, tem um custo mais baixo. É indicada para impressos de pequena tiragem (abaixo de mil exemplares).

A impressão tipográfica é adequada para trabalhos que necessitam de numeração individual, como talões de nota fiscal, e também para impressão de figuras em relevo e a quente (*hot-stamping*). É utilizada para a impressão de convites de casamento, cartões de visita e projetos especiais.

Flexografia

Inicialmente chamada de "impressão com anilina", a flexografia tem origem nos Estados Unidos, na década de 1920. Esse processo de impressão tem a característica de flexibilidade, dada a sua matriz feita de borracha ou polímeros.

A matriz, confeccionada a partir de um fotolito, é composta de clichês de borracha, em alto-relevo, que são colados nos cilindros de impressão da máquina de flexografia. Resistente a grandes tiragens, é o tipo de impressão direta que trabalha com bobinas e uso de tinta líquida à base de água ou solvente de secagem rápida.

Quanto à qualidade da impressão flexográfica, pode-se notar no material impresso, com o uso de um conta-fios, o espalhamento de tinta, chamado *squash*, nas bordas e nos contornos. Esse espalhamento ocorre pela pressão da bobina aplicada sobre a matriz.

Esse processo de impressão está em plena evolução, e a flexografia moderna usa como matriz o cilindro gravado de impressão e o uso de retículas. O cilindro gravado, chamado *anilox*, permite melhor qualidade de impressão, capaz de reproduzir traços finos e retículas de até 150 linhas por polegada. É indicado para altas tiragens.

A flexografia é um dos sistemas de impressão mais versáteis e de baixo custo que existem. Sacolas plásticas e de papel, papéis laminados, poliéster, plásticos, tecidos, cerâmicas e papelão ondulado são exemplos de possibilidades de impressão flexográfica. Atualmente, o uso desse sistema de impressão em embalagens flexíveis é muito empregado, dada a evolução dessa técnica nos últimos tempos.

Tampografia

É um sistema indireto de impressão, indicado para média e alta tiragens, no qual a matriz é o clichê de baixo-relevo. A imagem da matriz é transferida para uma peça de silicone, denominada tampão. Depois de receber a tinta, o tampão imprime a imagem no suporte. O tampão, além de flexível, possui diferentes formatos, o que permite a impressão em superfícies irregulares, côncavas, convexas e em degraus.

Criada no século XIX pela corte inglesa, a tampografia era um sistema rudimentar que utilizava tampões em gelatina. Nos anos 1950, desenvolveu-se em nível industrial, inicialmente para a decoração de relógio de pulso suíço.

Atualmente, o clichê de silicone é muito resistente, permitindo um número alto de impressões, o que agiliza o processo de produção. Existem máquinas que imprimem de uma só vez as quatro cores da escala de quadricromia.

A tampografia oferece alta qualidade de definição e precisão em traços de linhas finas e grafismos. Para grandes áreas impressas e imagens que necessitam de grande cobertura de tinta, a serigrafia é mais recomendável. Esses dois sistemas de impressão se complementam muito bem. Quando a impressão em superfícies irregulares se torna um problema para a serigrafia, geralmente, a solução é imprimir com a tampografia.

Plásticos, metais, vidros, madeiras, couros e outros suportes são adequados para a impressão tampográfica. Por isso, é muito utilizada em brinquedos, relógios, eletrodomésticos, vidrarias, brindes, pratos, teclas de computador, painéis de aparelhos eletrônicos, canetas, calçados e outros objetos tridimensionais.

PLANOGRAFIA

Litografia

A litografia é a técnica precursora do *offset*. O termo litografia, de origem grega, significa: *lithos* = pedra; *graphein* = escrever. É uma técnica de impressão direta, cuja matriz é uma pedra. A base dessa técnica é o princípio da repulsão entre a água e o óleo.

Ao contrário da xilogravura e da gravura em metal, nas quais o desenho da matriz é feito por fendas e sulcos, a litografia é planográfica, ou seja, o desenho é feito na matriz plana de pedra por meio de um lápis gorduroso. A gordura passa por um processo de fixação na pedra. A matriz compõe-se por áreas sem gordura, que retêm a água, e a área desenhada, que é gordurosa e, portanto, repele a água. A matriz, umedecida com água, recebe a tinta litográfica, que, oleosa, adere somente nas partes engorduradas. O papel é colocado sobre a pedra e, por meio de um cilindro de pressão, a área de grafismo é decalcada sobre o papel.

Criada pelo ator e escritor alemão Alois Senefelder, por volta de 1796, a litografia foi extensivamente utilizada nos primórdios da imprensa, no século XIX, para impressão de documentos, rótulos, cartazes, mapas e jornais. Como meio de expressão, foi uma técnica muito usada por artistas, como Toulouse-Lautrec, Goya, Renoir, Cézanne, entre outros, que renovaram a litografia em cores.

O último aperfeiçoamento da impressão litográfica foi o uso da matriz de zinco em vez da pedra. Esse processo de impressão foi substituído pelo sistema *offset* e, hoje, praticamente não é utilizada.

Offset

A impressão *offset* é uma evolução da litografia e tem como base o mesmo sistema de repulsão entre a água e o óleo (tinta). Possui um sistema de impressão indireto de alta qualidade, realizado em máquinas planas ou rotativas. As máquinas planas usam o papel cortado para impressão (chamada impressão folha a folha) e as rotativas, bobinas de papel. A chapa flexível de impressão é a matriz desse processo.

A qualidade de impressão *offset* está direta e proporcionalmente ligada ao tipo de papel a ser utilizado: quanto melhor a qualidade do papel, melhor o resultado final de impressão.

O primeiro passo da impressão *offset* é a gravação da chapa. Essa gravação pode ser feita com o fotolito ou diretamente de arquivos digitais por meio do sistema CTP.

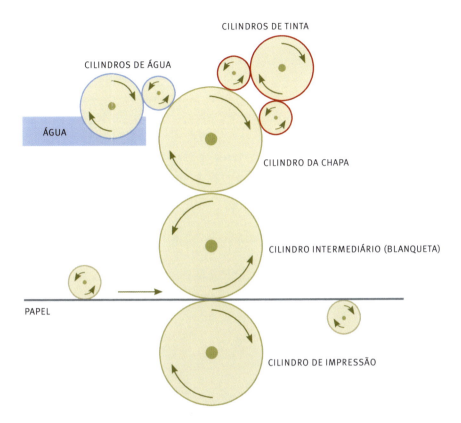

Na gravação com o fotolito, a chapa metálica é preparada para tornar-se fotossensível. O fotolito, que contém a área de grafismo gravado em negativo, é disposto sobre a chapa e ambos são expostos à luz por determinado tempo. Esse tempo de exposição deve ser preciso para não superexpor ou subexpor a imagem.

As partes que são expostas à luz tornam-se hidrófilas, ou seja, no momento da impressão atrairão a água e repulsarão a tinta oleosa. É considerada, portanto, a parte de contragrafismo. Já as partes que não são expostas à luz, protegidas pelo fotolito, são lipófilas: atraem e retêm a gordura (tinta oleosa). É a área de grafismo. Depois da gravação, a chapa passa por processos químicos de revelação e fixação. Por último, a chapa é lavada com água e está pronta para ir para a máquina de impressão.

No processo mais recente, a gravação da chapa acontece pelo sistema CTP, diretamente do arquivo digital para a chapa de impressão, eliminando a etapa do fotolito. As chapas fotossensíveis são gravadas a laser e reveladas por meio de processos químicos. Depois de lavada com água, a chapa passa para o segundo estágio: a montagem.

A máquina de impressão *offset* possui três cilindros que formam a unidade de impressão. São eles:
- cilindro da chapa;
- cilindro blanqueta;
- cilindro impressor ou de pressão.

Tanto nas máquinas rotativas quanto nas planas, o sistema de impressão indireto funciona de maneira rotativa.

A matriz é acomodada e presa no cilindro da chapa por meio de pinças. Esse cilindro é mantido úmido por uma fonte de água. A tinta, de base oleosa, é transferida para o cilindro da chapa e adere somente nas áreas lipófilas (de grafismo) da matriz. Ao receber a tinta, o cilindro da chapa transfere o grafismo invertido para o cilindro intermediário de borracha (blanqueta), que ajuda a manter o papel seco. O papel é puxado para o cilindro impressor, que exerce uma pressão sobre o cilindro intermediário. Este, por sua vez, imprime a área de grafismo no papel.

Cada chapa é usada para transferir uma cor. Para impressos em quatro cores, portanto, são necessárias quatro chapas. As quatro

DESENHO DE UMA MÁQUINA *OFFSET* 4 CORES: EM CADA TORRE É IMPRESSA UMA CHAPA DE COR DA ESCALA CMYK

cores da escala cromática mais utilizada são: ciano, magenta, amarelo e preto (CMYK). A partir dessa escala – a quadricromia – é possível reproduzir quase todas as cores.

As máquinas *offset* foram inventadas pouco antes de 1900 e tornaram-se um sucesso por possibilitar, na época, a impressão de 5 mil folhas por hora. A evolução do processo *offset* foi rápida e as máquinas tornaram-se cada vez mais velozes e de melhor qualidade.

Surgiram as máquinas capazes de realizar a impressão de duas, quatro e até seis cores em uma única passagem da folha de papel. Posteriormente, desenvolveram-se as máquinas de retroverso, que possui o recurso de imprimir a folha na frente e no verso em uma única passagem pela máquina. Combinações como quatro cores na frente e duas no verso, ou duas cores na frente e no verso e muitas outras puderam ser feitas com apenas uma entrada de máquina.

Com a evolução da informática, foram elaborados sistemas informatizados, que possibilitam o controle da máquina de impressão pelo computador. O operador pode controlar a carga de tinta nos diferentes pontos da chapa, conforme a necessidade, ajustar o acerto das cores, mudar a pressão do cilindro de impressão conforme a espessura do suporte e muitos outros recursos.

Atualmente, existem máquinas *offset* que imprimem até 10 cores de uma vez, com uma entrada de máquina e sistema de retroverso. As máquinas *offset* rotativas, que são ainda mais rápidas do que as planas, são capazes de dar 55 mil giros por hora. Já uma *offset* plana de quatro cores, por exemplo, imprime cerca de 15 mil folhas por hora.

Apesar de não serem muito difundidas, existem também máquinas de impressão *offset* que não usam água na impressão. É o chamado *waterless*. Nesse sistema, a chapa recebe uma camada superficial de silicone e uma base de alumínio. O grafismo é gravado na chapa com o raio laser ou pela exposição convencional de luz. O silicone é perfurado até a base de alumínio formando minúsculos orifícios (alvéolos). Sendo o silicone lipófobo (que repele corpos gordurosos) e a base de alumínio lipófila (que atrai corpos gordurosos), a tinta adere apenas nas áreas perfuradas (de grafismo). O processo de impressão *offset* é um dos mais utilizados pela indústria gráfica, pois apresenta um bom custo-benefício para média e alta tiragens. A tiragem mínima que compensa o custo de impressão é de mil cópias em máquinas planas. Quanto maior a tiragem, menor o preço unitário de cada exemplar. A impressão em *offset* rotativa é indicada para tiragens maiores, geralmente acima de 20 mil cópias.

ENCAVOGRAFIA

Heliogravura

São todos os processos de gravura funda ou baixo-relevo, obtidas por fotogravura, que são processos fotomecânicos dependentes da ação da luz. O processo heliográfico de maior aplicação é a rotogravura.

Rotogravura

Esse sistema de impressão direta utiliza uma matriz cilíndrica de baixo-relevo, que pode ser também uma chapa plana que se amolda ao cilindro de impressão.

A matriz ou cilindro gravado de impressão recebe a tinta líquida de secagem rápida do rolo entintador, que se localiza no tinteiro ou tanque de tinta. Antes de entrar em contato com a superfície a ser impressa, a raspadeira, que elimina a tinta das partes não gravadas, passa pelo cilindro de impressão. Os sulcos permanecem entintados. Com a força do cilindro de pressão, a tinta dos sulcos é transmitida para o papel ou qualquer superfície a ser impressa.

A primeira máquina de rotogravura rotativa surgiu por volta de 1910, permitindo a impressão simultânea de texto e imagens.

O cilindro de impressão das máquinas de rotogravura são altamente resistentes e podem imprimir mais de um milhão de

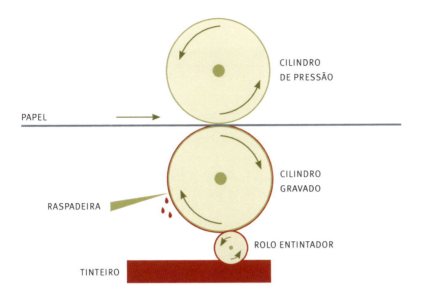

cópias. Aliada a isso, a velocidade das máquinas é muito alta, podendo ser impressas, de uma só vez, quatro ou cinco cores na frente e no verso do papel (folha solta ou bobina). Por esse motivo, esse tipo de impressão é apropriado para altas tiragens: é capaz de fazer de 30 mil a 100 mil giros por hora, gerando mais de 8 milhões de cópias.

A qualidade de impressão da rotogravura é inferior à *offset*. Na rotogravura, todas as imagens, textos ou áreas chapadas são impressos reticulados na matriz de impressão. Dessa forma, os detalhes finos e delicados correm o risco de se perderem. O desenho de tipos parece mais grosso e com bordas serrilhadas. Por outro lado, os meios-tons não são prejudicados.

As impressoras de rotogravura aceitam vários tipos de papel: de baixa a alta qualidade, laminados ou não. Além da variedade de papéis, a superfície de impressão pode ser o plástico, o alumínio ou materiais flexíveis. Portanto, essa técnica é muito utilizada para fabricação de embalagens flexíveis ou semirrígidas. É também muito empregada no ramo editorial para impressão de revistas de alta tiragem.

PERMEOGRAFIA

Serigrafia

Também conhecido como *silk-screen*, a serigrafia é um dos mais antigos processos de impressão, criada pelos egípcios nas construções das pirâmides e, posteriormente, usada pelos chineses. É uma técnica de impressão direta que, inicialmente, era totalmente artesanal com o uso de telas de seda. A origem do nome vem do latim *sericum*, que significa "seda", e do grego *graphein*, grafia; daí, serigrafia.

Atualmente, a matriz de impressão dessa técnica é a tela de tecido, de *nylon* (mais elástica), de poliéster (mais resistente e estável), ou metálica (produz o efeito antiestático). A lineatura do tecido (quantidade de fios por centímetro linear) e o diâmetro do fio são fundamentais nesse processo de impressão. Quanto mais detalhado e delicado for o grafismo a ser impresso, mais finos os fios do tecido devem ser. O tecido é esticado e fixo em uma moldura rígida, o caixilho, que pode ser de madeira, ferro ou alumínio. Esse último é considerado ideal por ser leve e apresentar maior vida útil. Nas partes interna e externa da tela de tecido é aplicada uma emulsão impermeável à tinta, uma camada fotográfica uniforme e sensível à luz. Através da exposição da luz, grava-se a área de grafismo na tela de tecido. Esse processo ocorre a partir de um fotolito, que é preso do lado externo da matriz.

O fotolito deve ser gravado positivamente para que a parte escura de grafismo permaneça totalmente opaca e evite a passagem da luz.

O tempo de exposição da luz determina, entre outro fatores, a qualidade do grafismo. A revelação da matriz acontece, geralmente, com um jato suave de água.

As regiões gravadas na tela, o grafismo, são permeáveis à tinta, ligeiramente pastosa, e as regiões não gravadas permanecem im-

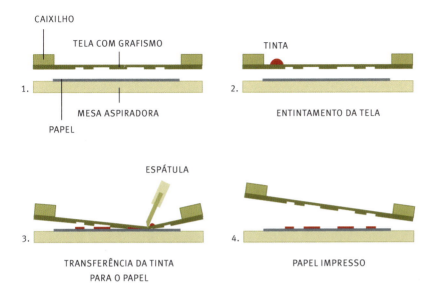

permeáveis. A tinta é aplicada sobre a tela e, com a pressão de um rodo ou espátula de borracha, as partes permeáveis são transferidas para a superfície a ser impressa. Após a secagem do material impresso, é possível sentir, ao passar o dedo no grafismo, o relevo da tinta seca impressa no suporte.

Os suportes para impressões serigráficas são bem variados: tecidos, cerâmicas, plástico, vidro, metal, couro, além de vários tipos de papel. Muito usada em produtos eletrônicos, brinquedos, brindes, embalagens, calçados e na área editorial.

O uso de tinta branca sobre fundo escuro é uma característica peculiar da serigrafia.

Indicada para pequena e médias tiragens, as máquinas de serigrafia são lentas, mas são capazes de reproduzir trabalhos com alta qualidade de impressão.

Com a construção de máquinas automáticas para produções industriais e matrizes de impressão mais resistentes, essa técnica ganhou espaço na indústria gráfica nos últimos tempos.

ELETROGRAFIA

Xerografia

Método de impressão eletroestático, a xerografia tem como matriz de impressão um original impresso ou desenhado. É indicada para baixas tiragens.

Impressão digital

A matriz de impressão dessa técnica é o arquivo digital. Sem a necessidade do fotolito, a impressão é feita diretamente do computador para a máquina impressora.

Indicada para baixas tiragens, até 500 exemplares, a impressão digital apresenta limitações quanto ao tipo e à gramatura do papel a ser impresso: geralmente de 75 g a 240 g. Outra restrição desse sistema é a reduzida área de impressão do papel: cerca de 30 x 45 cm. O formato do documento aberto deve ser igual ou menor do que a área útil de impressão.

As máquinas impressoras digitais de melhor qualidade trabalham com o sistema CMYK de impressão reticulada e imprimem frente e verso simultaneamente, aproximando-se da impressão *offset*. Essa técnica de impressão está em plena evolução e, com a ajuda da tecnologia, vem se aprimorando em qualidade e custo a cada dia.

Acabamento

A fase do acabamento é também chamada de pós-impressão. Essa etapa comporta diversas possibilidades de combinações com um vasto número de opções, como aplicação de verniz, laminações, uso de facas especiais, *hot-stamping*, relevos, encadernações etc. Sendo assim, o acabamento pode ser simples ou extremamente requintado.

Essas várias opções podem dar a ilusão de que basta usar algum tipo de acabamento diferenciado para que o produto final esteja salvo. Entretanto, o acabamento por si só é incapaz de enobrecer um trabalho. Sua função é a de servir como um diferencial aliado ao projeto gráfico para valorizá-lo.

Além da harmonia com o projeto gráfico, que abrange a qualidade do papel e o tipo de impressão, as especificações de acabamento devem respeitar o orçamento disponível para o trabalho.

Nessa etapa, é importante também que o designer oriente precisamente a gráfica. E as orientações devem ser seguidas à risca pelo operador gráfico, já que um erro de acabamento é capaz de arruinar todo o trabalho impresso.

VERNIZ

O verniz tem a função de diferenciar, destacar algum elemento ou área na página, além de proteger o impresso. Pode ser aplicado na área total do trabalho (verniz total) ou somente em uma área determinada (verniz com reserva).

Existem vários tipos de verniz: brilho, fosco, texturizado, cintilante, perolizado e aromático. A aplicação do verniz deve ser feita com parcimônia. Seu uso abusivo em um trabalho perde a função de destacar e diferenciar áreas definidas.

Os mais utilizados pelas gráficas são o verniz do tipo UV (ultravioleta) e o de máquina. O verniz de máquina, que pode ser aplicado *in-line* (durante a impressão) ou *off-line* (em outra máquina, após a impressão), serve como selante, impendindo a absorção de umidade. Apresenta-se nas versões brilho, semibrilho e fosco. Sua versão brilhante possui menos brilho do que o verniz UV.

O verniz UV apresenta as versões alto briho, brilho, fosco, texturizado, cintilante, fluorescente, perolizado e aromatizado. É mais resistente e encorpado do que o verniz de máquina. Esse tipo de verniz não possibilita a fixação da cola para encadernação. Portanto, se um livro possuir aplicação de verniz UV no verso da capa, deve-se fazer a reserva sem verniz para a colagem.

Ambos quebram na dobra, por esse motivo, é preciso o cuidado de não aplicar o verniz em dobras. Se a área do verniz passar pela dobra, é preciso reservar em 1 mm a área da dobra para que o verniz não seja aplicado no local.

LAMINAÇÃO

A laminação é a aplicação de uma lâmina de plástico fosco, brilhante, holográfico ou texturizado na área total do impresso, sem a possibilidade de reserva. Conhecida como BOPP, sua função é dar resistência ao impresso e dar um destaque de brilho ou opacidade na área determinada. A opacidade dá a sensação de acetinado, lisura ao impresso, além de protegê-lo contra marcas de dedos. Ao contrário do verniz, a laminação não quebra ao ser aplicada em dobras. Por ser feita a quente, é indicada para papéis com gramatura acima de 120 g. Caso contrário, corre-se o risco de o papel deformar.

A laminação aceita a aplicação da tinta UV, no entanto, deixa-a um pouco opaca.

PLASTIFICAÇÃO

Como o próprio termo indica, é a aplicação de um plástico sobre o trabalho impresso. Esse tipo de acabamento é recomendável para papéis com gramatura acima de 150 g. Sua maior função é a de proteger o impresso. A plastificação pode ser fosca ou brilhante.

HOT-STAMPING

A base da gravação *hot-stamping*, também chamada de gravação a quente, é o calor e a pressão. A partir de um fotolito, elabora-se uma matriz relevográfica que, com o calor e a pressão da máquina, transfere a película de celofane para o suporte a ser impresso. A mesma máquina de corte e vinco, que trabalha com facas especiais, é capaz de fazer esse tipo de gravação a quente.

A película de celofane possui uma grande variação de cores metálicas, além de desenhos de texturas diferentes como as holográficas e de segurança. É possível fazer a combinação de *hot-stamping* com relevo a seco.

RELEVO

Assim como a gravação do *hot-stamping*, o relevo a seco pode ser feito na máquina de corte e vinco, por meio de um molde e um contramolde que, pressionados um contra o outro, marcam o grafismo no papel. Os moldes são feitos a partir de um clichê, que por sua vez é confeccionado por um fotolito. Papéis com gramatura acima de 120 g são os mais indicados para aplicação do relevo. Essa técnica tem várias opções de altura e inclinação. A altura varia de 0,005 mm a 0,028 mm. Em um mesmo grafismo é possível combinar alturas diferentes. Já a inclinação da parede do relevo vai de 30° a 55°.

O relevo a seco pode ser plano, arredondado, *roof* (telhado) ou modulado (usado para aplicação de brasões). Existe também o baixo-relevo a seco, no qual o relevo é invertido e a profundidade se dá no lado impresso do papel. Outro tipo de relevo, que não utiliza moldes, é o tipográfico, conhecido como relevo americano. Nesse processo, o impresso recebe uma camada de resina em pó que, em contato com o calor do forno, estufa e define o grafismo no papel.

Além da viabilidade de combinar diferentes tipos de relevos numa mesma publicação, é possível também combiná-los com áreas impressas ou *hot-stamping*.

REFILE

Todos os impressos passam pelo refile ou corte linear. O corte é feito no material impresso por uma guilhotina, de acordo com a marca de corte impressa no trabalho. A máquina de guilhotina é composta por uma faca cortante horizontal que, acionada pelo operador, desliza entre dois bastidores de ferro. Algumas guilhotinas apresentam dispositivos de memória magnética capazes de registrar planos de trabalho. Assim, o trabalho de corte é automatizado e agilizado.

O corte de refile é sempre linear. Quando se trata de um folheto, por exemplo, é feito o refile das quatro laterais do impresso. Já em um livro, o refile é trilateral, ou seja, acontece na lateral externa, oposta à lombada, nas partes superior e inferior do impresso.

É recomendável deixar uma medida mínima de segurança de 4 mm entre o grafismo impresso – que pode ser texto e/ou imagens – e a marca de corte de refile.

FACA

Para impressos que apresentam formato diferenciado, que não seja somente linear, o corte é feito por meio de uma faca, uma matriz de corte elaborada unicamente para o trabalho. A faca é gerada a partir de um arquivo eletrônico ou fotolito. Por meio de uma máquina de corte e vinco, a faca é capaz de, além de cortar, vincar e fazer diferentes tipos de picote no impresso.

No desenho da faca, convencionou-se que:

―――――――――――― (traço contínuo) = corte

― ― ― ― ― ― ― ― ― ― ― ― (traço serrilhado) = dobra

― · ― · ― · ― · ― · ― (traço serrilhado com ponto) = picote

DOBRAS

A dobragem de um trabalho pode ser mecânica, feita por meio de máquinas automáticas ou semiautomáticas, ou manualmente com o auxílio de uma ferramenta denominada dobradeira.

Existem dois tipos de dobras: as paralelas e as perpendiculares, também chamadas de cruzadas. Livros e publicações com cadernos são exemplos de dobras paralelas. Dobras perpendiculares entre si são usadas, geralmente, em folhetos e materiais promocionais.

Seguem algumas ilustrações de dobras paralelas e cruzadas mais comuns.

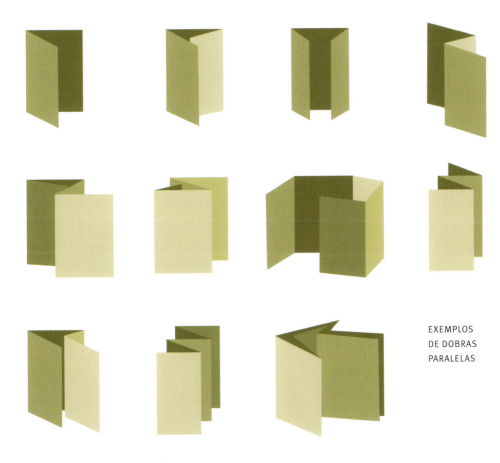

EXEMPLOS DE DOBRAS PARALELAS

EXEMPLOS
DE DOBRAS
CRUZADAS

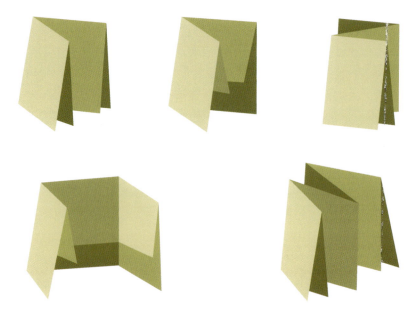

A direção da fibra do papel deve ser considerada, pois está diretamente ligada à qualidade da dobra. As fibras do papel, quando paralelas à dobra, não apresentam resistência à ação da dobragem, o que resulta em uma dobra natural, de boa qualidade. Caso contrário, o processo de dobra torna-se mais resistente devido à posição das fibras em perpendicular, gerando uma dobra serrilhada. Esse aspecto é mais notado em papéis de alta gramatura.

No caso de dobras cruzadas, a fibra do papel deve estar paralela ao maior número de dobras do trabalho. As dobras perpendiculares à fibra do papel devem acontecer o mínimo possível.

Os papéis com gramatura superior a 150 g exigem maior cuidado no processo de dobras. O limite de duas dobras paralelas é recomendado para essa gramatura. Há casos em que o ideal é executar um vinco antes da dobragem.

O processo de dobra de papel ou outro material pode ser feito durante ou após a impressão. Quando é feita simultaneamente com a impressão, é chamada dobra em linha. O mais comum é a dobra ser feita após a impressão (*off-line*).

A execução da dobra em linha é limitada quanto aos tipos de dobra e indicada para produtos restritos de grande tiragem. Se, por um lado, a dobra em linha elimina a etapa da dobra *off-line*, por outro, reduz o andamento da impressão.

A dobra *off-line*, mais utilizada na indústria gráfica, possibilita maior número de dobras diferentes. Algumas dobradeiras automáticas executam, além de dobras combinadas, o corte com faca e bolsas.

A máquina de dobra combinada possui dois sistemas de dobra, permitindo executar dobras complexas com bom registro e velocidade.

ENCADERNAÇÃO

O tipo de encadernação varia de acordo com a publicação impressa. Essa escolha deve ser feita na criação do projeto gráfico, considerando a vida útil do trabalho e o orçamento disponível.

As publicações podem ser encadernadas de diversas maneiras: capa dura ou mole, com miolo colado, costurado ou grampeado. Cada tipo de encadernação apresenta uma lombada diferente: canoa, quadrada, espiral.

Cálculo de lombada

Para calcular o tamanho de uma lombada, é preciso ter definido o número de páginas e a gramatura do papel a ser utilizado. A partir dessas informações, a gráfica pode fazer um boneco para medir o tamanho exato da lombada.

Outra maneira de se chegar ao tamanho da lombada em centímetros é multiplicar o número de páginas pela gramatura do papel e dividir esse resultado por 14.400. Ou seja:

$$\frac{\text{NÚMERO DE PÁGINAS} \times \text{GRAMATURA DO PAPEL (g)}}{14.400} = \text{LOMBADA (cm)}$$

Para brochuras, acrescentar 0,1 cm. Para capa dura, acrescentar 0,4 cm.

Por exemplo, uma brochura com miolo de 160 páginas impresso em papel pólen 80 g, o cálculo da lombada seria o seguinte:

160 x 80 / 14.400 + 0,1 cm = 0,98 cm

A espessura mínima de 0,4 cm do miolo é recomendada para formar a lombada quadrada. Para miolos que tenham menos que essa espessura, a lombada canoa é mais indicada.

Lombada quadrada

Nas encadernações com cadernos, a etapa de produção do miolo consiste em: dobrar, alcear, costurar ou fresar e colar. Esse processo gera uma lombada quadrada.

Após a impressão, o miolo é dobrado, folha a folha, até formar os cadernos. Em seguida, os cadernos são alceados, ou seja, sobrepostos em ordem correta de paginação. Depois, são costurados ou fresados uns nos outros, formando a lombada quadrada.

O acabamento com costura dos cadernos garante ao livro uma vida útil maior do que a fresagem. Os cadernos costurados recebem ainda uma cola na lombada.

A fresa consiste em desbastar a lombada, formando uma superfície áspera. Após esta operação de desbaste, a lombada recebe a cola que fixa os cadernos uns nos outros, junto com a capa.

A fresagem pode ser feita também em miolo composto por folhas soltas, sem estarem dispostos em cadernos. Esse tipo de encadernação, ainda menos resistente do que a lombada formada por cadernos, é utilizado para revistas ou publicações de pouca vida útil. Por outro lado, tem custo menor do que a brochura costurada.

A fixação da capa no miolo varia de acordo com o tipo de encadernação. A lombada quadrada é utilizada para publicações que apresentam capa dura, flexível e mole (brochura).

- Capa dura ou cartonado

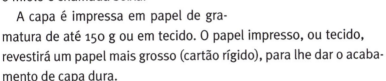

Neste processo, a capa é produzida separadamente das páginas do miolo. Possui um tamanho maior do que o miolo, geralmente 3 mm a 5 mm de cada lado. Essa diferença entre a capa e o miolo é chamada seixa.

A capa é impressa em papel de gramatura de até 150 g ou em tecido. O papel impresso, ou tecido, revestirá um papel mais grosso (cartão rígido), para lhe dar o acabamento de capa dura.

Para fixar a capa dura com o miolo previamente costurado, colado e refilado, faz-se o uso das guardas. As guardas são coladas na primeira e na última página do miolo e, em seguida, coladas no verso da capa dura.

Esse tipo de acabamento é mais trabalhoso e tem custo mais alto do que as capas flexível e mole. Por outro lado, oferece maior longevidade à publicação e torna-a mais luxuosa. É indicado para livros de arte, de literatura, catálogos.

- Capa flexível

A capa flexível é uma opção intermediária das capas dura e mole, tanto em termos de custo quanto de durabilidade.

Esse tipo de acabamento adota o mesmo processo da capa dura, com a diferença de que a capa não reveste um papel cartão grosso, mas é impressa, assim como a capa mole, num papel de gramatura média (de 250 g a 350 g).

A montagem da capa flexível com o miolo segue as mesmas técnicas da capa dura, inclusive com o uso de guardas e seixa. O uso de orelhas em capas flexíveis é opcional.

- Capa mole (brochura)

A capa mole é impressa em papel de gramatura média, geralmente entre 250 g até 350 g.

Nesse tipo de capa, o uso de orelhas também é opcional. Se o orçamento permitir, é aconselhável adotar o uso de orelhas em capa mole para valorizar o projeto gráfico e garantir um acabamento mais sofisticado. A junção da capa com o miolo acontece após a fresagem ou a costura do miolo. A capa é fixada com cola na lombada e na margem da primeira e última folha do miolo.

Se a capa não tiver orelhas, é feito o refile trilateral. Desse modo, capa e miolo são refilados simultaneamente. Se tiver orelhas, o refile nas laterais esquerda e direita da capa e o vinco da orelha acontecem antes da fixação do miolo. No miolo, o lado oposto ao da lombada também recebe o refile. Após a colagem da capa no miolo, é feito o refile da cabeça e do pé do livro.

O acabamento de brochura tem custo menor do que a capa dura e é amplamente utilizado na indústria gráfica. Indicado para livros, catálogos ou qualquer tipo de publicação com cadernos.

Lombada canoa

O miolo de publicações de lombada canoa é composto por apenas um caderno. As folhas são dobradas e fixadas umas nas outras, junto com a capa mole, por meio de grampos.

De acordo com o tamanho da altura do impresso, utilizam-se dois ou mais grampos na lombada. Após a colocação dos grampos, se a capa não tiver orelhas, o trabalho é refilado nos três lados. Se tiver orelhas, o mesmo processo de refile da brochura se repete.

Esse tipo de lombada não comporta publicações com grande número de páginas. Se a espessura do miolo ultrapassar 5 mm, corre-se o risco de o livro não permanecer fechado. Por isso, é importante equilibrar o número de páginas com a gramatura do papel do miolo.

O custo da lombada canoa é menor do que o da brochura. Esse tipo de acabamento é indicado para jornal, revista, catálogo, folheto, periódico, livro.

Lombada com espiral

As páginas do miolo não estão dispostas em cadernos, mas em folhas soltas. Junto com a capa, as folhas de miolo são furadas ao longo da lombada, onde será inserido um espiral (de arame ou vinil). O espiral pode ser simples ou duplo (*wire-O*).

O refile trilateral é feito após a inserção do espiral. Considerado menos sofisticado, esse tipo de acabamento é indicado para manuais, publicações de consulta, nas quais a abertura total das páginas de miolo é desejada, por exemplo, um livro de receitas.

Lombada com costura japonesa

Nesse processo de costura japonesa, as folhas do miolo são individuais, uma sobreposta à outra ou organizadas em cadernos. A gramatura do papel de capa varia conforme o projeto, podendo ser até mesmo capa dura. O miolo é encaixado entre a capa e a contracapa. São feitos furos na lateral esquerda do livro, de ponta a ponta, de modo que o furo transpasse todo o livro. Com um fio, faz-se a costura por entre os furos.

Nesse tipo de costura, pode-se optar por deixar a lombada aparente, com o dorso do miolo exposto. Nesse caso, a capa e a quarta capa são dois elementos separados.

PRÁTICA PROFISSIONAL

HÁ TANTAS COISAS NA VIDA MAIS IMPORTANTES
QUE O DINHEIRO! MAS CUSTAM TANTO!

GROUCHO MARX (1890-1977)

A criação e a produção de um trabalho não são tudo. Como todas as profissões, o designer gráfico precisa agir com ética e parâmetros definidos. O conhecimento da prática profissional, como calcular orçamentos, elaborar contratos, obrigações fiscais, entre outros, são essenciais para a formação do profissional. Quando esses instrumentos, aliados ao código de ética profissional do designer gráfico, são postos em prática, a relação do designer com o cliente torna-se mais sólida e confiante para ambas as partes. Conquistar e manter a confiança dos clientes também é algo que se aprende.

Tudo isso promove a profissionalização do designer no mercado de trabalho. Esse reconhecimento beneficia a todos: o designer, o cliente, os colegas de trabalho.

O designer tem a opção de se tornar sócio das associações de classe para tirar dúvidas, se informar sobre as novidades do mercado, de cursos etc. Uma delas, com sede em São Paulo, é a ADG Brasil (Associação dos Designers Gráficos), que elaborou o Código de Ética Profissional do Designer Gráfico, no qual são apontados os objetivos, os deveres e as condutas a ser exercidos pelo profissional da área. Trata-se de um documento essencial para o exercício da profissão.

Orçamento: como e quanto cobrar

Elaborar um orçamento não é tarefa fácil. Além do cálculo de valores, o orçamento deve apresentar o máximo de informação possível, referente às características técnicas do trabalho, como tiragem, formato, tipo de impressão, papel, acabamento, uso de imagens e número de páginas (se houver) etc. Além disso, deve apresentar claramente a descrição completa do trabalho a ser executado, o valor de cada item, prazos de entrega de todas as partes envolvidas (mesmo se for uma estimativa) e condições de pagamento.

A coerência dos preços praticados demonstra seriedade e profissionalismo. Fatores como complexidade, tiragem, exposição e alcance do trabalho devem ser levados em conta, além do porte do cliente e prazo de entrega. Todos esses fatores, entre outros, influenciam diretamente o cálculo do orçamento.

CÁLCULO DE CUSTO E VALOR

O cálculo do custo se baseia na quantia que o designer ou escritório necessita para executar a tarefa sem prejuízo. É preciso analisar a complexidade do trabalho para avaliar o tempo de dedicação do designer. Por exemplo: no caso de um catálogo com fotos, é preciso saber se as fotos virão editadas, se serão entregues digitalizadas e tratadas em alta resolução, ou se o designer fará o trabalho de edição e direção de arte das fotos. Somam-se a isso todos os custos envolvidos na execução do trabalho, como hora de trabalho nos equipamentos, compra de material de escritório, gastos com telefone, energia elétrica, encargos e hora técnica da equipe (desde estagiários até diretores de arte). Enfim, consideram-se todos os gastos que o escritório ou designer terá para operar. Nesse caso, é importante considerar também o tempo de experiência do designer no mercado.

Já o cálculo do valor do projeto é mais complexo, por envolver fatores independentes do custo do trabalho. Para esse cálculo, deve--se levar em conta o quanto vale – para o cliente – o projeto em termos de patrimônio. Nessa avaliação, analisa-se o porte e a natureza do cliente, o mercado em que está inserido, o alcance e o tempo de vida do projeto, a tiragem.

Quanto maior o cliente, maior também a responsabilidade do designer. A criação de uma marca para uma campanha interna de uma pequena empresa, por exemplo, não pode ter o mesmo valor de uma marca para uma grande empresa do mercado. A natureza do cliente e sua área de atuação são também fatores a ser avaliados. Instituições sem fins lucrativos, por exemplo, têm uma linha de conduta diferente de uma empresa comercial, cujo objetivo maior é a venda do produto.

O preço de um projeto se baseia também em sua exposição e seu alcance. Por isso, a informação da tiragem e da distribuição é importante. Um projeto com alta tiragem e distribuição nacional tem peso financeiro maior do que um projeto com tiragem baixa para um evento específico de pequeno porte.

O tempo de vida de um projeto é diretamente proporcional ao seu valor. Quando maior seu tempo de vida, maior seu valor. A marca de um produto pode ter vida longa, enquanto peças promocionais apresentam, geralmente, vida curta.

O prazo de entrega do projeto deve também ser considerado. Normalmente, o cliente paga uma taxa caso o prazo de entrega do trabalho seja demasiadamente curto. Essa taxa corresponde às horas extras trabalhadas no projeto.

É importante frisar que os prazos de entrega acordados no orçamento – principalmente aos que cabem ao designer – devem ser respeitados. Caso contrário, surge a necessidade de refazer o cronograma. O descumprimento do prazo pelo designer abala sua credibilidade. Caso haja algum atraso, é de responsabilidade do designer comunicar e explicar ao cliente o motivo do atraso, de preferência antes que o prazo expire. Negociado um novo prazo, é altamente recomendável que não haja uma segunda falta.

Orçamento pronto, é o momento de enviar ao cliente. O orçamento pode ser impresso em uma folha timbrada do escritório ou também pode ser enviado por e-mail. Nessa alternativa, gera-se um arquivo fechado do orçamento (PDF), composto em uma folha timbrada do escritório. Ao enviar o orçamento por e-mail, peça a confirmação do recebimento.

Após o envio e a análise do orçamento pelo cliente, existe a possibilidade de negociação. Cabe ao designer decidir e pesar uma nova proposta.

Segue nas páginas 301 e 302 um modelo básico de orçamento que abrange as características técnicas do projeto – esse item deve ser o mais completo possível –, valor e discriminação de cada etapa do trabalho, além de prazo de entrega e condições de pagamento. No item "diagramação" é recomendável especificar o número de prova de emendas previamente acordado entre as partes.

Data do documento

Proposta n. 123
Nome da Empresa
a/c Nome do responsável
Referência: **Nome do Projeto**

ORÇAMENTO DE DESIGN GRÁFICO

Prezados,
Segue o orçamento para o projeto em referência.

I – Características técnicas
- tiragem: _____ cópias
- número de páginas: _____
- formato do miolo: _____(fechado) | _____(aberto)
- formato da capa: _____(fechada) | _____(aberta)
- impressão: _____ cores (miolo) | _____ cores (capa)
- papel do miolo: _____
- papel da capa: _____
- acabamento: _____
- nº de imagens digitalizadas: _____

II – Orçamento
PROJETO GRÁFICO
discriminação do trabalho envolvido nessa etapa.
R$ _____ (valor por extenso_____)

_____
Papel timbrado com nome, endereço e telefone do escritório

DIAGRAMAÇÃO
discriminação do trabalho envolvido nessa etapa.
R$ _____ (valor por extenso _____)

PRODUÇÃO GRÁFICA
discriminação do trabalho envolvido nessa etapa.
R$ _____ (valor por extenso _____)

III – Prazo de entrega
_____
_____
_____

IV – Condições de pagamento
_____
_____
_____

Estamos à disposição para qualquer esclarecimento.
Atenciosamente,

_____
Nome e assinatura do responsável

Papel timbrado com nome, endereço e telefone do escritório

Tabela de preços

A condição diferenciada de muitos fatores – como o porte do cliente e o mercado em que está inserido, o tempo de vida e a tiragem do projeto, a experiência do designer etc. – provoca uma grande variação de preços no setor de design gráfico. Para auxiliar no cálculo do orçamento, o designer conta com parâmetros que o orientam e dão base para se chegar ao valor a ser cobrado.

Um desses parâmetros a ser avaliado são as tabelas oficiais de preços das associações da classe. Geralmente elas oferecem um valor mínimo e máximo de cada item, devido ao grande número de fatores variantes, que influenciam diretamente no preço. A tabela da ADG Brasil, elaborada a partir de preços praticados na cidade de São Paulo e publicada no livro *O valor do design – Guia ADG Brasil de prática profissional do designer gráfico* (2003), segue reproduzida nas páginas 304 a 309 deste livro. A Associação dos Designers Gráficos do Distrito Federal (ADEGRAF) possui também uma tabela oficial de referência de valores, que se encontra no site da instituição (www.adegraf.org.br) ou pode-se também baixá-la diretamente no *link* www.adegraf.org.br/downloads/Tabela_ADEGRAF_2009-2010.pdf.

Outro parâmetro a ser levado em conta é estar atualizado em relação ao valor de cada mercado específico. No mercado editorial, por exemplo, os valores são praticamente fechados pelas editoras, que podem flexibilizar o custo em relação a determinados projetos, mas, no geral, não há grande variação de preço. Valores para páginas diagramadas, por exemplo, são fixos, de acordo com o grau de dificuldade do trabalho. A prática de preços muito aquém – ou além – dos valores praticados no mercado é prejudicial para toda a classe. Valores cobrados muito abaixo geram concorrência desleal e podem desqualificar o trabalho do designer. Já a prática oposta pode inviabilizar o trabalho e superfaturar o real valor do design.

TABELA DE REFERÊNCIA DE PREÇOS

PROJETO	PREÇO (EM R$)
IDENTIDADE CORPORATIVA	
Programa de Identidade Visual (PIV) básico (marca e papelaria básica)	4.000 a 12.000*
PIV de extensão média (marca, papelaria e cerca de 10 aplicações)	15.000 a 50.000*
PIV completo (marca, papelaria, mais de 10 aplicações e manual de uso)	a partir de 50.000
Manual de uso	
Conceituação e projeto gráfico	a partir de 8.000
Diagramação e finalização (por página)	300 a 800
Projeto de símbolo isolado (selo e logotipo do evento etc.)	2.000 a 7.000*
Logotipo de produto	a partir de 6.000
EMBALAGEM	
Rótulo adesivado (unitário)	1.500 a 8.000*
Tag (unitário)	800 a 4.000*
Embalagem (unitária)	
Caixa/*flow pack*/*blister*	2.500 a 5.000*
Caixa (com faca ou formato diferenciado)	5.000 a 9.000*
Embalagens comemorativas e/ou personalizadas	a partir de 10.000

PROJETO	PREÇO (EM R$)
Linha de embalagens (até 5 itens)	
De itens com mesmo formato e padrão de design	
Conceituação e projeto gráfico da linha	2.500 a 5.000
Projeto gráfico das variantes (por unidade)	700 a 1.200
De itens com padrão de design semelhante e formatos diferentes	
Conceituação e projeto gráfico da linha	5.000 a 12.000
Projeto gráfico das variantes (por unidade)	1.200 a 2.000
De itens com padrão de design e formatos diferentes	
Conceituação e projeto gráfico da linha	12.000 a 18.000*
Projeto gráfico das variantes (por unidade)	2.000 a 4.000*
CD de música	
Caixa-padrão	1.000 a 3.000*
Caixa com sobrecapa e encarte	3.000 a 8.000*
Caixa personalizada	a partir de 15.000
Projeto técnico plano (caixa etc.)	a partir de 3.000
Projeto técnico tridimensional (garrafa, frasco etc.)	a partir de 25.000

SINALIZAÇÃO	
Sinalização interna	
Projeto sem ícones e pictogramas personalizados	4.000 a 12.000*
Projeto com tipografia, ícones e símbolos personalizados	12.000 a 30.000*

TABELA DE REFERÊNCIA DE PREÇOS

PROJETO	PREÇO (EM R$)
Sinalização interna	
Projeto com itens personalizados e suportes especiais (preço do manual de uso não incluído)	a partir de 40.000
Sinalização externa	
Projeto sem ícones e pictogramas personalizados	3.000 a 8.000*
Projeto com tipografia, ícones e pictogramas personalizados	8.000 a 25.000*
Projeto com itens personalizados, tratamento de fachada e paisagismo	a partir de 30.000
Totem (projeto gráfico de aplicação da marca)	2.000 a 8.000
Painel/*back-light* (projeto gráfico de aplicação da marca)	2.000 a 8.000

MÍDIA ELETRÔNICA	
Hot site	2.000 a 6.000*
Portal/site institucional	
Com baixo nível de interatividade e de recursos tecnológicos	5.000 a 12.000*
Com alto nível de interatividade e de recursos tecnológicos	a partir de 14.000
Site de *e-commerce*	8.000 a 15.000*
Banner*/vinheta em *flash	800 a 3.500

PROJETO	PREÇO (EM R$)
CD-ROM	
Caixa-padrão	1.000 a 3.000
Caixa com sobrecapa e encarte	3.000 a 8.000
Caixa personalizada	a partir de 10.000
Conceituação, projeto gráfico e desenvolvimento das telas internas	5.000 a 14.000*
PROMOCIONAL	
Display	
2D de mesa	500 a 3.000
3D de mesa	1.000 a 4.000
3D de piso/funcional/com iluminação	2.500 a 8.000*
Agenda	
Padrão, com direção de arte	1.500 a 3.500
Padrão, com projeto gráfico de capa, abertura e tipologia	4.000 a 8.000
Personalizada – projeto global	10.000 a 18.000*
Calendário de mesa ou de parede	
Padrão, com direção de arte	1.000 a 3.000
Padrão, com design de capa, abertura e escolha da tipologia	3.000 a 5.500
Personalizada – projeto global	6.000 a 12.000*

TABELA DE REFERÊNCIA DE PREÇOS

PROJETO	PREÇO (EM R$)
Mala Direta	
Postal	500 a 1.500
2 dobras/A4/4 cores	1.000 a 2.500
Formato personalizado	2.500 a 5.000*
Peças isoladas (aplicação da marca)	
Cartaz/pôster	1.000 a 3.500*
Broadside (folheto promocional A4 ou A3 até 2 dobras)	1.000 a 5.500
Camiseta	500 a 2.500
Convite	500 a 3.000*
Banner promocional/sacola	400 a 2.500*
Mouse pad	400 a 1.500
Cartão de Natal	500 a 3.000
Brinde	500 a 4.000*
EDITORIAL	
Catálogo simples (até 16 páginas)	
Conceituação e projeto gráfico	2.000 a 8.000
Diagramação e finalização (por página)	70 a 200
Capa de livro	500 a 3.000*
Livro de texto	
Conceituação e projeto gráfico	a partir de 2.000
Diagramação e finalização (por página)	50 a 100

PROJETO	PREÇO (EM R$)
Livro de texto/ilustração/imagens	
Conceituação e projeto gráfico	a partir de 6.000
Diagramação e finalização (por página)	120 a 200
Livro de arte	
Conceituação e projeto gráfico	a partir de 15.000
Diagramação e finalização (por página)	a partir de 200
Revista	
Conceituação e projeto gráfico	20.000 a 60.000
Matéria especial (até 16 páginas)	6.000 a 8.000**
Matéria simples (até 4 páginas)	2.500 a 4.500**
Periódico institucional (até 12 páginas)	
Conceituação e projeto gráfico	4.000 a 8.000
Diagramação e finalização (por página)	a partir de 100
Perfil institucional (até 20 páginas)	
Conceituação e projeto gráfico	6.000 a 10.000
Diagramação e finalização (por página)	a partir de 150
Relatório anual (até 40 páginas)	
Conceituação e projeto gráfico	12.500 a 25.000*
Diagramação e finalização (por página)	a partir de 200

* Valores médios, pois mesmo um trabalho-padrão pode custar mais que o publicado neste item.
** Os valores incluem diagramação e finalização das páginas.

ESTA TABELA FOI ELABORADA PELA ADG BRASIL, EM REAIS, A PARTIR DE PESQUISA FEITA EM SÃO PAULO, NO PRIMEIRO TRIMESTRE DE 2002, QUANDO O DÓLAR NORTE-AMERICANO VALIA R$ 2,30 E O IGP (ÍNDICE GERAL DE PREÇOS DA FUNDAÇÃO GETÚLIO VARGAS) EQUIVALIA A R$ 1.099.

Contrato de trabalho

Uma vez aprovado o orçamento, a elaboração de um contrato de trabalho é altamente recomendável. Ainda que as negociações iniciais aconteçam informalmente, devem ser acordadas por escrito por meio de um contrato assinado por todas as partes envolvidas. Apesar de não ser obrigatório, o contrato de trabalho é uma ferramenta que garante o cumprimento dos compromissos assumidos, para que o trabalho aconteça de maneira correta e eficiente, evitando desentendimentos futuros entre o cliente e o designer.

Na página ao lado, segue um modelo de contrato simplificado, elaborado pela ADG Brasil.

OBRIGAÇÕES FISCAIS

A prestação de contas dos trabalhos realizados, tanto para o cliente quanto para o designer, é algo cada vez mais exigido no mercado de design gráfico. A emissão de nota fiscal torna-se, a cada dia, condição obrigatória para que o pagamento do designer se efetue.

O designer conta com a assistência de escritórios de contabilidade para exercer todas as obrigações fiscais, como, por exemplo, emissão de notas e pagamentos de impostos.

Embora essa área – considerada burocrática por muitos designers – não atraia o interesse geral, é importante ressaltar que, ao se obter o conhecimento dos deveres e direitos de cada um, a relação com o cliente torna-se sólida, confiável e, principalmente, de nível profissional, o que beneficia toda a categoria.

CONTRATO DE TRABALHO

Instrumento Particular de Contrato de Prestação de serviços e Concessão de uso de Projeto Gráfico (simplificado)

CONTRATO Nº _____

CONTRATANTE
Razão social: _____
Representante: _____
Endereço: _____
CNPJ: _____
Inscr. Estadual: _____

CONTRATADO(A)
Razão social: _____
Representante: _____
Endereço: _____
CNPJ: _____
Inscr. Estadual: _____

Objeto do Contrato
Criação e desenvolvimento de projeto gráfico de:
a) _____
b) _____
c) _____

Remuneração do Contrato
Total R$ _____ (_____)

Forma de pagamento _____

Prazo de vigência e finalidade para o uso do projeto gráfico
_____

PRÁTICA PROFISSIONAL

Cessão dos direitos autorais
sim ( )
valor da cessão e forma de pagamento:
_____

não ( )
observações

_____

CLÁUSULAS CONTRATUAIS

1) Pelo presente instrumento, _____ , doravante denominado(a) CONTRATADO(A), se obriga a desenvolver projeto gráfico indicado neste instrumento e para o qual o(a) CONTRATANTE fornecerá *briefing*, preferencialmente por escrito, referente ao produto/serviço destinatário do projeto.

2) O esboço do projeto deverá ser apresentado ao(à) CONTRATANTE no prazo indicado neste instrumento, para sua aprovação ou não, em ___ dias.

3) Os serviços ora contratados não englobam a execução material do projeto, parcial ou integralmente, ou trabalhos de terceiros/fornecedores.

4) Eventuais materiais, trabalhos, textos, criações anteriores que forem fornecidos pelo(a) CONTRATANTE para sua utilização pelo(a) CONTRATADO(A) no desenvolvimento do projeto ajustado ou de outros são de inteira responsabilidade do CONTRATANTE.

5) Trabalhos criados pelo(a) CONTRATADO(A), aprovados ou não pelo(a) CONTRATANTE, mas que não venham a ser utilizados no projeto final, deverão ser restituídos ao(à) CONTRATADO(A), e não poderão ser utilizados pelo(a) CONTRATANTE sem nova negociação.

6) Havendo necessidade, para a execução do projeto, da contratação de terceiros/fornecedores, o(a) CONTRATADO(A) deverá apresentar ao(à) CONTRATANTE três orçamentos de fornecedores de cada área de atuação, a não ser quando o trabalho for de pequeno valor. A escolha dos fornecedores pelo(a) CONTRATANTE deverá ocorrer no prazo máximo de _____ dias da apresentação dos orçamentos.

7) A contratação de fornecedores indicados pelo(a) CONTRATANTE, que não os indicados pelo(a) CONTRATADO(A), desobriga este último de qualquer responsabilidade sobre eventual falta de qualidade dos serviços ou produtos fornecidos por esses terceiros. Entretanto, poderá o(a) CONTRATADO(A) exigir a refração desses trabalhos dos citados fornecedores, caso os mesmos não atinjam a qualidade técnica pretendida e possam colocar em risco, consequentemente, a qualidade do projeto gráfico.

8) O pagamento dos fornecedores supramencionados será sempre de responsabilidade do(a) CONTRATANTE, ainda que, eventualmente, o CONTRATADO(A) adiante tal pagamento ou que as notas fiscais/faturas por aqueles emitidas o sejam contra o(a) CONTRATADO(A).

9) O projeto criado e desenvolvido pelo(a) CONTRATADO(A) e aprovado pelo(a) CONTRATANTE poderá ser utilizado para as finalidades e prazos estabelecidos no âmbito deste instrumento. A utilização para qualquer outra finalidade e para período suplementar dependerá de novo ajuste entre as partes.

10) Pela prestação de serviços objeto deste contrato e pela concessão na sua utilização para o fim já referido, o(a) CONTRATADO(A) receberá do(a) CONTRATANTE a importância estabelecida neste instrumento, nos prazos e formas indicados.

11) Eventuais outras remunerações devidas ao(à) CONTRATADO(A) pelo(a) CONTRATANTE, decorrentes da supervisão, coordenação e administração dos serviços e produtos de terceiros fornecedores, de direitos conexos por eventual reutilização do projeto gráfico além do prazo contratual, desde que para as mesmas finalidades, estão indicadas neste instrumento, no item *Observações*.

12) O atraso no pagamento de qualquer remuneração devida ao(à) CONTRATADO(A) implicará a obrigação concernente ao(à) CONTRATANTE de ainda suportar, além do valor principal corrigido monetariamente, também os juros legais de 1% ao mês e a multa moratória de 10% do valor em atraso.

13) A remuneração do(a) CONTRATADO(A) poderá ser revista caso ocorram: a) alterações no *briefing* ou na complexidade do trabalho: b) alterações nos prazos estabelecidos decorrentes de atraso por parte do(a) CONTRATANTE na entrega de materiais ou aprovações necessárias ao desenvolvimento do trabalho; c) modificações no projeto executivo (artes-finais, desenhos técnicos, memoriais etc.) que venham a ser solicitadas após a aprovação do anteprojeto (*layouts*, estudos, *mock-ups* etc.); d) aplicação do projeto em outras peças que não as especificadas neste contrato; c) refração ou aperfeiçoamento de um projeto que extrapole a concepção original.

14) Aplicam-se ao relacionamento entre CONTRATADO(A) e CONTRATANTE, além das normas dispostas pelo Código Civil, também as da Lei nº. 9.610/98 (Lei de Direito do Autor), pelo que o crédito autoral sobre os trabalhos objeto deste contrato deve ser sempre indicado.

15) O (A) CONTRATADO(A) agirá atendendo sempre às normas éticas de sua categoria profissional, bem como manterá absoluto sigilo das informações que lhes forem passadas pelo(a) CONTRATANTE.

16) O presente contrato não pode ser rescindido sem justa causa, sob pena de o denunciante pagar à outra parte seu valor integral.

17) Eventual infração a quaisquer cláusulas aqui estabelecidas ensejará à parte inocente promover medidas judiciais para haver perdas e danos.

18) Elegeram as partes o foro da comarca de _____, com exclusão de qualquer outro, por mais privilegiado que seja, para dirimir eventuais dúvidas surgidas em decorrência do presente contrato.

O presente instrumento é firmado pelas partes e pelas testemunhas, em duas vias de igual teor.

(Cidade), _____

_____ _____
CONTRATANTE   CONTRATADO(A)

Testemunhas:

1._____ 2._____

Código de ética

CÓDIGO DE ÉTICA PROFISSIONAL DO
DESIGNER GRÁFICO – ADG BRASIL

Capítulo I – Dos Objetivos

Artigo 1º – O Código de Ética Profissional do Designer Gráfico tem por objetivo indicar normas de conduta que devem orientar suas atividades profissionais regulando suas relações com a classe, clientes, empregados e a sociedade.
Artigo 2º – Incumbe ao Designer Gráfico dignificar a profissão como seu alto título de honra, tendo sempre em vista a elevação moral e profissional, expressa através de seus atos.
Artigo 3º – O Designer Gráfico visará sempre contribuir para o desenvolvimento do país, procurando aperfeiçoar a qualidade das mensagens visuais e do ambiente brasileiro.
Artigo 4º – O Designer Gráfico terá sempre em vista a honestidade, a perfeição e o respeito à legislação vigente e resguardará os interesses dos clientes e empregados, sem prejuízo de sua dignidade profissional e dos interesses maiores da sociedade.

Capítulo II – Dos Deveres Fundamentais

Artigo 5º – No desempenho de suas funções, o Designer Gráfico deve:
   1. Interessar-se pelo bem público e com tal finalidade contribuir com seus conhecimentos, capacidade e experiência para melhor servir à sociedade;
   2. Contribuir para a emancipação econômica e tecnológica de nosso país, procurando utilizar técnicas e processos adequados a nosso meio ambiente e aos valores culturais e sociais de nosso país;
   3. Respeitar e fazer respeitar os preceitos internacionais da Propriedade Industrial;

4. O Designer Gráfico não deverá empreender, dentro do contexto de sua prática profissional, nenhuma atividade que comprometa seu status como profissional independente.

Artigo 6º – O Designer Gráfico, em relação aos colegas, deve empenhar-se em:

1. Não cometer ou contribuir para que se cometam injustiças contra colegas;

2. Não usar de descortesia no trato com colegas de profissão ou de outras profissões, fazendo-lhes críticas ou alusões depreciativas ou demeritórias;

3. Não praticar qualquer ato que, direta ou indiretamente, possa prejudicar legítimos interesses de outros profissionais;

4. Não solicitar nem submeter propostas contendo condições que constituam desleal competição de preço por serviços profissionais;

5. Em busca de oportunidade de trabalho, o Designer Gráfico deve apoiar a concorrência íntegra e transparente, baseada no mérito do profissional e de sua proposta de trabalho;

6. Não se interpor entre outros profissionais e seus clientes, sem ser solicitada e esclarecida sua intervenção e, neste caso, evitar, na medida do possível, que se cometa injustiça;

7. Não se aproveitar, nem concorrer para que se aproveitem de ideias, planos ou projetos de autoria de outros profissionais, sem a necessária citação ou autorização expressa destes;

8. Não procurar suplantar outro profissional depois deste ter tomado providência para obtenção de emprego ou serviço;

9. Não substituir profissional em relação de trabalho, ainda não encerrada, sem seu prévio conhecimento e autorização;

10. Não rever ou corrigir o trabalho de outro profissional, sem o seu prévio conhecimento e sempre após o término de suas funções;

11. Prestar-lhe assistência de qualquer ordem e natureza no que for de direito e justiça;

12. O Designer Gráfico não deve reivindicar ter crédito sozinho em um projeto onde outros Designers Gráficos colaboraram.

13. Quando o Design Gráfico não é de um só autor, cabe a este designer ou à empresa de design identificar claramente as responsabilidades específicas e o envolvimento com o design. Trabalhos não devem ser usados para publicidade, display ou portfólio sem uma clara identificação das autorias específicas.

Artigo 7º – O Designer Gráfico, em relação à classe, deve:

1. Prestar seu concurso moral, intelectual e material às entidades de classe;

2. Desde que eleito, desempenhar cargos diretivos nas entidades de classe;

3. Acatar as resoluções regularmente votadas pelas entidades da classe;

4. Facilitar a fiscalização do exercício da profissão;

5. Não se aproveitar, quando do desempenho de qualquer função diretiva em entidade representativa da classe, dessa posição em benefício próprio;

6. Manter-se em dia com a legislação vigente e procurar difundi-la, a fim de que seja prestigiado e definido o legítimo exercício da profissão;

7. Não utilizar o prestígio da classe para proveito pessoal, ter sempre em vista o bem-estar, as adequadas condições de trabalho e o progresso técnico e funcional dos demais profissionais e tratá-los com retidão, justiça e humanidade, reconhecendo e respeitando seus direitos.

Artigo 8º – O Designer Gráfico, em relação a seus clientes e empregadores, deve:

1. Oferecer-lhes o melhor de sua capacidade Técnica e Profissional, procurando contribuir para a obtenção de máximos benefícios em decorrência de seu trabalho;

2. Orientar-lhes, de preferência de forma expressa, com dados e elementos precisos sobre o que for consultado, após cuidadoso exame.

3. Considerar como sigilosa e confidencial toda informação que souber em razão de suas funções, não as divulgando sem o consentimento dos clientes e/ou empregadores;

4. Receber somente de uma única fonte honorários ou compensações pelo mesmo serviço prestado, salvo se, para proceder de modo diverso, tiver movido consentimento de todas as partes interessadas;

5. O Designer Gráfico não deverá aceitar instruções do cliente que impliquem infração contra os direitos próprios de outras pessoas ou, conscientemente, agir de maneira a acarretar alguma infração;

6. O Designer Gráfico, quando atuar em países que não o de origem, deve observar os códigos de conduta próprios de cada local.

Artigo 9º – O Designer Gráfico, em relação ao setor público, deve:

1. Interessar-se pelo bem público com sua capacidade para esse fim, subordinando seu interesse particular ao da sociedade;

2. Evitar esforços para que se estabeleça a mais ampla coordenação entre as classes profissionais, de forma a concorrer para a maior e melhor justiça social;

3. Contribuir para uma utilização racional dos recursos materiais e humanos, visando o estabelecimento de melhores condições sociais e ambientais.

Capítulo III – Dos Honorários

Artigo 10º – Recomenda-se ao Designer Gráfico fixar previamente, em contrato escrito, seus honorários.

1. O Designer Gráfico não deve encarregar-se de nenhum trabalho sem que tenha havido a devida compensação financeira, exceto em casos de prestação de serviços para instituições não lucrativas.

Artigo 11º – Os honorários profissionais devem ser fixados de acordo com as condições locais dos mercados de trabalho, atendidos os seguintes elementos;

1. A complexidade, o vulto e a dificuldade do trabalho a executar;

2. O trabalho e o tempo necessário;

3. A situação econômico-financeira do cliente ou empregador e os benefícios que para este advirão de seu serviço profissional;

4. O caráter do serviço a prestar, conforme se tratar de cliente ou empregador eventual, habitual ou permanente;

5. O lugar da prestação de serviço;

6. O conceito profissional da classe;

7. As tabelas ou recomendações oficiais existentes, inclusive por resolução das entidades de classe.

Artigo 12º – O Designer Gráfico não deve, sozinho ou em concorrência, participar de projetos especulativos pelo qual só receberá o pagamento se o projeto vier a ser aprovado.

1. O Designer Gráfico pode participar de concursos, abertos ou fechados, cujas condições sejam aprovadas pela entidade de classe;

2. Uma taxa administrativa justa pode ser adicionada, com o conhecimento e compreensão do cliente, como porcentagem de todos os itens reembolsáveis pelo cliente que tenham passado pela contabilidade do Designer Gráfico;

3. O Designer Gráfico que é chamado para opinar sobre uma seleção de designers ou outros consultores não deverá aceitar nenhuma forma de pagamento por parte do designer ou consultor recomendado.

Capítulo IV – Recomendações Complementares

Artigo 13º – O Designer Gráfico deve realizar de maneira digna e discreta a publicidade de sua empresa ou atividade, impedindo toda e qualquer manifestação que possa comprometer o conceito de sua profissão ou de colegas.

Artigo 14º – O Designer Gráfico deve procurar difundir os benefícios e as corretas metodologias de sua atividade profissional, em qualquer tempo ou condição.

Artigo 15º – Este Código de Ética Profissional entra em vigor na data de sua aprovação em Assembléia Geral da ADG Brasil – Associação dos Designers Gráficos.

GLOSSÁRIO

A

Aba: cada uma das extremidades da sobrecapa ou da capa, que se dobram para dentro do livro. Também conhecida como orelha.

Abrir: aumentar o espaço que separa palavras, letras ou linhas de uma composição.

Abrir página: começar um texto, capítulo ou artigo em uma nova página na diagramação.

Acabamento: fase final do trabalho gráfico, processo que acontece após a impressão. Refile, encadernação e verniz são exemplos de acabamento.

ADG: Associação dos Designers Gráficos. Entidade sem fins lucrativos, com sede em São Paulo, voltada para a divulgação e valorização do design gráfico brasileiro e do trabalho de seus profissionais e estudantes.

Aerógrafo: instrumento usado para colorir ilustrações.

Alçar: juntar os cadernos impressos de uma obra, em ordem crescente de numeração. O alceamento acontece antes da costura e encadernação.

Aliasing: contraste entre *pixels* de uma imagem. O mesmo que serrilhado.

Alinhamento: forma como o texto, imagens ou qualquer outro objeto de uma página estão dispostos entre si.

Altas luzes (*highlights*): áreas mais claras de uma imagem.

Alto contraste: efeito fotográfico que amplia ao máximo o contraste entre as áreas de preto e branco. Quando aplicado em imagens coloridas, realça suas cores predominantes.

Altura da página: distância entre a cabeça e o rodapé de uma página.

Altura do tipo: distância que vai do olho ao pé do tipo.

Ângulo de retícula: ângulo no qual as retículas são posicionadas umas em relação às outras. As retículas possuem angulações diferentes para proporcionar melhor ilusão de tom contínuo e evitar o efeito *moiré*.

Anti-aliasing: técnica que suaviza o serrilhado, a partir de uma transição menos abrupta de um *pixel* para outro. Surgem valores de *pixels* intermediários na área de contato entre as cores contrastantes, dando a impressão visual de maior resolução. Ao diminuir o contraste entre os *pixels*, perde-se também o foco nos detalhes.

Apara: sobra de papel após o refile, na fase de acabamento em gráfica.

Arquivo aberto: termo utilizado para arquivos digitais de computador em formato original do programa utilizado para criação do trabalho. Os arquivos abertos possibilitam a fácil alteração do conteúdo da obra, caso o operador possua o mesmo programa e plataforma nos quais foi criado o arquivo original. O arquivo aberto possibilita, por exemplo, trocar a tipografia de um texto ou mudar um elemento de lugar. Por esse motivo, não é aconselhável enviar para a gráfica arquivos abertos de um trabalho.

Arquivo fechado: termo utilizado para arquivos digitais de computador em formato para impressão. O arquivo fechado é gerado a partir de um arquivo aberto, geralmente em formato PDF (*portable document format*) ou PS (*postscript*). Os arquivos fechados protegem o conteúdo da obra, uma vez que não possibilitam sua alteração. Por isso é aconselhável o envio desse tipo de arquivo para impressão gráfica.

Arte-final: trabalho finalizado de arte destinado à produção gráfica, preparado por um profissional – designer, artista, ilustrador, fotógrafo – para ser reproduzido em escala. Indicações referentes a áreas de cor, ampliações, reduções etc. devem estar claramente especificadas na arte-final.

Artes gráficas: conjunto de processos e atividades cujo objetivo é reproduzir, em grande ou pequena escala, cópias a partir de uma matriz. O processo abrange criação, pré-impressão, impressão e acabamento.

Ascendentes: partes das letras minúsculas que se elevam acima da altura-x, como b, d, h. Conhecidas também como hastes ascendentes.

ATM (*Adobe Type Manager*): *software* que melhora a representação visual das fontes na tela. Tem a função opcional de gerenciar as fontes instaladas no computador.

B

Baixas luzes (*shadows*): áreas mais escuras de uma imagem.

Banco de imagens: imagens (fotos e ilustrações) de toda e qualquer natureza, disponíveis para utilização mediante pagamento pelos direitos de reprodução.

Banner: peça gráfica, fixada verticalmente, impressa em material rígido ou flexível.

Benday: construção a partir de retículas uniformes, com porcentagem fixa e sem gradação de tonalidades. Também conhecido como meio-tom, uma graduação ou determinada porcentagem de uma cor.

Bicromia: processo de impressão no qual se utilizam duas matrizes entintadas com cores diferentes. A superposição das matrizes permite a obtenção de diferentes tons e cores. Equivalente a *duotone*.

Bigode: ornamento gráfico, é um filete de enfeite, originalmente mais grosso no centro do que nas extremidades. Sua função é separar os elementos – como textos, títulos, imagens – de uma composição.

Bitmap: 1. imagem digital composta por pontos, os chamados *pixels*, sem a presença de meio-tom. 2. tipo de formato de arquivo digital, extensão bmp.

Blister: embalagem transparente que permite a visualização do produto embalado.

Blocar: formar um bloco de texto alinhado tanto à esquerda quanto à direita, no qual todas as linhas possuem a mesma largura. Equivalente a justificar.

Bobina: rolo de papel contínuo usado para impressão em máquinas rotativas.

Bold: variação mais espessa ou grossa de um tipo. O mesmo que negrito.

Boneco: modelo ou protótipo de um trabalho, que serve de guia para os envolvidos na produção gráfica.

Box: texto curto, geralmente envolto por um fio, cujas informações são complementares de um texto mais longo.

Brainstorming: exposição e discussão de todas as ideias e associações referentes ao tema do trabalho. O objetivo é obter o maior número de ideias propostas.

Brand: equivale a marca.

Branding: conjunto de ações destinadas a consolidar uma marca, produto ou serviço em determinado mercado.

Briefing: informações sobre o objeto a ser trabalhado. Informações do mercado em que o produto está inserido, seu público-alvo e objetivos são importantes para a linha de criação desenvolvida pelo designer.

Broadside: peça promocional dirigida a vendedores, distribuidores e varejistas, cujo objetivo é explicar a campanha de publicidade ou de promoção de um produto.

Brochura: tipo de encadernação, muito utilizada em livros, em que os cadernos são costurados ou colados uns aos outros, formando uma lombada quadrada.

Bromuro: duplicação fotográfica de um original, cuja função é orientar o tamanho, a posição e o corte desejados em um impresso.

Budget: o mesmo que orçamento.

Bullet: caractere ou ícone utilizado para destacar itens em um texto ou lista.

Bureau: empresa que executa serviços de pré-impressão, como, por exemplo, a digitalização e o tratamento de imagens.

BV: abreviação de bonificação de volume (em publicidade) ou de vendas (para acompanhamento gráfico). Trata-se de uma comissão recebida em dinheiro ou em crédito pelo volume de inserção de anúncios em mídias ou pelo acompanhamento de produção de material gráfico.

Byte: unidade de armazenamento de informação em computadores composta por oito *bits*.

C

c.a./C.A.: abreviação de caixa-alta. São as letras maiúsculas de uma fonte. A origem desse nome vem das caixas de composição tipográfica nas quais as letras maiúsculas encontravam-se em gavetas superiores e as minúsculas, em caixas inferiores.

c.a.b./C.A.B.: abreviação de caixa-alta e baixa. Composição da primeira letra da palavra em caixa-alta (maiúscula) e as demais em caixa-baixa (minúscula).

c.b./C.B.: abreviação de caixa-baixa. São as letras minúsculas de uma fonte.

Cabeça: informação localizada na parte superior de uma página.

Cabeçalho: título de um jornal ou revista, contendo geralmente a data de publicação. A parte superior de tabelas também é nomeada cabeçalho.

Caderno: conjunto de páginas impressas na mesma folha de impressão. Após a impressão das páginas, a folha é dobrada e refilada, formando um caderno. Os mais usuais são cadernos de 8, 16 e 32 páginas.

Caixa: tabuleiro de tipos móveis utilizados em composição manual. Cada caractere de uma determinada fonte possui sua própria seção no tabuleiro, a chamada caixa de tipos.

Calço: em impressão CMYK, é o reforço da cor preta feito com alguma das outras tintas, para melhorar sua reprodução. Geralmente, o calço do preto é feito com uma porcentagem de ciano.

Calha (*gutter*): espaço em branco entre duas colunas de uma página ou o espaço em branco entre as manchas de duas páginas adjacentes numa publicação.

Canal (*channel*): informação relativa a cada uma das cores primárias. Uma imagem em RGB, por exemplo, possui os canais *Red*, *Green* e *Blue*. Já uma imagem em CMYK, tem os canais *Cyan*, *Magenta*, *Yellow* e *Black*.

Capa: cobertura de papel, cartão, couro ou outro material, que forma a parte externa de um livro, revista, programa ou catálogo.

Capa dura: capa rígida feita de papelão duro revestido por papel, tecido, couro ou outro material; apresenta seixas e guardas.

Capa flexível: intermediária entre capa dura e mole, a flexível é impressa diretamente em papel de alta gramatura, sem revestimento de papelão e com acabamento de capa dura, com seixa e guardas.

Capa mole: capa menos rígida, normalmente é feita em cartolina ou papel de gramatura alta, sem papelão.

Capitular: letra inicial, ornamentada ou não, de tamanho maior do que as empregadas na composição do texto.

Caractere: símbolo utilizado em texto, que compõe uma tabela de codificação digital de arquivos, incluindo as letras individuais, espaço entre elas, números, sinais de pontuação etc.

Cartão: papel forte e espesso, com gramatura elevada.

Cartão de visitas: pessoal ou de negócios, peça impressa contendo informações de contato de uma pessoa ou empresa.

Cartaz: peça de grande informação visual, impresso em grandes formatos.

Cartazete: tipo de cartaz de formato reduzido.

CD-ROM: termo multimídia que designa a integração de texto, imagens fixas e animadas, sequências de animação e de sons num mesmo suporte. Permite a armazenagem de 550 a 900 MB.

Centralizar: dispor um ou mais elementos gráficos na página de modo que a distância das margens esquerdas e direitas da página seja a mesma.

Chamada: 1. texto jornalístico curto e objetivo, impresso na primeira página de uma publicação, que resume as informações a respeito de um assunto abordado no miolo. 2. comercial de rádio ou televisão promovendo sua própria programação.

Chapa: matriz do processo de impressão *offset*. Também chamada chapa de impressão.

Chapado: áreas de um impresso que são cobertas com tinta em sua máxima porcentagem (100% de uma determinada cor). O termo designa uma impressão uniforme e contínua, sem retícula ou meio-tom.

Cheio: composição do texto de livros, revistas, jornais, excluídos os títulos, tabelas, modelos etc.

Ciano: uma das cores da seleção utilizada para impressão de policromias (CMYK). Mesmo que *cyan*.

Cícero: medida tipográfica equivalente à 12 pontos Didot e 4,512 milímetros.

Cinta: tira com que se envolvem livros, revistas, jornais ou embrulhos para expedição, geralmente feita de papel ou plástico.

Clichê: placa de impressão gravada em relevo com imagem ou texto. É destinada à impressão em máquina tipográfica.

Clip art: ilustração previamente preparada para ser empregada, em sua forma original ou modificada, em aplicações diversas. Alguns programas de ilustração oferecem biblioteca de *clip art* gratuita.

CMYK (*Cyan, Magenta, Yellow, Black*): sistema de composição de cores subtrativas primárias – ciano, magenta, amarelo e preto – usadas na impressão de policromias na indústria gráfica. A chamada quadricromia possibilita, a partir da combinação das quatro cores em diferentes densidades, uma grande variedade de cores capazes de reproduzir os tons do espectro visível.

Colagem: tipo de ilustração ou linguagem visual baseada na técnica da fusão de imagens.

Colofão (*cólofon*): informações sobre a composição, impressão, tiragem, data da edição de uma obra, além da gráfica onde foi impressa. Encontra-se na última página da publicação.

Colorização: inclusão de cores em imagens a traços. Pode ser feita em computador ou manualmente.

Coluna: cada uma das subdivisões verticais em que a página de uma publicação é dividida.

Composite: arquivo de *bitmap* colorido em que as informações de cor são contidas em canais, como, por exemplo, canais ciano, magenta, amarelo e preto (CMYK). A composição sobreposta dos canais formam a imagem colorida.

Comunicação visual: conjunto de técnicas, conhecimentos e procedimentos cujo objetivo é a transmissão visual de mensagens verbais ou não verbais por diferentes meios de comunicação.

Condensado: caractere cujo desenho tipográfico apresenta a largura das letras acentuadamente menor do que sua altura.

Conta-fio: pequena lente de aumento utilizada para examinar a qualidade de originais e dos pontos de impressão.

Contato: duplicação de um filme positivo ou negativo.

Contragrafismo: área do impresso na qual não há aplicação de tintas. A área onde há impressão com tinta é chamada de grafismo.

Copyright: direitos autorais de reprodução e de propriedade de uma obra.

Cor especial: tinta de cor diferente das cores de impressão básicas (CMYK). Pode ser obtida com a mistura física das tintas de impressão ou a partir do uso de uma tabela de cor especial, como o Pantone, por exemplo.

Cores primárias aditivas: cores fundamentais da luz visível pelo olho humano: vermelho, verde e azul (RGB). Correspondem às cores básicas que, quando sobrepostas (processo aditivo), formam a luz branca. Imagens mostradas por equipamentos que emitem luz, como monitores e aparelhos de TV, são exemplos de cores primárias aditivas.

Cores primárias subtrativas: cores fundamentais dos sistemas de impressão e métodos de produção de imagem que utilizam tintas (CMYK). No processo subtrativo, as tintas funcionam como filtros, que subtraem da luz branca determinadas cores e refletem suas cores complementares.

Corpo: dimensão em altura dos tipos de uma fonte. Geralmente medido em pontos, o corpo corresponde à distância do topo da letra mais alta (haste ascendente) até o pé da mais baixa (haste descendente), além do espaço reservado para acentos, no caso de fontes para textos. De acordo com o estilo do caractere e da programação da fonte, o mesmo corpo pode corresponder a diferentes alturas de letras. Tem sua origem como uma das dimensões do bloco metálico conhecido por caractere tipográfico.

Costura: na encadernação, é a arte de juntar em um único volume os cadernos de uma publicação. O processo pode ser feito manualmente ou por meio de máquinas, com o auxílio de agulha e linha.

Cromalin: prova de alta qualidade produzida a partir de fotolitos. Utiliza uma base laminada fotossensível que, após a exposição da luz e protegida pelas áreas escuras do fotolito, mantém áreas de cola (onde não houve exposição da luz) em ação para receber um pó pigmentado conforme a tinta de impressão correspondente. Esse processo repete-se para cada cor e é finalizado com uma camada protetora brilhante.

Cromo: filme fotográfico que guarda a imagem em positivo.

Croqui: equivalente a esboço.

CTP (*Computer to Plate*): processo no qual as chapas de impressão são gravadas a laser a partir de um arquivo digital, sem necessidade do fotolito.

Cursivo: tipo de desenho manuscrito, com os caracteres conectados uns aos outros por ligaturas, em referência à letra manual.

Curvas de Bézier: método de definição geométrica para curvas de ilustração vetorial e tipografia digital. A curva é definida como uma sequência entre dois ou mais pontos fixos. Cada ponto fixo possui um par de pontos de controle (âncoras) móveis. A posição relativa entre as âncoras móveis e os pontos fixos define a curvatura da curva.

D

Deadline: prazo final para entrega de um trabalho ou fechamento de uma edição.

Densidade: medida do grau de escurecimento do filme, papel fotográfico ou tinta impressa.

Densitômetro: instrumento de controle usado para medir a densidade óptica em cromos e opacos.

Descendentes: partes das letras que se estendem abaixo da linha de base. Exemplos: g, p.

Design: disciplina que visa às atividades relacionadas com a produção de artefatos, com a preocupação de uma harmonia estética de ambiente humano.

Design gráfico: termo utilizado para definir a atividade de planejamento e projeto relativos à linguagem visual. A atividade pode ser desenvolvida sobre os mais variados suportes, como papel, plástico etc. Compreende as noções de projeto gráfico, identidade visual, projetos de sinalização, design editorial, entre outras.

Design visual: termo ampliado do design gráfico por não se restringir às questões gráficas e trabalhos produzidos a partir de determinado tipo de impressão.

Diagrama: esquema, plano básico de um trabalho gráfico, sobre o qual se organizam texto e imagem segundo um projeto pré-definido. Representação gráfica de um impresso por meio de suas linhas construtivas; diz-se diagrama de construção o conjunto de orientações gráficas pelo qual uma determinada imagem é traçada.

Diagramação: conjunto de operações utilizadas para distribuir e organizar o conteúdo de uma publicação de acordo com o projeto gráfico predeterminado.

Didot: sistema de numeração que tem como base de medida o ponto Didot (equivalente a 0,376 mm). O sistema Didot tem sido adotado em todas as fundições tipográficas do mundo, exceto na Inglaterra e nos Estados Unidos.

Digitação: operação de registro de dados digitais em um computador.

Digitalização: processo de transformação de dados analógicos (uma imagem em papel, por exemplo) em arquivo eletrônico, por meio de uma codificação de sinais digitais.

Diretor de arte: em uma produção de cinema ou vídeo, é o profissional responsável pelo projeto e execução da imagem visual. Em design, o diretor de arte é responsável pela definição e orientação das linhas gerais de um projeto gráfico. Em publicidade, é o profissional de criação especializado em desenvolver a linguagem visual e gráfica de peças publicitárias.

***Display*:** 1. peça promocional destinada a promover determinado produto ou serviço em ponto de venda. 2. categoria de fontes tipográficas.

DPI (*Dots Per Inch*): pontos por polegada. Unidade de medida de resolução de uma imagem. Quanto mais pontos por polegada, maior a definição da imagem.

DTP (*Desktop Publishing*): editoração eletrônica. Conjunto de ferramentas informatizadas, como *software*s, computadores, escâneres etc., para o desenvolvimento e execução de tarefas de diagramação, artes e arte-final no computador.

Duotone: processo de impressão no qual se utilizam duas matrizes entintadas com cores diferentes. A superposição das matrizes permite a obtenção de diferentes tons e cores. Equivalente à bicromia.

E

Edição: 1. conjunto das atividades relacionadas com a publicação de livros e tarefas das funções de editor, como seleção de originais, contratação de direitos autorais, de tradução e de serviços de diagramação, revisão, supervisão gráfica etc. 2. o conjunto de exemplares de uma obra de uma mesma tiragem. A tiragem do dia de uma publicação.

Editora: empresa ou instituição que se dedica à edição de publicações.

Editorial: 1. texto de uma publicação, geralmente no seu início, que reflete o pensamento e a orientação dos seus dirigentes. 2. departamento interno da editora que produz os livros.

Emendas: correção do preparador ou revisor de textos feita nas provas de revisão, na qual são assinalados todos os eventuais erros e modificações do texto.

Encadernação: agrupamento da capa com o miolo de uma obra.

Encarte: peça publicitária ou jornalística inserida em outra publicação já encadernada.

Encasar: colocar um caderno dentro do outro.

Entreletra: medida do espaço entre as letras.

Entrelinha (*leading*): distância que vai da base de uma linha de texto até a base da linha seguinte. Em tipografia mecânica e manual, usualmente é dimensionada em pontos. Em editoração eletrônica, é possível estabelecer a unidade de medida que se deseja.

Envelope: invólucro de uma carta ou de um cartão.

Envelope de janela: envelope que tem na frente um recorte (janela), coberto geralmente com papel transparente, através do qual se pode ver o nome e o endereço do destinatário.

Epígrafe: citação, resumo ou máxima que o autor coloca ao abrir um livro, parte, capítulo etc.

EPS (*Encapsulated PostScript*): extensão ou formato de arquivo de imagem codificado em linguagem *postscript*.

Errata: lista de erros encontrados na obra depois da impressão, com a indicação das respectivas correções.

Esboço: desenho simplificado e inicial de um projeto gráfico ou ilustração. Também chamado de croqui.

Escala de cores: 1. tabela impressa que contém diversas combinações de tonalidades de cores e serve de guia para referência e escolha de cores. 2. em artes gráficas, as provas do conjunto de cores a ser utilizado em uma impressão, demonstrando o exato tom e a ordem em que devem ser impressas. Orienta o impressor no controle da impressão de cada cor.

Escala Pantone de cores: marca registrada de um sistema de cores especiais usado na indústria gráfica. As cores pantone possuem características diferentes da escala de cor CMYK, podendo apresentar cores fosforescentes e metalizadas.

Escâner: equipamento para digitalização de imagens através de um sistema óptico-eletrônico. O original pode ser opaco, transparente ou translúcido. Existem escâneres cilíndrico e de mesa (plano).

Espacejar: aumentar os espaços entre palavras de uma composição.

Espaço: unidades entre letras ou palavras na linha da composição.

Espaço Eme (M): espaço correspondente ao comprimento da letra M da fonte utilizada.

Espaço Ene (N): espaço correspondente à metade do comprimento da letra M da fonte utilizada. Originalmente era o mesmo que a largura da letra N.

Espelho: diagrama da disposição das páginas de uma publicação, cujo objetivo é orientar uma diagramação.

Espessura: distância entre as faces do papel. O mesmo que gramatura.

Estar no prelo: expressão usada quando uma publicação encontra-se no processo de impressão gráfica.

F

Faca: instrumento de metal montado em madeira, cuja função é recortar impressos em formatos especiais.

Falso rosto: página que antecede o rosto. É a primeira página de uma publicação após a capa. Geralmente apresenta o título da obra.

Família: conjunto de caracteres ou fontes tipográficas, cujo desenho apresenta as mesmas características de construção, independentemente da variação da espessura de suas hastes nas diferentes versões (*light, regular,* itálico, negrito etc.). Diz-se família tipográfica.

Filme: equivalente a fotolito.

Filtro: em *software* de ilustração e tratamento de imagens, é um módulo de manipulação, que produz um efeito específico.

Finos: hastes ou traços mais finos do desenho de uma letra.

Fitilho: cordão ou fita que se coloca em uma publicação para marcar uma página. Muito usado em agendas.

Flatness: em programas que trabalham com vetores, é um coeficiente que determina a qualidade relativa das curvas dos objetos. As curvas vetoriais, para serem impressas, são convertidas em sequências de pequenos segmentos de reta. Quanto menor o flatness, menores são esses segmentos de reta e, consequentemente, maior a qualidade do contorno.

Flexografia: processo de impressão cilíndrica ou rotativa, que tem como matriz chapas de borracha ou plástico macio, fotogravadas em relevo. Esse sistema utiliza tintas de secagem rápida, com grandes possibilidades de gamas de cores. Produz superfícies impressas com brilho e é adequado para a reprodução de originais com chapados, linhas ou retícula grossa. Utilizado principalmente na impressão de embalagens, aceita vários suportes de impressão, como sacos de papel e plásticos, recipientes de poliestireno, *nylon* etc.

Flyer: impresso de pequenas dimensões, também conhecido como volante. Pode apresentar-se também em formato digital.

Folder: folheto constituído por uma única folha, com uma ou mais dobras.

Folheto: peça impressa com uma ou mais dobras (*folder*); também publicação com poucas páginas.

Fonte: conjunto de caracteres de uma mesma família tipográfica, cujo desenho possua o mesmo padrão de construção.

Fonte de impressão: arquivo digital de fonte *postscript*, que contém informações específicas do desenho do tipo para dar saída em impressoras.

Fonte de tela: arquivo auxiliar de fonte *postscript,* que possibilita a visualização do desenho da letra na tela do computador.

Formato: conjunto das dimensões características de uma obra (largura, altura, lombada).

Fotocomposição: processo de reproduzir a composição de textos por meios fotográficos.

Fotogravura: processo de gravura fotoquímica em relevo sobre metal ou plástico, utilizada na impressão tipográfica.

Fotolito: filme com o qual são gravadas as chapas de impressão. A película, ou filme, é transparente e coberta por emulsão fotossensível, que contém a imagem a ser impressa. Cada tinta possui seu fotolito correspondente. As informações do fotolito são gravadas em negativo para matrizes de impressão *offset* (chapas de impressão) e em positivo para matrizes de serigrafia (telas). Equivalente a filme.

Fotomontagem: imagem que se obtém a partir da combinação entre duas ou mais fotografias.

Frame: nos programas de paginação, é um objeto que contém um texto ou imagem. O frame pode ser visível ou não. Para torná-lo visível, basta aplicar a ele uma determinada espessura do fio (*stroke*).

Free-lance: 1. profissional que trabalha de forma independente, sem vínculo empregatício. 2. tarefa realizada de forma independente por um profissional sem vínculo de emprego.

Fusão: justaposição de duas ou mais imagens. Também conhecido por montagem, colagem ou trucagem.

G

Gerador de fontes: em tipografia digital, é o programa utilizado para a criação, conversão e edição de fontes.

GIF (*Graphics Interchange Format*): formato de arquivo indicado para imagens de pouca variedade de cores, já que a profundidade de cor é variável de 1 a 8 bits (2 a 256 cores). Essa limitação traz a grande economia no tamanho da imagem em GIF. Por esse motivo, é muito utilizado em arquivos para web.

Goma-arábica: goma solúvel em água, empregada em chapas de *offset* e na massa de papéis e envelopes.

Grafismo: área do impresso na qual a tinta é depositada. A área onde não há aplicação de tinta é chamada de contragrafismo.

Gramatura: valor do peso, em gramas, de 1 metro quadrado de um determinado papel. Sua expressão numérica é uma referência à espessura do papel, mas não é, necessariamente, a espessura exata do papel, já que o peso depende da matéria-prima empregada em sua fabricação. Quanto mais alto o valor da gramatura, mais denso e grosso será o papel.

Grampo: encadernação com pequenos pedaços de arame (grampos), que forma a lombada canoa. Esse tipo de lombada não comporta publicações com grande número de páginas.

Granulação: aparência arenosa de uma imagem de negativo, *slide* ou impresso. Ampliações muito grandes podem evidenciar essa característica.

Grão: microdepósito de prata metálica, sensível à luz e formador da imagem fotográfica. A distribuição dos grãos causa superposições ou aglomerações, que podem resultar em granulação na imagem final.

Grayscale: formato de codificação de imagens em tons de cinza. A escala vai de 0% (branco) até 100% da cor (preto).

Grid: trama ou malha modular que serve como base para a construção de diagramas. Utilizado para facilitar o alinhamento e posicionamento de objetos na diagramação.

Grosso: hastes ou traços mais grossos do desenho da letra.

Guarda: folhas dobradas, impressas ou não, que unem o miolo à capa de um livro. A primeira e última páginas do miolo são coladas nas guardas, que, por sua vez, são coladas no verso da capa.

Guilhotina: máquina de aparar ou cortar papel. Em acabamento, a guilhotina é responsável pelo refile das publicações.

H

Heliográfica: cópia fotossensível azulada, revelada por processo térmico ou por exposição a vapores de amônia. Serve como prova para revisão. Também chamada de cianográfica.

Hipermídia: termo utilizado genericamente para a identificação de sistemas de integração de som, imagens, textos e vídeo, que organizam o armazenamento desses dados de modo a permitir sua constante recuperação e interação não-linear.

Hipertexto: estrutura narrativa de documentos interligados, podendo ser composta por textos, imagens ou outros tipos de arquivos, cuja sequência de conexões não obedece a uma ordem linear. Em um hipertexto eletrônico, a passagem de um documento a outro é facilitada pela presença de *links* ou *hot spots*.

Holograma: representação tridimensional de uma imagem, obtida por um processo óptico com a técnica do raio *laser*.

Hot-stamping: película impregnada de pigmento de cor especial usada no processo de impressão. O grafismo da matriz é transferido ao papel ou suporte a ser impresso, por meio de pressão e calor.

House organ: publicação editada para efeitos de comunicação institucional. Geralmente em forma de revista ou jornal, o *house organ* é dirigido tanto para um público interno de uma empresa ou instituição, como para um público externo.

HTML (*Hyper Text Markup Language*): linguagem de programação da internet (*World Wide Web*).

I

Ibidem: palavra latina, cujo significado é "no mesmo lugar", "na mesma obra, no mesmo autor citado". É empregado para evitar a repetição do título de uma obra, de um capítulo, autor etc. Pode-se abreviar para ib. ou ibid.

Ícone: símbolo que representa características semelhantes ou equivalentes a um objeto que representa.

Idem: significa "o mesmo". Usa-se para evitar a repetição do que se acaba de dizer ou escrever. Pode-se abreviar para id.

Identidade visual: conjunto de elementos gráficos que identificam e caracterizam visualmente uma empresa, instituição, produto ou evento. Logotipo, tipografia, palheta de cores etc. são elementos desse conjunto.

Ilhó: em encadernação, é um pequeno orifício no cartão, couro etc., para passar um cordão ou fita.

Imagem corporativa: representação formada pelo conjunto das percepções e ações de uma empresa ou instituição.

Imagem vetorizada: imagens construídas por meio de vetores e não por pontos. Esse tipo de imagem pode ser ampliado sem perda de qualidade.

Imagesetter: nome genérico dado aos equipamentos usados para produção de fotolito a partir de arquivos digitais.

Imposição: recurso de montagem de páginas de uma publicação. As páginas encontram-se em posições específicas para que, após a dobragem da folha, fiquem na ordem crescente da numeração.

Impressão: processo destinado a reproduzir cópias, por meio de matrizes, sobre um determinado suporte. As reproduções gráficas são obtidas pelo contato direto da matriz com o suporte (impressão direta) – como a tipografia, a serigrafia e a xilogravura – ou por meio de um elemento intermediário (impressão indireta), que entra em contato com a matriz e transfere a impressão ao suporte, como o *offset* e a flexografia.

Impressão a seco: processo de impressão que se realiza sem tinta, deixando apenas a marca da pressão do ferro ou da chapa. Também chamado de relevo seco.

Impressão digital: sistema de impressão cuja matriz é o arquivo digital. Esse processo dispensa o uso de fotolito e chapa.

Impressão plana: sistema de impressão com máquinas planas.

Impressão rotativa: sistema de impressão que utiliza formas ou matrizes curvas ou cilíndricas.

Impresso: material obtido por meio de impressão mecânica ou eletrônica.

Infográfico: ilustração de uso jornalístico ou didático cujo objetivo principal é esclarecer, exemplificar um conteúdo ou ideia. O uso de mapas, gráficos, tabelas e diagramas pictográficos é muito comum na infografia.

In-fólio: formato que corresponde à folha dobrada ao meio, resultando quatro páginas, duas de cada lado.

In-quatro: formato em que a folha sofre duas dobras, resultando um caderno de oito páginas.

Interface: configuração que permite a comunicação entre dois ou mais dispositivos. Por exemplo, a interface entre o computador e a impressora, ou entre o computador e o *modem*.

Internet: rede internacional de computadores que começou a ser desenvolvida logo após a Segunda Guerra Mundial. A internet originou a *world wide web* (www).

Intertítulo: pequenos títulos inseridos no meio de texto corrido de matéria jornalística. Sua função, além de organizar as informações do texto principal, é de facilitar a leitura do texto e deixá-lo mais leve, com respiros.

Itálico: variação de uma fonte tipográfica em que o caractere é inclinado à direita. Essa inclinação é feita a partir de proporções desenhadas para esse fim. O recurso do itálico é utilizado para destacar ou diferenciar uma palavra ou frase em meio a um texto.

J

Job: trabalho específico feito para um determinado cliente.

JPG (*Joint Photographic Experts Group*): extensão de um arquivo digital, cujo padrão de compactação apresenta uma perda na qualidade da imagem, que pode ser imperceptível se o arquivo for salvo em alta qualidade.

Justificar: alinhar um texto simultaneamente à esquerda e à direita, formando um bloco de texto com linhas de mesmo comprimento.

K

Kerning: ajuste de espaçamento entre pares específicos de letras, que normalmente teriam espaçamentos incoerentes com o restante da fonte. Exemplo: o par "RA" necessita de um *kerning* positivo (distanciar as letras). Já para o par "TO", o *kerning* apropriado é o negativo (aproximar as letras).

Knockout: efeito oposto ao *overprint* (sobreposição). Consiste em vazar as áreas em que objetos se interceptam, criando uma reserva. Um texto em branco sobre fundo colorido produzirá um efeito característico de *knockout*.

L

Laminação: película plástica, fosca ou brilhante, aplicada sobre uma superfície impressa, que serve para proteger o impresso. A laminação ocorre na fase de acabamento.

Landscape (paisagem): orientação de página que tem a altura menor que a largura. Oposto ao *portrait* (retrato), também é conhecida por *wide* ou página deitada.

Lauda: página de um impresso ou arquivo digital.

Layer: camada que compõe uma imagem digital. Uma imagem digital pode ser composta por várias *layers*, opacas ou transparentes, que se sobrepõem umas às outras.

Layout: esboço de um trabalho gráfico, que simula de maneira fiel o resultado do projeto final.

Legenda: texto, geralmente curto, que acompanha a imagem.

Legibilidade: atributo do texto que afeta a percepção e o entendimento.

Letra capital: o mesmo que letra maiúscula, versal.

Letra ornada: caractere ornamentado com linhas em forma de folhas, flores, corda etc., e que se emprega geralmente como inicial de capítulo.

Letras numerais: são aquelas que se empregam como símbolo numérico (algarismos romanos).

Ligatura: em tipografia, é a parte de um tipo que se encaixa no seguinte. Muitas fontes incluem caracteres especiais com grupos de letras frequentemente ligadas, como F e I. Algumas famílias de fontes contêm versões *expert* com ligaturas adicionais.

Lineatura: medida que indica o número de linhas de pontos de retícula por centímetro. LPC (linhas por centímetro) é a unidade de medida de resolução que define a lineatura do documento. O valor da lineatura varia conforme a qualidade pretendida do trabalho, características da tinta e do papel. Pode também ser medida em linhas por polegadas (LPI).

Linha: sequência de caracteres tipográficos reunidos na medida preestabelecida.

Linha branca: espaço de uma linha, sem caracteres impressos. Espaço em branco.

Linha cheia: aquela em que as palavras ocupam toda a linha.

Linha de parágrafo: linha que inicia parágrafos.

Linha guia: *grid* de linhas horizontais e verticais, que servem como guias de posicionamento dos textos e imagens.

Linha base: linha imaginária sobre a qual se posicionam os caracteres de uma fonte.

Linotipo: sistema de composição tipográfica, criado no final do século XIX.

Litografia: processo de impressão plana, tendo como matriz a pedra.

Livro: conjunto de cadernos, manuscritos ou impressos, costurados ou colados ordenadamente na forma crescente do número das páginas.

Logomarca: identificação para sinais de um programa de identidade visual, como logotipo, símbolo e marca.

Logotipo: elemento de identidade visual, cuja forma gráfica de uma ou mais palavras caracteriza uma marca comercial de uma empresa. Quando acompanhado por um símbolo identificador, é denominado logomarca.

Lombada: dorso ou lombo da publicação, onde se encontram os grampos, colagens ou costuras.

Lombada canoa: tipo de dorso em que a publicação é encadernada com grampos inseridos na dobra do impresso.

Lombada quadrada: tipo de dorso em que a publicação é encadernada com cola e/ou costura.

LPI – *Lines per Inch* (linhas por polegada): unidade de medida de resolução que define a lineatura do documento. Pode também ser medida em centímetros (LPC).

LZW (*Lempel-Ziv-Welsh*): algoritmo (método matemático) de codificação de dados, utilizado para comprimir imagens no formato TIF.

M

Magenta: cor primária da seleção utilizada para impressão de policromias (CMYK).

Mala direta: mensagem publicitária ou de *marketing*, geralmente sob a forma de folheto, enviada pelo correio ou por portadores.

Malha construtiva: o mesmo que *grid*. Trama que serve como base para a construção de diagramas. Utilizado para facilitar o alinhamento e posicionamento de objetos na diagramação.

Mancha: área impressa da(s) coluna(s) de texto, indicada pelo projeto gráfico. Elementos complementares da página (como número de página ou cabeços), geralmente, encontram-se fora da mancha.

Manuscrito: livro ou documento escrito a mão.

Marca-d'água: impressão ou relevo de uma marca, desenho ou adorno. Quando impressa, a carga de tinta é muito baixa, deixando apenas uma leve impressão da imagem. Em relevo, a marca-d'água serve também para dificultar falsificações de um documento.

Marca de corte: marcação situada ao redor do documento, que indica onde o impresso receberá o corte de refile, na fase de acabamento.

Marca de registro: marcação com desenho em cruz, que garante a perfeita sobreposição das cores de impressão. Também conhecida como cruz de registro ou registro de cores.

Marca: nome, símbolo gráfico, logotipo ou combinação desses elementos, que identifica produtos ou serviços de uma empresa.

Margem: espaço do papel que fica em branco, as extremidades em branco de uma página. A margem situa-se ao redor da mancha.

Marketing: conjunto de atividades empresariais destinadas à descoberta, conquista, manutenção e expansão de mercados para empresas.

Máscara: recurso utilizado para isolar áreas de uma imagem.

Matéria: artigo ou qualquer tipo de texto ou composição tipográfica.

Matriz: elemento base de qualquer processo de impressão, no qual é gravada a imagem a ser impressa.

Meio-tom: decomposição dos tons contínuos (100% da cor) em tons intermediários. O mesmo que retícula.

Merchandising: ferramenta de comunicação e *marketing* que possui dois significados distintos: 1. exposição de uma marca comercial em espaço ou tempo editoriais de veículos de comunicação, como, por exemplo, inseridos em telenovelas. 2. criação e produção de material promocional para ser exibido em pontos de venda, que complementam as campanhas publicitárias.

Mesa digitalizadora (*graphic tablet*): equipamento utilizado em substituição ao *mouse* para desenho no computador. É uma superfície sensível na qual desenha-se com uma caneta especial – com sensor óptico – diretamente no arquivo digital.

Mídia: 1. termo utilizado para designar os veículos de comunicação. 2. departamento de uma agência de propaganda ou profissional especializado, que utiliza a técnica publicitária de estudar as melhores condições para veicular mensagens publicitárias. 3. termo utilizado para designar o objeto no qual está gravado alguma informação, por exemplo, CD, DVD etc.

Miolo: conjunto de páginas internas de uma publicação.

Mock-up: maquete de um produto, muito utilizado para produção fotográfica. Pode ser em escala ampliada ou reduzida. Também chamado de boneco.

Moiré (pronuncia-se moarê): padrão indesejável de interferência causado pela justaposição de duas ou mais estruturas geometricamente regulares e repetitivas, com ângulos incorretos. O *moiré* ocorre quando duas ou mais retículas com a mesma lineatura se sobrepõem numa inclinação quase idêntica. É identificado por um efeito visual de "ondas" ou "ilhas" no qual se formam novas figuras geométricas.

Monocromia: processo de impressão em que é utilizada apenas uma cor.

Multimídia: conjunto integrado de informações que se utiliza de diferentes linguagens: som, vídeo, gráficos e animação.

N

Negativo: imagem fotográfica na qual se acha invertido o valor das luzes e sombras: o que está escuro no negativo corresponde ao que está claro no original e vice-versa.

Negrito: desenho de letra com a espessura das hastes mais grossa e mais escura do que o regular. O mesmo que *bold*.

Newsletter: publicação periódica de conteúdo editorial, para divulgação de informações institucionais de uma empresa.

Nota de rodapé: informação que se encontra nas margens das páginas dos livros, revistas etc., geralmente localizada no rodapé da página.

O

Objetiva: lentes da câmara fotográfica.

OCR (*Optical Character Recognition*): reconhecimento óptico de caracteres. Conversão automática, via *software*, de um texto digitalizado (imagem) para um arquivo de texto (caracteres).

Offset: processo planográfico de impressão indireta, derivado da litografia, no qual o grafismo (área que contém as imagens) e o contragrafismo (área em branco) estão no mesmo plano gravado da chapa de impressão, a chamada matriz. A matriz (chapa de alumínio ou zinco) é presa em volta de um cilindro da máquina de impressão e, entintada, transfere a gravação para outro cilindro revestido de borracha. Esse cilindro, por sua vez, transfere a imagem gravada para o papel. A matriz é constantemente entintada e umedecida. As áreas de grafismo absorvem a tinta pastosa e gordurosa, enquanto as áreas de contragrafismo, úmidas, a repelem.

Olho: 1. principal forma redonda ou elíptica que define o desenho da letra. Por exemplo: C, G, O na caixa-alta e b, o, p na caixa-baixa. Também pode ser chamado de bojo ou barriga. 2. pequeno texto introdutório a um texto principal de uma matéria ou reportagem.

OpenType: padrão de fontes universal da Adobe e da Microsoft, que funde as características dos padrões *postscript* e *truetype* nas plataformas Mac e Windows. Utiliza um código híbrido compacto, permitindo que os mesmos arquivos sejam usados em Macs ou PCs sem nenhum tipo de conversão. É baseado em Unicode (tabela universal com uma identificação global e fixa para cada caractere) e Glyph (extensão para símbolos, expressões e caracteres especiais), e armazena 16 bits de informação (máximo de 65.535 caracteres).

Órfã: última linha de um parágrafo impressa no topo da página seguinte. A diagramação deve evitar a formação de linha órfã, deixando-a na mesma página de seu parágrafo.

Original: qualquer material usado como ponto de partida para uma reprodução. Pode ser um texto manuscrito, digitado em arquivo eletrônico ou impresso, assim como imagens (ilustrações ou fotografia).

Original a traço: original que não possua gradação de tons, com textos ou desenhos. Exemplos: desenho a traço, texto, fios etc.

Original de meio-tom: original que contém várias tonalidades e porcentagens das cores, sem apresentar áreas chapadas. Exemplos: fotografias, pinturas, desenhos etc.

Original de tom contínuo: original que possui o meio-tom, além da cor chapada. Esse tipo de imagem apresenta uma gama de tons intermediários entre cores diferentes ou entre o preto e o branco. Exemplos: fotografias, pinturas, desenhos etc.

Original opaco: original não-transparente. Exemplos: foto, ilustração etc.

Original transparente: original visto através da transparência da luz. Exemplos: cromos fotográficos positivos e negativos.

Outdoor: tipo de cartaz publicitário de grande proporção, instalado geralmente nas ruas, é formado por diversas partes impressas que, coladas lado a lado, formam uma única imagem.

Overlay: folha de papel transparente ou translúcido, colocado sobre uma arte-final, cuja finalidade é a de protegê-la ou para anotar indicações de possíveis alterações a serem feitas na arte.

Overprint: sobreposição de tintas, geralmente aplicado no preto. Nessa técnica, uma cor é impressa sobreposta em áreas já impressas. O contrário de *knockout*.

P

Paginação: diagramar ou ordenar as páginas de uma publicação.

Página-mestra (*master page*): em um *software* de paginação, é um *layout* de página que serve como modelo (*template*) para as demais páginas da publicação. Útil para o posicionamento de elementos fixos da página, como número de páginas, colunagem, margens etc.

Paica (do inglês, *pica*): unidade de medida tipográfica, equivalente a $1/6$ de polegada ou 12 pontos.

Pantone: tabela universal de cores que associa cada tonalidade de cor a um código. Também chamadas de cores especiais (*spot colors*), são muito utilizadas em peças promocionais e peças institucionais para fidelidade de cor de logotipos e marcas corporativas.

Papel: material constituído por elementos fibrosos de origem vegetal e cola, que formam uma pasta de celulose. Depois de seca e refinada, a celulose é comercializada em forma de folhas.

Pauta: relação de assuntos tratados para serem desenvolvidos e transformados em matérias para publicações.

PB, P&B, PxB, P/B: formas abreviadas de preto e branco. Qualquer material que contenha apenas uma cor, geralmente, o preto. Pode ser a traço ou conter meio-tom.

PDF (*Portable Document Format*): formato de documento portável. Trata-se de um formato fechado de arquivo, que possibilita a visualização de um documento, incluindo fotos e tipografia. A partir do arquivo PDF, se fechado em alta resolução, gera-se a matriz para impressão gráfica.

Pé: margem ou branco inferior da página.

Periódico: publicação impressa com periodicidade determinada (diária, mensal, bimestral etc.). Exemplos: jornal, revista, boletim.

Peso: em tipografia, é uma variação de um tipo em relação à versão regular da fonte. A variação básica dos pesos de um tipo são: *light, medium* ou *regular* e *bold*. Existem famílias tipográficas mais completas que abrangem também outras variações, como *ultralight, thin, extrabold* e *black*.

***Pixel*:** menor unidade que compõe uma imagem digital *bitmap*.

Plastificação: processo de revestimento com material plástico, fosco ou brilhante, para proteção do impresso.

Plotagem: processo de impressão digital para grandes formatos.

***Plotter*:** 1. máquina de impressão digital que, a partir de arquivos digitais, permite impressões coloridas de alta qualidade para grandes formatos em papel, vinil etc. 2. prova de gráfica para conferência da publicação antes da impressão.

Policromia: qualquer processo de reprodução (impressão) em que se utilizam quatro ou mais cores.

Ponto (pt): unidade de medida tipográfica. Pelo sistema anglo-americano, 12 pontos equivalem a uma paica, um ponto a aproximadamente 1/72 de uma polegada. No Brasil adota-se o sistema Didot, em que um ponto corresponde, em altura, a cerca de 0,3759 milímetros (12 pontos = 1 cícero).

Ponto de cola: termo que designa os locais de aplicação de cola para a estruturação de embalagens, tais como caixas, sacolas ou sacos.

Pontos por polegada – DPI (*Dots Per Inch*): unidade de medida de resolução de uma imagem. Quanto mais pontos por polegada, maior a definição da imagem.

Pop-up: peça impressa dobrada que, quando aberta, projeta uma ilustração tridimensional. Muito usado em livros infantis.

Portfólio: 1. conjunto de marcas, produtos e serviços de uma empresa. 2. trabalhos já realizados por uma empresa ou profissional autônomo. 3. conjunto de títulos de uma editora e de programas de uma emissora de rádio e TV.

Portrait (retrato): orientação de página com a largura menor que a altura. O oposto de *landscape* (paisagem). Conhecida também por *tall* ou página em pé.

Positivo: prova fotográfica ou transparência em que as imagens são iguais ao original e não invertidas, como ocorre no negativo.

PostScript (PS): linguagem de programação, criada pela Adobe System, usada para descrever imagens gráficas a partir de arquivos digitais. É também um padrão de fontes, no qual cada fonte compreende um par de arquivos: a fonte de impressão (*postscript*) e a fonte de tela.

Pré-impressão: processo que antecede a etapa de impressão. A confecção do fotolito, prova de gráfica, montagem de filmes são etapas que fazem parte da pré-impressão. O mesmo que *pre-press*.

Prelo: 1. equipamento mecânico, manual ou automático, utilizado para imprimir provas para conferência de cores, qualidade dos fotolitos etc. As provas de preto são consideradas as mais fiéis ao que será impresso e, após aprovada, serve de guia para o impressor gráfico. 2. o mesmo que prensa.

Prensa: 1. equipamento mecânico, manual ou automático, que imprime imagens e textos sobre folha de papel ou outro material. O mesmo que prelo. 2. instrumento destinado a comprimir duas ou mais peças. Nas artes gráficas, utilizam-se diversos modelos de prensas, como, por exemplo, a prensa de aparar, que comprime o livro para ser refilado com uma guilhotina.

Pre-press: o mesmo que pré-impressão. Pode também designar o espaço físico onde ocorrem as atividades que antecedem uma impressão.

Press release: comunicado de entidades privadas ou públicas, que é divulgado por meio de órgãos de comunicação, tais como jornal, tevê e rádio.

Preto: uma das cores da seleção utilizada para impressão de policromias (CMYK). O preto tem a capacidade de dar profundidade e definição às sombras. É simbolizado pela letra K (*blacK*) e não por B, para não se confundir com o B (*blue*) da escala de cor RGB.

Prismagem: indicação de referência da posição e escala de uma foto ou ilustração na página.

Produção gráfica: 1. tarefa de organização e supervisão da realização de peças gráficas. 2. área de agência de publicidade ou de empresa editorial encarregada da produção e do relacionamento com os fornecedores gráficos.

Programa de identidade visual (PIV): conjunto de elementos visuais – como logotipo, cores, tipografias – de uma empresa. O programa de identidade visual possui um sistema de normas e padrões para o uso coordenado de todos os elementos visuais, de forma a consolidar a imagem da instituição.

Programação visual: planejamento e projeto de linguagem visual para fins de comunicação. Compreende as noções de design gráfico, design visual, projeto gráfico, identidade visual, *web design*, vídeo *graphics*, dentre outras nomeações de áreas de especialização.

Projeto gráfico: planejamento e criação de uma peça gráfica. Especificações técnicas como formato, papel, processo de impressão e acabamento são definidas na etapa do projeto gráfico.

Prova de cor: prova produzida pela gráfica, fora de escala industrial, a partir do fotolito ou arquivo digital, cuja função, após a aprovação do designer/cliente, é a de servir de guia de cor para o impressor gráfico. Os processos mais utilizados para confecção de provas de cor são o cromalim, o prelo e a digital. Para grandes formatos é utilizada a prova de *plotter*.

Prova de emenda: página impressa após a diagramação, fora de escala industrial, na qual são assinaladas por um revisor as eventuais emendas (correções) de uma publicação. Recomenda-se a realização de até três provas de emendas para garantir uma boa revisão.

Prova de gráfica: página impressa pela gráfica, fora de escala industrial, para identificação de possíveis erros. Etapa que antecede a impressão final, as provas de gráfica podem ser heliográficas ou digitais.

Prova heliográfica: prova realizada pela gráfica, a partir de fotolito, feita em papel fotossensível, geralmente em tom azul. Daí os nomes *blueprint* ou cianográficas para designar também esse tipo de prova. A heliográfica é enviada ao designer/cliente para checagem da montagem da paginação e de qualquer elemento previsto na arte-final. Não possui qualidade técnica para avaliação da reprodução de imagens, ilustrações ou retículas.

PSD: formato nativo do *software Adobe Photoshop*. É o formato gráfico mais completo, que possibilita muitas variáveis no arquivo, tais como imagem indexada, *layers, clipping paths,* entre outros recursos.

Público-alvo: segmento de público que se pretende atingir com determinada publicação, programação, campanha publicitária, produto ou serviço. O mesmo que *target*.

Q

Quadricromia: processo de reprodução (impressão) no qual, a partir de quatro cores básicas (ciano, magenta, amarelo e preto), são geradas as outras cores do espectro visível. O processo se utiliza de quatro chapas de impressão, uma para cada cor, que, sobrepostas na impressão, reproduzem, por ilusão de óptica, todas as cores da arte original.

Quebrar: passar para a linha seguinte parte de uma palavra que não cabe na medida da mancha ou que visualmente se equilibra melhor na linha seguinte.

R

Rasterização: processo de conversão de um arquivo de página ou ilustração digital, geralmente em alta resolução, em um arquivo *bitmap*. Do original em inglês *raster image*.

Rebaixamento: efeito fotográfico que diminui a densidade de um negativo ou cópia. Esse efeito é obtido por meio de soluções químicas nos originais ou filtros de *software* de tratamento de imagens digitais, como o *Photoshop*.

Redondo: versão regular dos caracteres tipográficos.

Redução: reprodução, em tamanho menor do que o original, de qualquer original, tais como fotografia, desenho etc.

Refilar: aparar, por meio de guilhotina, papéis antes e após a impressão, retirando os excessos do formato final. O corte é feito nas marcas de corte do material impresso.

Registro de cores: o mesmo que marca de registro.

Relevo: método de impressão em que uma área da imagem permanece elevada em relação ao papel. Existem várias medidas de altura do relevo. Também conhecido como relevo seco.

Repaginar: paginar novamente, rediagramar.

Resma: como são chamadas, nas gráficas, quinhentas folhas de papel.

Resolução: em imagens digitais, é o número de *pixels* por unidade de medida. Na tela, a resolução é expressa por uma matriz de pontos. Na impressão é expressa como pontos por polegada. Quanto maior a resolução de uma imagem, melhor é sua definição em tela ou na impressão.

Retícula: decomposição dos tons contínuos da imagem em micropontos de tamanhos variados de meio-tom para a impressão pelos processos litográficos (*offset*, rotogravura). Ao ser observada de uma determinada distância, a retícula cria a ilusão de tom contínuo.

Retícula estocástica: tipo de retícula de impressão na qual cada ponto tem uma dimensão fixa e densidade variável de acordo com o tom. Por produzir excelentes resultados, esse tipo de retícula é usado em livros que exigem grande qualidade gráfica, como, por exemplo, livros de arte. O processo exige cuidado maior no processo de impressão e equipamentos específicos.

Retoque: correção de imperfeições ou alteração produzida intencionalmente em negativo, cópia fotográfica, fotolito, arte-final ou digital.

Retranca: sinalização usada em revista ou periódico que identifica a seção ou a reportagem em questão.

RGB (*Red, Green, Blue*): sistema de cores aditivas primárias (vermelho, verde, azul) utilizado pelos monitores de computadores, televisões e vídeo.

Rio: espaços em branco na coluna de texto que, ao coincidirem, dão a sensação de um rio branco no meio do texto. Para solucionar esse problema, deve-se ajustar a hifenação do texto.

RIP (*Raster Image Processor*): processo que converte imagens digitais em linguagem *postscript* em mapas de *bits*, na resolução apropriada para cada dispositivo.

Rodapé: composição situada na parte inferior da página, junto ao pé da página de uma publicação. Geralmente, indica capítulo, numeração de página ou informações de referência.

Roseta: efeito visual formado pelas retículas. Ocorre quando todas as inclinações de cada cor estão corretas.

Rosto: parte da obra em que se encontra, geralmente, o título, o nome do autor, o logotipo da editora. A primeira página é chamada falso rosto. A dupla de página seguinte é o rosto, também chamado frontispício.

Rotativa: máquina de impressão que utiliza o cilindro rotativo para reprodução em alta velocidade. Rotogravura, *offset* e flexografia usam sistemas de rotativas. As máquinas rotativas podem ser alimentadas por folhas ou por bobinas de papel. Muitas vezes são acopladas a equipamentos de dobra e corte, tarefas realizadas imediatamente após a impressão.

Rotogravura: processo de impressão rotativa, de altíssima velocidade, no qual as imagens e os textos são gravados sobre uma superfície de um cilindro metálico revestido com uma camada de cobre. O cilindro é imerso em uma banheira de tinta fluida. Após a retirada da tinta dos lugares que não serão impressos, apenas o grafismo mantém-se entintado. A impressão acontece pelo contato do cilindro com o papel ou outro suporte. Esse processo permite grandes tiragens com uma única matriz sem perda de qualidade. É empregado principalmente na impressão de revistas e embalagens.

Rótulo: impresso usado para identificação de produtos.

Rough (pronuncia-se rafe): o mesmo que rascunho, esboço. Primeira fase de estudos, que antecede o *layout* e a arte-final.

RTF (*Rich Text Format*): padrão para codificação de texto formatado e gráficos, compatível com diferentes programas.

S

Sair do prelo: jargão editorial, significa que o trabalho já se encontra impresso na gráfica, em fase de acabamento.

Sampling: amostra grátis de determinado produto, em quantidade reduzida, para ser distribuída aos consumidores a fim de motivar a experimentação.

Sangrar: recurso de diagramação que consiste em deixar que se invada com texto, foto ou ilustração o espaço reservado às margens de uma publicação.

Sangria (*bleed*): excesso proposital de área impressa, que ultrapassa o limite da área de corte. Sua função é garantir que, após o refile do impresso, a área de sangria não apresente filetes da cor do papel. É utilizada principalmente para fotografias, ilustrações ou áreas de cor.

SCSI (*Small Computer Systems Interface*): padrão de interface para conexão de dispositivos periféricos de computador, tais como escâneres, *hard disks* etc.

Seleção de cores: o mesmo que separação de cores. Processo de pré-impressão no qual ocorre a decomposição do espectro de cores de um original em uma ou mais cores básicas de impressão (amarelo, ciano, magenta e preto).

Semântica: área da semiótica que estuda a relação entre as palavras e as coisas, entre a linguagem, o pensamento e a conduta.

Semiótica: ciência dos signos. Doutrina filosófica geral dos sinais e símbolos, que compreende três ramos: sintaxe, semântica e pragmática.

Serifa: pequeno traço que aparece na extremidade das hastes de uma letra. Também chamado remate ou filete. Tipos que contêm esses elementos são chamados serifados.

Serigrafia: o mesmo que *silk-screen*. Processo de reprodução direta que utiliza uma matriz vazada, constituída de uma tela de tecido plástico ou metálico tensionada sobre uma moldura, na qual as áreas de contragrafismo são vedadas. Com uma espátula de borracha, a tinta líquida é forçada a passar pelos vãos livres entre os fios da trama, transferindo-se para o suporte de impressão. Permite imprimir sobre praticamente qualquer superfície, tais como papel, madeira, tecido, vidro, couro, cerâmica etc.

***Share-of-market*:** participação de uma empresa ou marca no mercado.

***Share-of-mind*:** participação de determinada marca ou produto na mente do consumidor.

Signo: em semiótica, qualquer representação que substitui o objeto em questão. Pode ser uma palavra, uma imagem, um gesto, um som etc.

***Silk-screen*:** o mesmo que serigrafia.

Símbolo: figura ou forma não-verbal, predominantemente visual.

Símbolo gráfico: desenho abstrato ou figurativo que funciona como elemento de identidade visual de uma empresa, produto, serviço ou evento.

Sinais de revisão: marcações de correção feitas pelos revisores nas provas de emendas.

Sinalização externa: conjunto de placas, totens de identificação ou qualquer outro suporte localizados em ambiente aberto, externo.

Sinalização interna: conjunto de placas, totens de identificação ou qualquer outro suporte localizados em ambiente fechado, interno.

***Slogan*:** frase curta e de efeito, que traduz ou sintetiza a ideia que a marca ou empresa deseja transmitir. Geralmente, o slogan acompanha a assinatura de uma peça ou o logotipo da empresa.

***Small caps*:** desenho da letra em caixa-alta (maiúscula), com altura do olho das letras em caixa-baixa (minúscula). O mesmo que versalete.

Sobrecapa: peça que se situa em volta de um livro, presa somente pelas laterais, pode ser vista separadamente da capa. Geralmente, impressa em papel de gramatura superior à do miolo, contém informações como título da obra, nome do autor e logotipo da editora.

Splash: elemento gráfico, cuja função é destacar alguma informação em embalagens, impressos ou qualquer peça de comunicação.

Spot: mensagem publicitária transmitida por rádio.

Spot Color: separação produzida para imprimir com tintas especiais, como pantone, por exemplo. Uma *spot color* é separada como uma cor especial, produzindo uma nova chapa, que não pertence ao sistema CMYK.

Stopper: peça publicitária que é colocada perpendicularmente à prateleira ou gôndola.

Sumário: indicação, no início de um livro, que contém descritivas as partes ou capítulos e os respectivos número de página onde se encontram.

Suporte: qualquer tipo de material no qual se registram, de maneira impressa, montada ou gravada, alguma informação. O suporte pode ser de diversos materiais, tais como papel, plástico, madeira, vidro, tecido, couro etc.

T

Tag: 1. tipo de etiqueta solta. 2. em programação, significa uma informação codificada anexada a um arquivo, documento ou mesmo parte de um documento.

Tampografia: sistema de impressão indireto, no qual a imagem é transmitida da matriz para o suporte através de uma peça de silicone chamada "tampão". Devido à sua flexibilidade, o processo permite que se imprima sobre objetos curvos, tais como pratos, teclas de computador, canetas etc.

Target: mercado-alvo e/ou público-alvo, segmento de pessoas ou empresas que se pretende atingir.

Teaser: peça promocional cuja função é despertar a curiosidade e a expectativa sobre um lançamento de um produto.

Texto corrido: texto principal de uma obra ou publicação, composto em uma ou mais colunas.

TIF (*Tagged Image File Format*): formato de arquivo digital que descreve imagens em *bitmap*. Suporta cores em RGB, *grayscale* e CMYK.

Timbragem: processo de impressão em relevo, tais como cartões, convites e outros trabalhos de luxo.

Tipo: 1. desenho de letra do alfabeto e de outros caracteres. O mesmo que fonte. 2. em impressão tipográfica, o tipo é um bloco de metal ou madeira que tem gravada em uma das faces, em alto-relevo, letra, algarismo ou sinal.

Tipografia: 1. arte da criação e composição de tipos. 2. sistema de impressão direta a partir de tipos de metal ou madeira, com tinta gordurosa e pastosa.

Tiragem: total de exemplares impressos de uma publicação ou edição.

Toner: tinta sólida, composta de partículas finas de pó, que possuem características eletrostáticas. Utilizado pelas copiadoras e impressoras a *laser*, que fundem essas partículas à superfície do papel e as fixam com a aplicação de alta temperatura.

Tracking: espaço entre as letras. Pode ser positivo (grande espaço entre as letras) ou negativo (pouco ou nenhum espaço entre as letras).

Trap/trapping: recurso de pré-impressão, presente nos programas de paginação e ilustração, que utiliza a sobreposição de cores no contorno de imagens justapostas. Sua função é evitar que, devido a um eventual erro de registro, se forme um filete sem impressão na transição das duas cores.

Tratamento de imagem: manipulação digital envolvendo ajustes de cor e correção de defeitos em imagens digitalizadas.

Tricromia: processo de reprodução em que se empregam apenas três cores primárias: amarelo, magenta e ciano. Nesse processo, o preto é produzido a partir da mistura do magenta e do ciano, o que resulta em um preto acinzentado.

Truetype: formato de arquivo de descrição tipográfica adotado pela Microsoft e Apple.

V

Verniz: substância transparente, praticamente incolor, que protege todo o impresso. Pode ser fosco ou brilhante.

Verniz de reserva: aplicação em apenas uma determinada parte do impresso para evidenciá-la.

Versal: o mesmo que maiúscula ou caixa-alta.

Versalete: desenho da letra em caixa-alta (maiúscula), com altura do olho das letras em caixa-baixa (minúscula). O mesmo que *small caps*.

Vetor: desenho geométrico, obtido através de uma fórmula matemática. A resolução de um desenho vetorial é limitada unicamente pelo dispositivo de saída, permitindo ampliação ilimitada sem perda de qualidade.

Vincar: produzir por pressão vincos destinados a facilitar sua dobragem. Processo que ocorre na fase de acabamento.

Vinheta: 1. pequena ilustração. 2. em computação gráfica, é uma cena animada, geralmente com duração de até 5 segundos.

Viúva: 1. última palavra de um parágrafo que se encontram sozinha numa linha. 2. a primeira linha de um parágrafo impressa sozinha na base de uma coluna ou da mancha de texto, deixando o restante do parágrafo no topo da página seguinte. A diagramação deve evitar a formação de linha ou palavra viúva.

Volante: impresso de pequenas dimensões. O mesmo que *flyer*.

W

Web design: área especializada responsável pelo planejamento e projeto de websites para a *world wide web*. A definição de padrões visuais para interfaces e a criação da estrutura de navegação são de responsabilidade do profissional de web design.

www (*World Wide Web*): rede mundial de comunicação entre computadores. Serviço provido pela internet, que estabelece ligações entre diversos servidores.

X

Xerografia: processo de reprodução que usa o *toner* para imprimir sobre o papel.

Xilogravura: gravura em madeira. A reprodução é feita a partir de uma matriz de madeira que contém a imagem talhada em relevo. O bloco é entintado com um rolo e a imagem é transferida diretamente ao papel por pressão da superfície entintada.

Z

Zincografia: processo de impressão cuja matriz é uma chapa de zinco devidamente preparada.

ZIP: formato de compactação de arquivos digitais, deixando-os mais leves e tornando mais rápido o seu envio por *network* ou internet. A palavra "velocidade" deu origem ao nome "zip".

REFERÊNCIAS BIBLIOGRÁFICAS

ADG. *ABC da ADG*: glossário de termos e verbetes utilizados em design gráfico. São Paulo: Melhoramentos, 2000.

_____ . *O valor do design* – Guia ADG Brasil de prática profissional do designer gráfico. São Paulo: Senac São Paulo/ADG Brasil – Associação dos Designers Gráficos, 2003.

ALBERS, Josef. *Interaction of Color*: unabridged text and selected plates. New Haven: Yale University Press, 1975.

BARROS, Lilian Ried Miller. *A cor no processo criativo*: um estudo sobre a Bauhaus e a teoria de Goethe. São Paulo: Senac São Paulo, 2006.

BERMAN, Merrill C. *Graphic Design in the Mechanical Age*. New Haven: Yale University Press, 1998.

BLACKWELL, Lewis; BRODY, Neville. *G1 – Subj*: contemp. design. graphic. Londres: Laurence King, 1996.

BRINGHURST, Robert. *Elementos do estilo tipográfico*: versão 3.0. São Paulo: Cosac Naify, 2005.

CARSON, David. *The End of Print*: the graphic design of David Carson. San Francisco: Chronicle Books, 1995.

CLARK, Nick. *Duotones, Tritones and Quadtones*: a complete visual guide to enhancing two, three, and four-color images. San Francisco: Chronicle Books, 1997.

COLE, Alison. *Galeria de arte*: Cor: o guia visual essencial à arte da cor, desde a pintura na Renascença até os meios modernos atuais. São Paulo: Manole, 1994.

CRAIG, James. *Produção gráfica*. São Paulo: Mosaico, 1980.

____ . *Basic Typography*: a design manual. Nova York: Watson Guptill, 1990.

DROST, Magdalena. *Bauhaus*: 1919-1933. Berlim: Taschen, 1992.

FERLAUTO, Claudio; JAHN, Heloisa. *O livro da gráfica*. 3ª ed. São Paulo: Rosari, 2001.

FIELL, Charlotte & Peter. *Contemporary Graphic Design*. Colônia: Taschen, 2010.

GOETHE, Johann Wolfgang von. *Theory of Colours*. Massachussets: The M.I.T. Press, 1997.

GORDINHO, Margarida Cintra. *Gráfica*: arte e indústria no Brasil: 180 anos de história. São Paulo: Bandeirante, 1991.

HOLLIS, Richard. *Design gráfico*: uma história concisa. São Paulo: Martins Fontes, 2000.

HURLBURT, Allen. *Layout:* o design da página impressa. São Paulo: Mosaico, 1986.

JURY, David. *Letterpress*: new applications for traditional skills. Hove: RotoVision, 2006.

KERY, Patricia Frantz. *Art Deco Graphics*. Londres: Thames and Hudson, 1986.

LESLIE, Jeremy. *magCulture*: new magazine design. Londres: Laurence King and HarperCollins, 2003.

LUPTON, Ellen; PHILLIPS, Jennifer. *Novos fundamentos do design*. São Paulo: Cosac Naify, 2008.

MARQUES, Maria Eduarda. *Mira Schendel*. São Paulo: Cosac Naify, 2001.

MELO, Chico Homem de. *O design gráfico brasileiro*: anos 60. São Paulo: Cosac Naify, 2006.

OSTERWOLD, Tilman. *Pop Art*. Colônia: Taschen, 1991.

PEDROSA, Israel. *Da cor à cor inexistente*. 3ª ed. Rio de Janeiro; Brasília: Léo Christiano Editorial; Editora Universidade de Brasília, 1982.

PERFECT, Christopher. *The Complete Typographer* – A manual for designing with type. Londres: Quarto Publishing plc, 1992.

RIBEIRO, Milton. *Planejamento visual gráfico*. Brasília: LGE Editora, 2003.

ROTHENSTEIN, Julian; GODDING, Mel. *ABZ*: more alphabets and other signs. San Francisco: Chronicle Books, 2003.

SATUÉ, Enric. *El diseño gráfico*: desde los orígenes hasta nuestros días. Madri: Alianza Editorial, 1992.

____. *Aldo Manuzio*: editor, tipógrafo, livreiro. Cotia: Ateliê Editorial, 2004.

SILVA, Claudio. *Apostila de produção gráfica*. São Paulo: Gráfica Pancrom, 2002.

SNYDER, Gertrude; Peckolick, Alan. *Herb Lubalin*: art director, graphic designer and typographer. Nova York: Rizzoli, 1985.

STREET, Rita; LEWIS, Ferdinand. *Touch Graphics* – The power of tactile design. Massachussets: Rockport, 2001.

SWANN, Alan. *Graphic Design School* – A foundation course in the principles and practices of graphic design. Nova York: Van Nostrand Reinhold, 1991.

TISKI-FRANCKOWIAK, Irene T. *Homem, comunicação e cor*. 4ª ed. São Paulo: Ícone, 2000.

WOZENCROFT, Jon. *The Graphic Language of Neville Brody*. Londres: Thames & Hudson, 1992.

____. *The Graphic Language of Neville Brody* 2. Nova York: Universe, 1994.

O LIVRO *FUNDAMENTOS GRÁFICOS PARA UM DESIGN CONSCIENTE* FOI COMPOSTO COM A TIPOGRAFIA META, NO ESTÚDIO ENTRELINHA DESIGN, E IMPRESSO EM PAPEL *OFFSET* 120g, PELA FORMA CERTA GRÁFICA DIGITAL, EM JANEIRO DE 2023.